对人类社会科技发展做出开拓性研究成果的

著名科学家

桂长林　编著

合肥工业大学出版社

图书在版编目(CIP)数据

对人类社会科技发展做出开拓性研究成果的著名科学家/桂长林编著.—合肥:合肥工业大学出版社,2010.11

ISBN 978-7-5650-0309-7

Ⅰ.①对… Ⅱ.①桂… Ⅲ.①科学家—生平事迹—世界 Ⅳ.①K816.1

中国版本图书馆 CIP 数据核字(2010)第 219202 号

对人类社会科技发展做出开拓性研究成果的著名科学家

桂长林 编著　　责任编辑 权 怡

出 版	合肥工业大学出版社	版 次	2010 年 11 月第 1 版
地 址	合肥市屯溪路 193 号	印 次	2010 年 11 月第 1 次印刷
邮 编	230009	开 本	710 毫米×1010 毫米 1/16
电 话	总编室:0551-2903038	印 张	12.75
	发行部:0551-2903198	字 数	211 千字
网 址	www.hfutpress.com.cn	发 行	全国新华书店
E-mail	press@hfutpress.com.cn	印 刷	中国科学技术大学印刷厂

ISBN 978-7-5650-0309-7　　定价:25.00 元

序言

XUYAN

桂长林教授的大著《对人类社会科技发展做出开拓性研究成果的著名科学家》即将付梓，嘱我作序，欣然应允。

桂先生是我校一位值得尊敬的长者，长期致力于摩擦学与现代机械设计理论与方法研究，治学严谨，成果丰硕，并且在国内较早地对创新型人才培养进行了研究，对学校乃至全国人才培养发表过不少真知灼见。难能可贵的是，桂先生退休后仍潜心研究，坚持不懈，所奉献的这部厚重的大书，不仅体现了他的治学精神，更寄托着他对创新型人才培养的热切期望。

虽来不及认真研读和仔细推敲，但总体上我认为这部书的出版有以下意义：一是介绍了中外41位科学家的贡献及其对科学发展的重要意义，具有较高的科普价值，资料翔实，通俗易懂，可读性强。二是进一步探寻科学大师的成长路径，在介绍科学大师们取得卓越成就的同时，还特别注意发掘他们的成长过程以及历史背景，对广大教育工作者和莘莘学子无疑具有启迪意义。三是进一步深化了对创新型人才培养的认识，具有较强的现实意义。本书凝结着桂先生毕生对创新型人才培养的思考和心血，从大科学家的成功之路反观我们的创新型人才的培养，不仅是对"钱学森之问"的回应，更是对全国教育工作会议和《国家中长期教育改革和发展规划纲要》精神贯彻落实，不断深化人才培养体制改革、促进拔尖创新人才不断涌现的现实期待。

合肥工业大学　教授　校长

徐枞巍

2010年9月3日

前言

QIANYAN

世界上有很多伟大的科学家。但是，本文所介绍的科学家无疑是那些后继科学家的肩膀，他们让更多的科学家看得更远；他们无疑是供其他科学家踩在其肩膀上的巨人。即使是从道德品质角度讲，这些著名科学家也是令人敬佩的。本文按照这些科学家出生的先后顺序，依次介绍他们的科技成就。为了更好地向他们学习，在介绍中除了叙述他们的科技成就外，还特别注意介绍他们的成长过程，以及他们的家庭及所处社会的状况。希望阅读者读后会有所启迪。

目录 CONTENTS

前　言 P

第一位　毕达哥拉斯 P001

第二位　欧几里德 P005

第三位　阿基米德 P007

第四位　张衡 P009

第五位　祖冲之 P021

第六位　哥白尼 P030

第七位　维萨里 P032

第八位　培根 P034

第九位　伽利略 P036

第十位　哈维 P047

第十一位　牛顿 P051

第十二位　莱布尼茨 P060

第十三位　富兰克林 P068

第十四位　瓦特 P070

第十五位　拉瓦锡 P074

第十六位　詹纳 P080

第十七位　富尔顿 P082

第十八位　道尔顿 P084

第十九位　斯蒂芬逊 P088

第二十位　法拉第 P089

第二十一位　达尔文 P093

第二十二位　焦尔 P105

第二十三位　巴斯德 P108

第二十四位　开尔文 P113

第二十五位　麦克斯韦 P116

第二十六位　诺贝尔 P130

第二十七位　门捷列夫 P132

第二十八位　伦琴 P135

第二十九位　爱迪生 P137

第三十位　巴甫洛夫 P142

第三十一位　普朗克 P145

第三十二位　居里夫人 P149

第三十三位　莱特兄弟 P154

第三十四位　马可尼 P157

第三十五位　爱因斯坦 P160

第三十六位　弗莱明 P174

第三十七位　贝尔德 P176

第三十八位　费米 P179

第三十九位　图灵 P183

第四十位　索尔克 P190

第四十一位　霍金 P193

第一位
毕达哥拉斯

（公元前 572 年—公元前 497 年）

古希腊著名数学家

公元前 580 年，毕达哥拉斯出生在米里都附近的萨摩斯岛（今希腊东部的小岛——爱奥尼亚群岛的主要岛屿城市之一）。当时群岛正处于极盛时期，在经济、文化等各方面都远远领先于希腊本土的各个城邦。

毕达哥拉斯的父亲是一位富商。9 岁时他被父亲送到提尔，在那里接触了东方的宗教和文化。以后他又多次随父亲做商务旅行到小亚细亚。

公元前 551 年，毕达哥拉斯来到米利都、得洛斯等地，拜访了泰勒斯、阿那克西曼德和菲尔库德斯，并成为了他们的学生。在此之前，他已经在萨摩斯的诗人克莱非洛斯那里学习了诗歌和音乐。

公元前 550 年，30 岁的毕达哥拉斯因宣传理性神学、穿东方人服装、蓄上头发而引起当地人的反感。此后，萨摩斯人一直对毕达哥拉斯有成见，认为他标新立异，鼓吹邪说。毕达哥拉斯被迫于公元前 535 年离家前往埃及。途中他在腓尼基各沿海城市停留，学习当地神话和宗教，并在提尔一神庙中静修。

抵达埃及后，国王阿马西斯推荐他入神庙学习。从公元前 535 年到公元前 525 年，毕达哥拉斯学习了象形文字、埃及神话历史和宗教，并宣传希腊哲学，受到许多希腊人的尊敬，还有不少人投到他的门下求学。

毕达哥拉斯在 49 岁时返回家乡萨摩斯，开始讲学并开办学校，但是没有达到他预期的成效。公元前 520 年前后，为了摆脱当时君主的暴政，他与母亲及唯一的门徒离开萨摩斯，移居西西里岛，后来定居在克罗托内。在那里，他广收门徒，建立了一个宗教、政治、学术合一的团体。

他的演讲吸引了各阶层人士，很多上层社会的人士来参加演讲会。按当时的风俗，妇女是被禁止出席公开会议的。毕达哥拉斯打破了这个成规，允许她们也来听讲。这些热心的听众中就有他后来的妻子西雅娜。她年轻漂亮，曾给他写过传记，可惜已经失传。

毕达哥拉斯在意大利南部的希腊属地克劳东成立了一个秘密社团，这个社团里有男有女，地位一律平等，一切财产都归公有。社团的组织纪律很严密，甚至带有浓厚的宗教色彩。每个学员都要在学术上达到一定的水平，并且加入组织时还要经历一系列神秘的仪式，以求达到“心灵的净化”。

他们要接受长期的训练和考核，遵守很多规范和戒律，并且宣誓永不泄露学派的秘密和学说。他们相信依靠数学可使灵魂升华，与上帝融为一体，万物都包含数，甚至万物都是数，上帝通过数来统治宇宙。这是毕达哥拉斯学派和其他教派的主要区别。

学派的成员有着共同的哲学信仰和政治理想，他们吃着简单的食物，进行着严格的训练。学派的教义鼓励人们自制、节欲、纯洁、服从。他们开始在大希腊（今意大利南部一带）赢得了很高的声誉，产生过相当大的影响，也因此引起了敌对派的嫉恨。

后来他们受到民主运动的冲击，社团在克罗托内的活动场所遭到严重破坏。毕达哥拉斯被迫移居他林敦（今意大利南部塔兰托），并于公元前 500 年去世。许多门徒逃回希腊本土，在弗利奥斯重新建立据点，另一些人到了塔兰托，继续进行数学哲学研究以及政治方面的活动，直到公元前 4 世纪中叶。毕达哥拉斯学派持续繁荣了两个世纪之久。

在早年的治学时期，毕达哥拉斯经常到各地演讲，向人们阐明他的见解。除了“数是万物之源”的主题外，他还常常谈起有关道德伦理的问题。

他对议事厅的权贵们说，“一定要公正。不公正，就破坏了秩序，破坏了和谐，这是最大的恶。起誓是很严重的行为，不到关键时刻不要随便起誓，每个官员应能立下保证，保证自己不说谎话”。

在谈到治家时，他认为对儿女的爱是不能指望有回报的，但做父亲的应当努力用自己的言行去获得子女由衷的敬爱。父母的爱是神圣的，做子女的应当珍惜。子女应是父母的朋友，兄弟姐妹之间也应该彼此互敬互爱。当提到夫妻关系时，他说彼此尊重是最重要的，双方都应忠实于配偶。

他谈到过自律的问题。他说，自律是对人个性的一种考验，对儿童、少年、老人、妇女来说，自律是一种美德，且对年轻人来说，则是必要。自律使人身体健康、心灵洁净、意志坚强。毕达哥拉斯从如何培养自律讲到教育的重要性，他认为人的自律只能在理性和知识的指导下才能培养起来，而知识只能通过教育才能获得，所以教育的重要性是不容忽视的。

他形象地描述了教育的特性："你能通过学习从别人那里获得知识，但教授你的人却不会因此失去了知识。这就是教育的特性。世界上有许多美好的东西。好的禀赋可以从遗传中获得，如健康的身体，娇好的容颜，勇武的个性；有的东西很宝贵，但一经授予他人就不再归你所有，如财富，如权力。而比这一切都宝贵的是知识，只要你努力学习，你就能得到而又不会损害他人，并可能改变你的天性。"

诚然，作为一种唯心主义的世界观，毕达哥拉斯及其学派的科学探索无法找到正确的方向，甚至在某种程度上给后来的自然哲学以及科学的发展带来了很大的消极影响。但是，这些失误，并不能掩盖毕达哥拉斯在自然科学形成和发展过程中起到的积极作用。列宁认为，毕达哥拉斯是"科学思维的萌芽同宗教神话之类幻想间的一种联系"。

无论是解说外在物质世界，还是描写内在精神世界，都不能没有数学！最早悟出万事万物背后都有数的法则在起作用的是毕达哥拉斯，后人称之为"数学之父"。

人类最早把数的概念提到突出地位的是毕达哥拉斯学派。他们很重视数学，企图用数来解释一切。他们宣称数是宇宙万物的本原，研究数学的目的并不在于使用而是为了探索自然的奥秘。他们从人的两手 10 个手指等客观存在事物中抽象得出了 1 到 10 这个数列。这在今天看来是很平常的事，但对当时的哲学和实用数学水平来说，这是一个巨大的进步。在实用数学方面，它使得算术成为可能；在哲学方面，这个发现促使人们相信数是构成实物世界的基础。

毕达哥拉斯在数学上的主要贡献有：

一、发现勾股定理

毕达哥拉斯本人以发现勾股定理（西方称毕达哥拉斯定理）著称于世。虽然这个定理早已为巴比伦人和中国人所知。（在中国古代，大约是战国时期西汉的数学著作《周髀（音 bì）算经》中记录着商高同周公的一段对话。商高说："……故折矩，勾广三，股修四，经隅五。"商高那段话的意思就是说：当直角三角形的两条直角边分别为3（短边）和4（长边）时，径隅（就是弦）则为5。以后，人们就简单地把这个事实说成“勾三股四弦五”。这就是中国著名的勾股定理）。不过最早的证明应归功于毕达哥拉斯，他用演绎法证明了直角三角形斜边平方等于两直角边平方之和，即毕达哥拉斯定理（勾股定理）。

二、在数论上的贡献

毕达哥拉斯对数论做了许多研究，将自然数区分为奇数、偶数、素数、完全数、平方数、三角数和五角数等。在毕达哥拉斯学派看来，数为宇宙提供了一个概念模型，数和形决定一切自然物体的形式；数不但有量的多寡，而且具有几何形状。在这个意义上，他们把数理解为自然物体的形式和形象，是一切事物的总根源。因为有了数，才有几何学上的点，有了点才有线面和立体，有了立体才有火、气、水、土这四种元素，从而构成万物，所以数在物之先。自然界的一切现象和规律都是由数决定的，都必须服从“数的和谐”，即服从数的关系；认为万物皆数。

毕达哥拉斯还通过说明数和物理现象间的联系来进一步证明自己的理论。他曾证明用3条弦发出某一个乐音，以及它的第五度音和第八度音时，这3条弦的长度之比为6∶4∶3。他从球形是最完美几何体的观点出发，认为大地是球形的，提出了太阳、月亮和行星做均匀圆运动的思想。他还认为10是最完美的数，所以天上运动的发光体必然有10个。

他还有一套关于天体的理论：地球沿着一个球面围绕着空间一个固定点处的“中央火”转动，另一侧有一个“对地星”与之平衡。这个“中央火”是宇宙的祭坛，是人永远也看不见的。这10个天体到中央火之间的距离，同音节之间的音程具有同样的比例关系，以保证星球的和谐，从而奏出天体的音乐。

毕达哥拉斯和他的学派在数学上有很多创造，尤其对整数的变化规律感兴趣。例如，把（除其本身以外）全部因数之和等于本身的数称为完全数（如6，28，496等），而将本身大于其因数之和的数称为盈数；将小于其因数之和的数称为亏数。

三、在几何学方面的其他贡献

在几何学方面，毕达哥拉斯学派证明了“三角形内角之和等于两个直角”的论断，研究了黄金分割，发现了正五角形和相似多边形的做法，还证明了正多面体只有5种——正四面体、正六面体、正八面体、正十二面体和正二十面体。

第二位

欧几里德

（公元前 325 年—公元前 265 年）

古希腊著名数学家

欧几里德所著的《几何原本》(简称《原本》) 共 13 卷。这一著作对于几何学、数学和科学的未来发展，对于西方人的整个思维方法都有很大的影响。《几何原本》的主要对象是几何学，但它还讨论了数论、无理数理论等其他命题。欧几里德使用了公理化的方法。公理就是确定的、不需证明的基本命题，一切定理都由此演绎而出。在这种演绎推理中，每个证明必须以公理为前提，或者以被证明了的定理为前提。这一方法后来成了建立任何知识体系的典范，在其后的大约 2000 年间被奉为必须遵守的严密思维的范例。《几何原本》是古希腊数学发展的顶峰。它的问世是整个数学发展史上意义极其深远的大事，也是整个人类文明史上的里程碑。2000 多年来，这部著作在几何教学中一直占据着统治地位，至今没有动摇，包括我国在内的许多国家仍以它为基础作为几何学教材。

关于欧几里德的生平，现在知道的很少。其早年大概就学于雅典，深谙柏拉图的学说。公元前 300 年前后，在托勒密王的邀请下，来到亚历山大，长期在那里工作。他是一位温良敦厚的教育家，对有志数学之士，总是循循善诱。但反对不肯刻苦钻研、投机取巧的作风，也反对狭隘的实用观点。据普罗克洛斯记载，托勒密王曾经问欧几里德，除了他的《几何原本》之外，还有没有其他学习几何的捷径。欧几里德回答说："在几何里，没有专为国王铺设的大道。"这句话后来成为传诵千古的学习箴言。斯托贝乌斯记述了另一则故事，说一个学生才开始学第一个命题，就问欧几里德学了几何学之后将得到些什么。欧几里德给了他 3 枚钱币，因为他想在学习中获取实际利益。

欧几里德将公元前 7 世纪以来希腊几何学研究积累起来的丰富成果整理在严密的逻辑系统之中，使几何学成为一门独立的、演绎的科学。除了《几何原本》之外，他还有不少著作，可惜大都失传。《已知数》是除《原本》之外唯一保存下来的他的希腊文纯粹几何著作，体系和《原本》前 6 卷相似，包括 94 个命题，指出若图形中某些元素已知，则另外一些元素也可以确定。《图形的分割》现存拉丁文本与阿拉伯文本，论述用直线将已知图形分为相等的部分或成比例的部分。

第三位

阿基米德

（前287年—前212年）

古希腊著名物理学家、数学家，静力学和流体静力学的奠基人

阿基米德，出生于地中海西西里岛东部海港城市锡拉库萨（古希腊人当年建立的另一个海外殖民地）。他的父亲是一位文学家，表兄是当时开明的统治者，支持学术研究，在位54年。

阿基米德在数学上取得了许多旷世成就。例如，他发明了用内接和外切正九十二边形，以直线段长度计算圆周长度的方法。在此基础上他进一步提出，当多边形边数无限增加时，这些直线段的长度和就非常接近圆周的长度。这不仅巧妙地解决了圆周长度的测量问题，而且提出了在数学上十分重要的极限概念。用这种方法，他计算出的π值介于3.141～3.142之间。他是数学史上第一个给出π值并得到实测验证的人。他不仅精于具体数学计算，更热衷于找出计算的普遍规律。他推导出计算圆柱、圆锥和球体的体积与表面积的公式。他表示，这是他当时最得意的工作。他去世后，人们把一个与圆柱相切的球体作为他墓碑的标志。

此外，阿基米德还研究分析了人类已经使用了数千年的棍棒工具，发现了杠杆的力放大作用，阐明了力平衡原理，从而栽培并培育出了机械工程学的“萌芽”。他幽默地说：给我一个支点，我就能够撬动地球。这是一句符合科学原理的夸张话，只要阿基米德的手离支点足够远，当他压下这根假想杠杆时，地球也许会被撬动。

他在研究浮体的过程中发现了浮力定律，也就是有名的阿基米德定律。人们早就知道，许多物体可以漂浮在水面上，但有些则不能，对此现象人们当时说不清其中的道理。阿基米德发现的原理告诉人们：物体在液体中受到了液体浮力的作用。这为流体静力学奠定了基础。他发现的杠杆原理和浮力原理为开启物理学大门奠定了基础。迄今为止，自然界还没有任何事物违背这两条原理。

根据杠杆原理和浮力原理，人们可以造出各种灵巧的工具、机器和船舶，还可以事先通过科学计算把它们设计出来。这是人类发明创造活动具有里程碑意义的成就。它标志着人们可以在科学理论的指导下进行创造活动。

事实表明，阿基米德就是运用科学原理解决实际问题的杰出科学家、发明家。他设计制造出可以把水提向高处的螺旋式抽水机，可以搬运重物的滑轮组合式起重机。时至今日，人们还在使用这些发明。

阿基米德喜欢宁静的生活。但不幸的是，他生活在锡拉库萨城不得安宁的年代。锡拉库萨城是罗马帝国和迦太基帝国都想争夺的地方，连年战争不断。阿基米德 75 岁时，罗马人攻打这座城市。锡拉库萨城坚守 8 个月之后，终于被罗马人攻破。一个罗马军人在劫掠途中遇见一位老人正在埋头研究画在沙地上的图形。这个军人粗野地踩坏了他看不明白的线条。老人抬起头来说：“走开！不要妨碍我的事。”军人动怒，拔刀刺死了老人。这位老人就是伟大的阿基米德。

第四位

张 衡

（公元 78 年—公元 139 年）

中国著名天文学家、地震学家

张衡，东汉建初三年（公元 78 年）生，永和四年（公元 139 年）卒，字平子，南阳西鄂（今河南南阳市石桥镇）人。他是我国东汉时期伟大的天文学家、数学家、发明家、地理学家、制图学家、诗人、汉朝官员，为我国天文学、机械技术、地震学的发展作出了不可磨灭的贡献，并且在数学、地理、绘画和文学等方面也表现出了非凡的才能和广博的学识。张衡幼年时候，家境已经衰落，有时还要靠亲友接济。正是这种贫困的生活使他能够接触到社会下层的劳动群众和一些生产、生活实际，从而给他后来的科学创造事业带来了积极的影响。张衡是东汉中期浑天说的代表人物之一。他指出月球本身并不发光，月光其实是日光的反射。他还正确地解释了月食的成因，并且认识到宇宙的无限性和行星运动的快慢与距离地球远近的关系。

张衡观测记录了 2500 颗恒星，创制了世界上第一架能比较准确地表演天象的漏水转浑天仪和第一架测试地震的仪器——候风地动仪，还制造出指南车、自动记里鼓车、飞行数里的木鸟等。

张衡共著有科学、哲学和文学著作 32 篇，其中天文著作有《灵宪》和《灵宪图》等。

张衡出身于名门望族。其祖父张堪自小志高力行，被人称为圣童，曾把家传余财数百万让给他的侄子。光武帝登基后，张堪受荐拜官，曾被任为蜀郡太守，随大司马吴汉讨伐割据蜀郡的公孙述，立有大功。其后又领兵抗击匈奴有功，拜为渔阳（今北京附近）太守，曾以数千骑兵击破匈奴来犯的一万骑兵。此后，在他的任期内，匈奴再也没敢来侵扰。他又教人民耕种，开稻田八千顷，人民由此致富。所以，有民谣歌颂他说："张君为政，乐不可支。"张堪为官清廉。伐蜀时他是首先攻入成都的，但他对公孙述留下的堆积如山的珍宝毫无所取。蜀郡号称天府，但张堪在奉命调离蜀郡太守任时乘的是一辆破车，携带的只有一卷布被囊。

张衡像他的祖父一样，自小刻苦向学，很有文采。16 岁以后曾离开家乡到外地游学。他先到了当时的学术文化中心三辅（今陕西西安一带），之后又到了东汉首都洛阳。在那儿，他到过当时的最高学府——太学，结识了一位青年学者崔瑗，并与他结为挚友。崔瑗是当时的经济学家、天文学家贾逵的学生，也精通天文、历法、数学等。和帝永元十二年（公元 100 年），张衡应南阳太守鲍德之请，做了他的主簿，掌管文书工作。8 年后鲍德调任京师，张衡即辞官居家。在南阳期间，他致力于探讨天文、阴阳、历算等学问，并反复研究西汉杨雄著的《太玄经》。他在这些方面的声望引起了汉安帝的注意，永初五年（公元 111 年），张衡被征召进京，拜为郎中。

元初元年（公元 114 年）任尚书郎。次年，升太史令。之后曾调任他职，但 5 年后复为太史令。总计前后任此职达 14 年之久，张衡的许多重大科学研究工作都是在这一阶段里完成的。顺帝阳嘉二年（公元 133 年）升为侍中。但不久受到宦官排挤中伤，于永和元年（公元 136 年）调到京外，任河间王刘政的相。刘政是个骄横奢侈、不守中央法典的人，地方许多豪强与他共为不法。张衡到任后，严整法纪，打击豪强，使得上下肃然。3 年后，他向顺帝上表请求退休，但朝廷却征拜他为尚书。此事颇有蹊跷，因尚书的官职远低于侍中或相，他是否应征，史载不彰。就在这一年（永和四年，即公元 139 年）他即告逝世。

一、科技成就

张衡是一位具有多方面才能的科学家，在天文学方面有两项最重要的成就——著《灵宪》，制作浑天仪。此外，在历法方面也有研究成果。

《灵宪》是张衡有关天文学的一篇代表作，全面体现了张衡在天文学上的成就和发展。原文被《后汉书·天文志》刘昭注所征引而传世。文中介绍的天文学要点如下：

1. 宇宙的起源

《灵宪》认为，宇宙最初是一派无形无色的阴的精气，幽清寂寞。这是一个很长的阶段，称为“溟涬”。这一阶段乃是道之根。从道根产生道干，气也有了颜色。但是“浑沌不分”，看不出任何形状，也量不出它的运动速度。这种气叫做“太素”。这又是个很长的阶段，称为“庞鸿”。有了道干以后，开始产生物体。这时

“元气剖判，刚柔始分，清浊异位，天成于外，地定于内”。天地配合，产生万物。这一阶段叫做“太玄”，也就是道之实。《灵宪》把宇宙演化三阶段称之为道根、道干、道实。在解释有浑沌不分的太素气时引了《道德经》里的话：“有物混成，先天地生。”这些都说明《灵宪》的宇宙起源思想，其渊源是老子的道家哲学。《灵宪》的宇宙起源学说和《淮南子·天文训》的思想十分相像，不过《淮南子》认为在气分清浊之后“清阳者薄靡而为天，重浊者凝滞而为地”。天上地下，这是盖天说。而《灵宪》主张清气所成的天在外，浊气所成的地在内，这是浑天说。

总之，张衡继承和发展了中国古代的思想传统，认为宇宙并非生来就是如此，而是有个产生和演化的过程。张衡所代表的思想传统与西方古代认为宇宙结构亘古不变的思想传统大异其趣，却和现代宇宙演化学说的精神有所相通。

2. 关于宇宙的无限性

战国时代的《尸子》定义说，“上下四方曰宇，往古来今曰宙”。宇就是空间，宙就是时间。中国的传统思想是把空间和时间联系在一起的。这一点和西方古代把二者看成是两个互相割裂的概念大不相同。但是中国和西方一样，在二者是有限还是无限的问题上历来也有争论。《庄子》一书中就有宇宙在空间和时间上都是无限的说法。而西汉末年的杨雄却认为“阖天为宇，辟宇为宙”，在空间上是有限的，在时间上是有起点的。张衡虽然长期研究杨雄的《太玄经》，并受到杨雄较深的影响，但在宇宙的无限性上却不愿遵循杨雄。《灵宪》认为人目所见的天地是大小有限的，超出这个范围，人们就“未之或知也”。“未之或知者，宇宙之谓也。宇之表无极，宙之端无穷。”宇宙在空间上没有边界，在时间上没有起点。杨雄的思想和目前天文学界最负盛名的大爆炸宇宙学说在终极本质上是相通的。而张衡的结论却和当代的辩证唯物主义哲学相合。看来，宇宙有限无限的问题还得长期争论下去。

3. 关于天地的结构

《灵宪》把天描述成是恒星所在的地方，它是一个偏心率极小的椭球：“八极之维，径二亿三万二千三百里。南北则短减千里，东西则增广千里。通而度之，则是浑已。”天上有一个北极，枢星正好在这个位置上。日、月、五星都绕它旋转。天还有个南极，是在地底下，人不可见。人目所见的地表面是平的，正在天的中央，“自地至天，半于八极，则地之深亦如之”。可见，张衡心目中的地是个半球。在地面上来说，如以 8 尺高的表在同一天正午测量日影长度，则南北相距千里的两个地点所量得的表影长度相差1寸。

为什么把天地要设想成椭球结构？我们已无法了解，或许，一种可能是囿于传统。早在《吕氏春秋·有始览》中就提到："凡四海之内，东西二万八千里，南北二万六千里"，东西比南北长了两千里。《淮南子·坠形训》中也引了这两个数值。可见，古人大概相当相信天地的东西要比南北来得长。

地平说和"日影千里差一寸"的理论，过去人们曾以为是盖天说的内容。但若据此即认为《灵宪》的天地结构模型是盖天说，那就不当了。浑天模型和盖天模型最主要的不同在于：浑天的天是球状的，天可以转到地下去，天不仅有出于地上的北极，还有隐于地下的南极；盖天的天则或像一个盖子笼罩着平地（近人称之为第一次盖天说），或者和地构成二个平行的曲面（近人称之为第二次盖天说）。总之，天永远在地之上。天只有北极而不可能有南极。因此，从对天的结构认识来看，《灵宪》只能划入浑天说而不能视之为盖天说。关于地的问题，必须指出，历史上的浑盖之争，主要在于天而不在于地。直到唐代一行彻底否定了"日影千里差一寸"的旧说之前，水平大地的观念还一直存在于浑天说中。就是在一行之后，直到西方天文学传入之前，我国仍然未能建立起明确的球形大地的数理模型。反倒是《灵宪》中的那种"天圆地平"说仍然占有重要地位。

4. 关于日、月的角直径

《灵宪》记载，日、月角直径为整个天周的七百三十六分之一，换算成现代通用角度单位即为29′21″，这和近代天文测量所得的日和月的平均角直径值31′59″和31′5″相比，误差都只有2′左右。以2000年前的观测条件而论，张衡的测量值可谓精确。

在张衡之前的《周髀算经》中也介绍过一个观测：用一根8尺高的竿子垂直立于地面，每当太阳过子午线时量竿影长度。当影长正为6尺时，用一根8尺长、孔径1寸的竹管观看太阳。《周髀算经》认为此时太阳视圆面正好充满竹管。由此，《周髀算经》按照"日影千里差一寸"的比例关系，求得此时太阳距人目为10万里，进而求得太阳的线直径为1250里。由于"日影千里差一寸"等基本出发点都是错误的，《周髀算经》所得结论极为荒谬（太阳的线直径实际为139.1万公里）。就观测本身而言，《周髀算经》的结果也是相当粗疏的。按竹管长8尺，孔径1寸计算，太阳角直径为42′58″。误差比《灵宪》所载的大多了。

5. 关于月食原因

在张衡之前，人们已对日食的原因有所认识。西汉的刘向就说过："日蚀者，月往蔽之。"（见《开元占经》卷九所引。）东汉王充在《论衡·说日篇》中引述过别人的一种更明确的说法："或说，日食者月掩之也。日在上，月在下，障于日之形也。"而对于月食原因，在张衡之前尚无明晰的解释。大概正是针对这种状况，张衡在《灵宪》中就未提及日食原因，而是专门论述了月食的原因："月，光生于日之所照；魄生于日之所蔽。当日则光盈，就日则光尽也。众星被耀，因水转光。当日之冲，光常不合者，蔽于地也，是谓虚。在星星微，月过则食。"这段话中提到，月亮本身是不发光的，太阳光照到月亮上才产生月光。月亮之所以出现亏缺的部分，就是因为这一部分照不到日光。所以，当月和日正相对时，就出现满月。当月向日靠近时，月亮亏缺就越来越大，终至完全不见。这样一种月相理论，在《周髀算经》中已有概述："日兆（按：通照）月，月光乃生，故成明月。"西汉京房说得更为明确："先师以为日似弹丸，月似镜体；或以为月亦似弹丸，日照处则明，不照处则暗。"（《开元占经》卷一引）张衡的月相理论和他们没有本质的差别，所突出的是强调了月相与日、月相对位置的关系。但这样一来人们自然要问，既然"当日则光盈"，那么何以有时候当日时会有月食呢？对此，张衡回答说："蔽于地也"，即大地挡住了日光，使日光照不到月亮上去了。张衡把这块大地所产生的影子起名叫"虚"。月亮进入虚时就发生月食。《灵宪》对月食原因的阐述是很科学的。

不过，再仔细思考一下虚，人们又会提出问题。按照《灵宪》所说的天地结构，地是其下部与天球相密合的半椭球。那么要使日、月能没入地平且能在地下运动，日、月就只能是两个无厚的圆面，这就和上面说的月相理论相矛盾；同时，太阳没入地平后光线就会被地半球完全挡住，无论什么时候也不会投射上月亮。这样，晚上的月亮应该总是看不见的，这也就根本谈不上月食的问题了。要解释这两个矛盾，只能认为《灵宪》中的地有两层不同的含义。第一层含义是相对天来说的地，那是个半椭球；第二层含义是相对日、月来说的，那是孤悬在天球中央的一个较小的固体物。或者，可以把这两层含义统一起来说：孤悬在天内的是一片陆地，此外的地则全是水，故能与天球下半相密合。这样理解之下，则日、月仍可是个圆球；而日到水下之后日光仍能穿透水而照射到月亮上，只有那块相对较小的陆地才能产生一块虚。当然，在这样推测的时候还得再补充一点，即应该认为在张衡看来，水是一种透明度较高的物质，所以深入地下之后的日光仍能穿透厚厚的水层而射到月亮，产生皓然明月。

6. 关于五星的运动

《灵宪》中提出了四点极有价值的见解。第一，日、月、五星并非在天球球壳上，它们是在天地之间运行，距地的远近各有不同。第二，这7个天体的运动速度也不同，离地近的速度快，离地远的速度就慢。第三，《灵宪》用天的力量来说明行星之所以有留、逆、迟、速等运动变化现象（“天道者贵顺也。近天则迟，远天则速。行则屈，屈则留回，留回则逆，逆则迟，迫于天也。”）。第四，按照五星离地远近及其运行的快慢，可以将它们分成两类。一类附于月，属阴，包括水星和金星；另一类附于日，属阳，包括火星、木星和土星。

《灵宪》上述这四点都很有意思。其中，第一点基本上是正确的，虽然实际情况要比这种概括复杂得多。第二点则与古希腊人的思想完全相合。而中国，则在张衡之前还没有人提出过，并且在他之后也未有人对此点给予重视，这就使中国古代数理天文学的发展受到很大的局限。第三点虽然说得非常含混难解，而且完全不正确，但可以看出它是在寻求说明行星运动之所以有顺逆迟速的力学原因。这种努力的本身值得在整个天文学史上大书一笔。1500多年之后，王锡阐在《五星行度解》里提到了类似的思想，并进一步提出了天对日、月、五星有一种类似磁石吸针的力量。王锡阐思想的力学性就更明确了。虽然张衡、王锡阐的思想都并不正确，但是行星和它们的卫星（月亮是地球的卫星，地球是一颗行星）的运动，的确都是受到万有引力定律所支配的。因此，追究这些天体运动中的力学原因无疑是一个正确的方向。在西方，对于这种力学原因的探讨在张衡之后的1000多年里仍然是没有的。许多伟大的希腊天文学家都只有对日、月、五星的运动作精细的运动学描述，而从未想到过解释其力学原因。力学原因的探讨直到16世纪科学革命开始之后才被提出来。第四点也很有意思。《灵宪》的行星分类正好是太阳系中内行星与外行星的分类。当然，现在我们知道，所有的行星，包括地球，都是围绕太阳转的，而月亮则是围绕地球转的。所以，“附于月”的说法当然是错误的。之所以会有这样的错误，是因为张衡和其他古人一样，把月亮作为阴的代表。不过，从金、水两个行星的运动来说，人目所见的鲜有和外行星有截然不同的地方。那就是，外行星只能从晨出于东方开始一个会合周期；而内行星则在一个会合周期中不但可以晨出于东方，而且还可以像月亮一样，昏出于西方。正是由于这种昏出于西方的相似性，《灵宪》才提出“附于月”的说法。

7. 关于星官

满天繁星，古人将它们组合成一个个星组，以便于对它们进行辨认和观测。这些星组少则一星，多则数十星。这样的星组古人称之为星官。由于各个天文学家的取舍、组合方法并不相同，因此，形成了许多不同的星官体系。直到张衡时代，流传于世的星官体系有以《史记·天官书》为代表的体系，有石氏、甘氏、黄帝以及“海人之占”等的体系。对这些各有特色的体系，张衡作了一番比较、整理和汇总，发展成一整套收罗恒星最多的新体系。《灵宪》记载，其中“中外之官常明者百有二十四，可名者三百二十，为星二千五百，而海人之占未存焉”。张衡的这一星官体系整理工作比（三国吴）天文学家陈卓总结甘、石、巫咸三家星官的时代要早 100 多年，而且所包括的星官、星数比陈卓要多得多（陈卓所总结的有 283 官 1464 星），成就当然要比陈卓大。可惜张衡星官体系已经失传，这是我国恒星观测史上的重大损失。

与恒星星官有关的一个问题是，《灵宪》中提出了星空里还存在一种“微星”即很暗弱的星，其数有 11520 颗。这个数字并非严格的得自实测，而是来自《易经》中神秘的“万物之数”。数字当然是不正确的。但张衡认为有微星存在，且星数比亮星多得多，却是符合客观实际的。

8. 流星和陨星

天空中除了日、月、星（古称三光）这些常见的成员外，还不时见到流星之类的天体。《灵宪》认为“及其（按：指三光）衰也，神歇精，于是有陨星。然则奔星之所坠，至地则石矣”。这里，张衡继承了前人“星坠至地则石也”（《史记·天官书》）的思想，对陨石的来源予以较正确的解释。同时，张衡还探讨了陨星产生的原因，认为是与日、月、星的衰败有关的。虽然这个想法不正确（太阳系内有一些大大小小的流星体，当它们在运行中与地球相遇，进入大气层后因摩擦而燃烧，便成为流星；较大的流星体在大气层中未及烧尽而坠落地面，便成为陨星，或称陨石），但是，每个天体都有发展到“衰”败死亡的阶段，这却是非常科学的结论。张衡的这个思想非常合乎辩证法，而且也正是西方古代天文学中所缺乏的。

与陨石相联系，《灵宪》中对恒星的产生也有一种解释：“地有山岳，以宣其气，精种为星。星也者，体生于地，精成于天。”这种星生于地的见解当然是完全错误的。它是当时已流行了几百年的天地相应的思想的反映。《灵宪》说道：“在天成象，在地成形。天有九位，地有九域。天有三辰，地有三形。有象可效，有形可度。情性万殊，旁通感薄，自然相生，莫之能纪。”这些所谓天地之间的对应，纯粹出于人的主观附会，毫无内涵上的科学联系。例如，所谓天的九位（即古人所谓九天）和地的九域（即所谓九州）全都是中国古人的人为划分。所以，这种相应纯属数字偶合。不过，张衡之所以会有山岳之精气上升为星的想法，原因即在于他见到的陨星至地都是石头，而山岳则正是最多石头的地方。石头又怎能上天？所以必然会想到这是山岳的精气，这就可以上升到天上成为星。这些反映了陨石来自天外的思想。而在西方，直到17世纪，还有天文学家认为陨石并非来自地外的说法。

《灵宪》作为一篇杰出的古代天文学著作，当然仍会有许多不足的地方。除前面已经提到的各点之外，还有一些错误认识。比如文中还把嫦娥奔月的神话当做事实记载在内，甚至说嫦娥入月后化成了蟾蜍。至于文中流露的种种占星术思想，那是当时整个时代的风气，倒也不必去苛求张衡。总之，尽管《灵宪》有一些缺点，但是它在天文学史上的意义并不因此而逊色。梁代刘昭赞颂张衡是“天文之妙，冠绝一代”，其评价的主要根据之一就是《灵宪》这篇杰出的著作。

二、制作浑天仪

张衡所做的浑天仪是一种演示天球星象运动用的表演仪器。它的外部轮廓有球的形状，合于张衡所主张的浑天说，故名之为浑天仪。这架浑天仪在《晋书·天文志》中有三处记载。

王振铎复原的张衡地动仪

一处是在“天体”节中，其中引用晋代科学家葛洪的话说：

“张平子既作铜浑天仪，于密室中以漏水转之，令伺之者闭户而唱之。其伺之者以告灵台之观天者曰：璇玑所加，某星始见，某星已中，某星今没，皆如合符也。”在“仪象”一节中又有一段更具体的细节描写：“张衡又制浑象。具内外规，南北极，黄赤道。列二十四气，二十八宿，中外星官及日、月、五纬。以漏水转之于殿上室内。星中、星出、星没与天相应。因其关戾，又转瑞轮蓂于阶下，随月盈虚，依历开落。”这里又称之为浑象，说明早期对仪器定名不规范，而并不表示与浑天仪是两件不同的仪器。第三处则在“仪象”体之末，说到张衡浑天仪的大小：“古旧浑象以二分为一度，凡周七尺三寸半分也。张衡更制，以四分为一度，凡周一丈四尺六寸一分。”

从这三段记载可知，张衡的浑天仪，其主体与现今的天球仪相仿。不过张衡的天球上画的是他所定名的444官2500颗星。浑天仪的黄、赤道上都画上了二十四气。贯穿浑天仪的南、北极，有一根可转动的极轴。在天球外围正中，应当有一条水平的环，表示地平。还应有一对夹着南、北极轴而又与水平环相垂直的子午双环，双环正中就是观测地的子午线。天球转动时，球上星体有的露出地平环之上，就是星出；有的正过子午线，就是星中，而没入地平环之下的星就是星没。天球上有一部分星星永远在地平环上转动而不会落入其下。这部分天区的极限是一个以北极为圆心，以当地纬度为半径的小圆，当时称之为内规。仿此，有一个以南极为中心，以当地纬度为半径的小圆，称之为外规。外规以内的天区永远不会升到地平之上。

张衡天球上还有日、月、五星。这7个天体除了有和天球一起东升西落的周日转动之外，还有各自在恒星星空背景上复杂的运动。要模拟出这些复杂的运动远不是古代的机械技术所能做到的。因此，应该认为它们只是一种缀附在天球上而又随时可以用手加以移动的附加物。移动的目的就是使日、月、五星在星空背景上的位置和真正的位置相适应。

三、发明地动仪

张衡另一个有杰出贡献的科学领域是地震学。他的代表作就是发明震烁古今的候风地动仪。不过，需要声明的是，现在中国所见到的地动仪，并不是张衡发明的地动仪，而是后人复原的。张衡发明的地动仪早就毁于战火。地动仪发明于阳嘉元年（公元132年）。这是他在太史令任上的最后一件大事。在《后汉书·张衡传》中对这件事有较详细的记载。自19世纪以来即有人力图运用现代科技知识，根据《后汉书》的记载来复原张衡的这项伟大的发明。到了20世纪50年代，王振铎先生“复原”了张衡地动仪。不过这台地动仪存在一些缺点，它要么不能动，要么就是跺脚也会被当成地震，可是人们却误信王振铎的复原就是张衡原本的发明，国内外学者也因此早就开始不停地否定它。其中不乏言辞激烈者，这给张衡甚至整个中国古代科技的名誉带来很大的负面影响。现今证明，不是张衡的地动仪有错，而是王振铎先生的复原有原理性错误。不过，王振铎在地动仪外形上的复原，还是卓有建树的。

关于地动仪的结构，目前流行的有两个版本：王振铎模型，即“都柱”是一个类似倒置酒瓶状的圆柱体，控制龙口的机关在“都柱”周围。这一种模型最近已被基本否定。另一种模型由地震局冯锐提出，即“都柱”是悬垂摆（见于袁宏的《后汉纪》），摆下方有一个小球，球位于“米”字形滑道交汇处（即《后汉书·

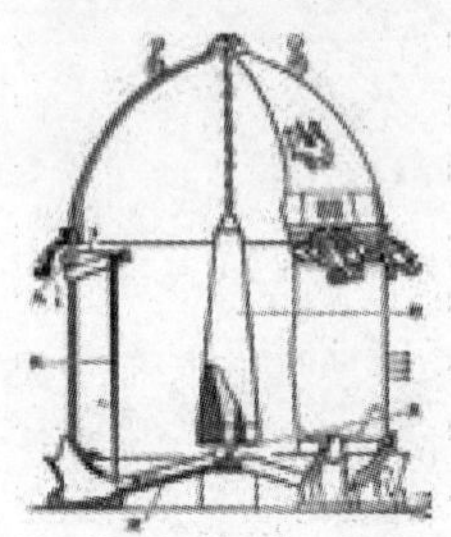

冯锐模型的张衡地动仪

张衡传》中所说的“关”)，地震时，“都柱”拨动小球，小球击发控制龙口的机关，使龙口张开。另外，冯锐模型还把蟾蜍由面向樽体改为背向樽体并充当仪器的脚（见左图）。该模型经模拟测试，结果与历史记载吻合。

张衡发明的地动仪性能良好，曾预报过洛阳的一次地震。据当时记载：“验之以事，合契若神。”这台仪器不仅博得当时人的叹服，今天的科学家也无不赞叹。世界上地震频繁，但真正能用仪器来观测地震，在国外是19世纪以后的事。候风地动仪乃是世界上的地震仪之祖。虽然它的功能尚只限于测知地震发生的大概方位，但它却超越了世界科技发展约1800年之久！

从上面所介绍的浑天仪和候风地动仪的构造即可得知，张衡掌握了很高的机械技术。他的朋友崔瑗在为他写的墓碑中赞道：“数术穷天地，制作侔造化。”前一句是称道他数学天文学知识之渊博，后一句则是赞叹他制造的各种器物之神奇。其实，神奇是由于他巧妙地运用各种机械技术的结果。

总之，张衡在机械技术方面是非常高明的。《太平御览·工艺部九》引晋代葛洪《抱朴子》曰：“木圣，张衡、马钧是也。”现在的中国科技史家都公认马钧是我国三国时代一位杰出的机械发明家，而在葛洪看来，张衡、马钧都是一代木圣。

张衡虽然年轻时就已才闻于世，但从无骄傲之心，他的性格从容淡静，不好交接俗人，也不追求名利。大将军邓骘（音 zhì）是当时炙手可热的权势人物，多次召他，他都不去。后来他当了官，显然因为这种性格，使他很长时间未得到升迁。他对此毫不在意，而是孜孜以求钻研科学技术。大概是为了回答好心人的劝慰，他写了《应闲》一文以表明自己的志向。文中说到，有的人劝他不要去钻研那些难而无用的技术，应该“卑体屈己，美言”以求多福。他回答说：“君子不患位之不尊，而患德之不崇；不耻禄之不伙，而耻知之不博。”这两句掷地有声的话，表明了他不慕势利而追求德智的高尚情操。他认为能不能得到高位是由命运决定的。这种想法现代人当然会目之为唯心主义，但张衡的落脚点却在于他认为对高位“求之无益”，智者是不去追求它的。反之，叫他去“卑体屈己”以求升官，他说这是“贪夫之所为”，自己是羞于为此的。他还特别回答了学技术的问题，说是你们认为这些技术无用，我却唯恐高明的人不教我。这里充分表达出张衡作为一个科学家渴求知识、敢于和鄙弃知识的社会愚昧思想作斗争的崇高精神。

张衡虽然淡于名利，却不是一味清高、不问政治、不讲原则的人。恰恰相反，他一生中有许多事迹表明了他有他的政治理想和抱负，他更坚持作为一个科学家的鲜明品格的实事求是原则。

张衡的政治抱负也很简单，就是8个字：佐国利民，立德立功。而佐国利民的具体目标和方法则是改革时弊，加强礼制，剔除奸佞，巩固中央。

张衡所生活的时代政治正日渐腐败，宦官在和外戚的斗争中权力越来越大，而地方豪强也趁中央衰落之际逐渐猖獗起来，他们对人民的剥削压榨越加残酷。面对这些腐败黑暗，张衡都有过抗争。他曾向顺帝上书，讽示近世宦官为祸，要皇帝“唯所以稽古率旧，勿令刑德八柄不由天子”，要求皇帝“恩从上下，事依礼制”。对选拔人才的方法他也提出改革建议。在河间任相时他还积极进行了抑制豪强的斗争。当时朝廷腐败，像张衡这样个人的斗争已无济于事。就在他上书要皇帝警惕宦官为祸不久，顺帝却又下诏特许受封为列侯的宦官可以收养义子，继承爵位，使宦官获得了和贵族世家同样的世袭特权！张衡明白了，他的反宦官斗争已没有意义。所以，后来顺帝问他：当今天下所憎恨的是什么人？这时，在宦官们环视之下，他已无话可说，只好“诡对而出”。由此，他思想里充满了矛盾和痛苦。他晚年的诗赋里大量反映了这种情绪。后人把他的《四愁诗》和伟大诗人屈原的《离骚》相比，这并不是没有理由的。

由于黑暗势力的强大，张衡晚年有消极避世的思想，因而有《归田赋》之作。这是封建制度下的时代悲剧，不足以减损张衡这位伟大科学家为人民所建立的丰功伟绩。他在诗中开始指摘“天道之微昧”，表露出对统治者的失望；他仍然讽刺热衷利禄的人，说他们是“贪饵吞钩”。这些都说明，张衡的是非观念仍然是十分清晰的。

已故的中国科学院院长郭沫若曾为张衡墓碑题词：“如此全面发展之人物，在世界史中亦所罕见。万祀千龄，令人景仰。”这是当代中国人民的共同心声！

张衡墓位于南阳市北25公里石桥镇南小石桥村西20米处。墓地坐落在一个周围平坦、中间略高的台地上。墓北约250米处，有平子读书台，墓东为鲁南（鲁山至南阳）老公路，古代淯河旧道跨其北，鄂城寺塔峙立其东。据有关史料记载，汉时陵园建造宏伟，翁仲、石兽对立，祠庙巍峨壮观。汉代崔瑗曾有张平子碑，晋代夏侯湛也曾为之篆刻碑碣，唐代诗人骆宾王、郑谷者曾为之讴歌吟诗。后经战乱，以往胜迹荡然无存。新中国成立后，1956年重修了张衡墓园与“平子读书台”。墓园面积12 000多平方米，

张衡墓

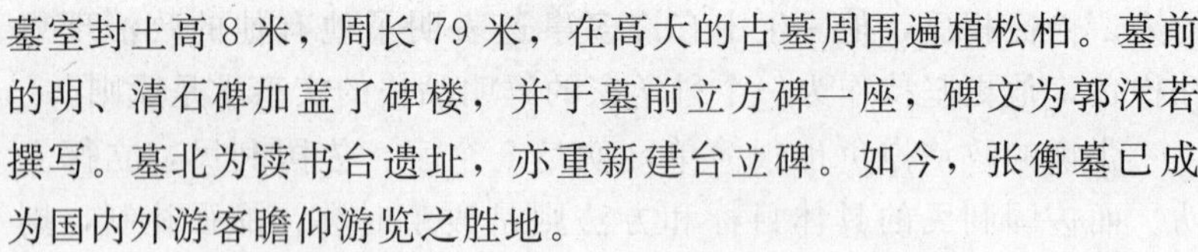

墓室封土高8米，周长79米，在高大的古墓周围遍植松柏。墓前的明、清石碑加盖了碑楼，并于墓前立方碑一座，碑文为郭沫若撰写。墓北为读书台遗址，亦重新建台立碑。如今，张衡墓已成为国内外游客瞻仰游览之胜地。

四、张衡与小行星

为了纪念张衡的功绩，1977年，联合国天文组织曾将太阳系中的1802号小行星命名为“张衡星”。人们将月球背面的一环形山命名为“张衡环形山”。为纪念张衡诞生在河南南阳，将另外一颗行星命名为“南阳星”。国际小行星中心还曾将我国天文学家于1965年12月20日发现的一颗小行星命名为“河南星”。

第五位

祖冲之

（429 年—500 年）

我国杰出的数学家、科学家

祖充之，南北朝时期人，字文远，祖籍范阳郡遒县（今河北涞水县）。为避战乱，祖冲之的祖父祖昌由河北迁至江南。祖昌曾任刘宋的“大匠卿”，掌管土木工程；祖冲之的父亲也在朝中做官。祖冲之从小接受家传的科学知识。青年时进入华林学省，从事学术活动。一生先后任过南徐州（今镇江市）从事史、公府参军、娄县（今昆山市东北）令等官职。其主要贡献在数学、天文历法和机械三方面。

在数学方面，他写了《缀术》一书，被收入著名的《算经十书》，作为唐代国子监的算学课本，可惜后来失传了。《隋书·律历志》留下一小段关于圆周率（π）的记载，祖冲之算出π的真值在 3.1415926（朒（音 nǜ）数，即算数上的不足数）和 3.1415927（盈数）之间，相当于精确到小数第 7 位，成为当时世界上最大的成就。这一纪录直到 15 世纪才被阿拉伯数学家卡西打破。祖冲之还给出π的两个分数形式：22/7（约率）和 355/113（密率），其中密率精确到了小数第 7 位。在西方直到 16 世纪才被荷兰数学家奥托重新发现。祖冲之还和儿子祖暅（音 gèng）一起圆满地利用“牟合方盖”解决了球体积的计算问题，得到正确的球体积公式。

在天文历法方面，祖冲之创制了《大明历》，最早将岁差引进历法；采用了 391 年加 144 个闰月的新闰周；首次精密测出交点月日数（27.21223）、回归年日数（365.2428）等数据，还发明了用圭表测量冬至前后若干天的正午太阳影长以定冬至时刻的方法。

在机械学方面，他设计制造过水碓磨、铜制机件传动的指南车、千里船、定时器等。

此外，他在音律、文学、考据方面也有造诣。他精通音律，擅长下棋，还写有小说《述异记》，是历史上少有的博学多才的人物。为纪念这位伟大的古代科学家，人们将月球背面的一座环形山命名为“祖冲之环形山”，把1888号小行星命名为“祖冲之小行星”。

一、改革历法　引入岁差

由于畜牧业和农业生产的需要，我国古代劳动人民，经过长期观察，发现了日月运行的基本规律。他们把从第一次月圆或月缺到第二次月圆或月缺的一段时间规定为一个月，每个月有29天多一点，12个月称为1年。这种计年方法叫做阴历。他们还观察到：从第一个冬至到下一个冬至（实际上就是地球围绕太阳运行一周的时间）共需要365天又1/4天，于是把这一段时间也称作1年。按照这种办法推算的历法通常叫做阳历。但是，阴历一年和阳历一年的天数，并不恰好相等。按照阴历计算，一年共计354天；按照阳历计算，一年应为365天5小时48分46秒。阴历一年比阳历一年要少11天多。如果要使这两种历法的天数一致，就必须想办法调整阴历一年的天数。对于这个问题，我们的祖先很早就找到了解决的办法，就是采用“闰月”的办法。在若干年内安排一个闰年，在每个闰年中加入一个闰月。每逢闰年，一年就有13个月。由于采用了这种闰年的办法，阴历年和阳历年就比较符合了。

在古代，我国历法家一向把19年定为计算闰年的单位，称为“一章”，在每一章里有7个闰年。也就是说，在19个年头中，要有7个年头是13个月。这种闰法一直采用了1000多年，不过它还不够周密、精确。公元412年，北凉赵厞（音 fei）创作《元始历》，才打破了岁章的限制，规定在600年中间插入221个闰月。可惜赵厞的改革没有引起当时人的注意，例如著名历算家何承天在公元443年制作《元嘉历》时，还是采用19年7闰的古法。

祖冲之吸取了赵厞的先进理论，加上他自己的观察，认为19年7闰的闰数过多，每200年就要差一天，而赵厞600年221闰的闰数却又嫌稍稀，也不十分精密。因此，他提出了391年内144闰的新闰法。这个闰法在当时算是最精密的了。

除改革闰法以外，祖冲之在历法研究上的另一重大成就是第一次应用了“岁差”。

根据物理学原理，刚体在旋转运动时，假如丝毫不受外力的影响，旋转的方向和速度应该是一致的；如果受了外力影响，它的旋转速度就会发生周期性的变化。地球就是一个表面凹凸不平、形状不规则的刚体，在运行时常受其他星球吸引力的影响，因而旋转的速度总要发生一些周期性的变化，不可能是绝对均匀一致的。因此，每年太阳运行一周（实际上是地球绕太阳运行一周），不可能完全回到上一年的冬至点上，总要相差一个微小距离。按现在天文学家的精确计算，大约每年相差50.2秒，每71年8个月向后移1度。这种现象叫做岁差。

随着天文学的逐渐发展，我国古代科学家们渐渐发现了岁差的现象。西汉的邓平、东汉的刘歆、贾逵等人都曾观测出冬至点后移的现象，不过他们都还没有明确地指出岁差的存在。直到东晋初年，天文学家虞喜才开始肯定岁差现象的存在，并且首先主张在历法中引入岁差。他给岁差提出了第一个数据，算出冬至日每50年退后1度。后来到南朝宋的初年，何承天认为岁差每100年差1度，但是在他所制作的《元嘉历》中并没有应用岁差。

祖冲之继承了前人的科学研究成果，不但证实了岁差现象的存在，算出岁差是每45年11个月后退1度，而且还在他制作的《大明历》中应用了岁差。由于他所根据的天文史料都还不够准确，所以他提出的数据自然也不可能十分准确。尽管如此，祖冲之把岁差应用到历法中，在天文历法史上已是一个创举，为我国历法的改进揭开了新的一页。到了隋朝以后，岁差已为很多历法家所重视了，像隋朝的《大业历》、《皇极历》中都应用了岁差。

祖冲之在历法研究方面的第三个巨大贡献，就是能够求出历法中通常称为“交点月”的日数。

所谓交点月，就是月亮连续两次经过“黄道”和“白道”的交叉点，前后相隔的时间。黄道是指地球上的人看到的太阳运行的轨道，白道是地球上的人看到的月亮运行的轨道。交点月的日数是可以推算得出来的。祖冲之测得的交点月的日数是27.21223日，比过去天文学家测得的要精密得多，同近代天文学家所测得的交点月的日数27.21222日已极为近似。在当时天文学的水平下，祖冲之能得到这样精密的数字实在惊人。

由于日蚀和月蚀都是在黄道和白道交叉点的附近发生的，所以推算出交点月的日数以后，就更能准确地推算出日蚀或月蚀发生的时间。祖冲之在他制作的《大明历》中，应用交点月推算出来的日蚀、月蚀时间比过去准确，和实际出现日蚀、月蚀的时间都很接近。

祖冲之根据上述研究成果，终于成功制成了当时最科学、最进步的历法——《大明历》。这是祖冲之科学研究的天才结晶，也是他在天文历法上最卓越的贡献。

此外，祖冲之对木、水、火、金、土等五大行星在天空运行的轨道和运行一周所需的时间也进行了观测和推算。我国古代科学家算出木星（古代称为岁星）每 12 年运转一周。西汉刘歆作《三统历》时，发现木星运转一周不足 12 年。祖冲之更进一步，算出木星运转一周的时间为 11.858 年。现代科学家推算木星运行的周期约为 11.862 年。祖冲之算得的结果，同这个数字仅仅相差 0.004 年。此外，祖冲之算出水星运转一周的时间为 115.88 日，这同近代天文学家测定的数字在两位小数以内完全一致。他算出金星运转一周的时间为 583.93 日，同现代科学家测定的数字仅差 0.01 日。

公元 462 年（宋大明六年），祖冲之把精心编成的《大明历》送给政府，请求公布实行。宋孝武帝命令懂得历法的官员对这部历法的优劣进行讨论。在讨论过程中，祖冲之遭到了以戴法兴为代表的守旧势力的反对。戴法兴是宋孝武帝的亲信大臣，很有权势。由于他带头反对新历，朝廷大小官员也随声附和，大家都不赞成改变历法。祖冲之为了坚持自己的正确主张，理直气壮地同戴法兴展开了一场激烈的辩论。

这一场关于新历法优劣的辩论，实际上反映了当时科学和反科学、进步和保守两种势力的尖锐斗争。戴法兴首先上书皇帝，从古书中抬出古圣先贤的招牌来压制祖冲之。他说，冬至时的太阳总在一定的位置上，这是古圣先贤测定的，是万世不能改变的。他说，祖冲之以为冬至点每年有稍微移动，是诬蔑了天，违背了圣人的经典，是一种大逆不道的行为。他又把当时通行的 19 年 7 闰的历法，说成是古圣先贤所制订，永远不能更改。他甚至骂祖冲之是浅陋的凡夫俗子，没有资格谈改革历法。

祖冲之对权贵势力的攻击丝毫没有惧色。他写了一篇有名的驳议。他根据古代的文献记载和当时观测太阳的记录，证明冬至点是有变动的。他指出：事实十分明白，怎么可以信古而疑今。他还详细地举出多年来亲自观测冬至前后各天正午日影长短的变化，精确地推算出冬至的日期和时刻，从此说明 19 年 7 闰是很不精密的。他责问说："旧的历法不精确，难道还应当永远用下去，永远不许改革？谁要说《大明历》不好，应当拿出确凿的证据来。如果有证据，我愿受过。"

当时戴法兴指不出新历到底有哪些缺点，于是就争论日行快慢、日影长短、月行快慢等问题。祖冲之一项一项地据理力争，都驳倒了他。

在祖冲之理直气壮的驳斥下，戴法兴无言以对，竟蛮不讲理地说："新历法再好也不能用。"祖冲之并没有被戴法兴这种蛮横态度吓倒，却坚决地表示："决不应该盲目迷信古人。既然发现了旧历法的缺点，又确定了新历法有许多优点，就应当改用新的。"

在这场大辩论中，许多大臣被祖冲之精辟透彻的理论说服，但是他们因为畏惧戴法兴的权势，不敢替祖冲之说话。最后有一个叫巢尚之的大臣出来对祖冲之表示支持。他说《大明历》是祖冲之多年研究的成果，根据《大明历》来推算元嘉十三年（436）、十四年（437）、二十八年（451）、大明三年（459）的四次月蚀都很准确，用旧历法推算的结果误差却很大，《大明历》既然由事实证明比较好，就应当采用。

这样一来，戴法兴哑口无言，祖冲之取得了最后胜利。宋孝武帝决定在大明九年（465）改行新历。谁知大明八年孝武帝去世，接着统治集团内发生变乱，改历这件事就被搁置起来。一直到梁朝天监九年（510），新历才被正式采用，可是那时祖冲之已去世10年了。

二、圆周定律　著书缀术

祖冲之不但精通天文、历法，他在数学方面的贡献，特别是对"圆周率"研究的杰出成就，更是超越前代，在世界数学史上放射着异彩。

我们都知道圆周率就是圆的周长和同一圆的直径的比，这个比值是一个常数，现在通用希腊字母"π"来表示。圆周率是一个永远除不尽的无穷小数，它不能用分数、有限小数或循环小数准确地表示出来。由于现代数学的进步，圆周率已计算到了小数点后2000多位。

圆周率的应用很广泛，尤其是在天文、历法方面，凡涉及圆的一切问题，都要使用圆周率来推算。我国古代劳动人民在生产实践中求得的最早的圆周率值是"3"，这虽然很不精密，但一直被沿用到西汉。后来，随着天文、数学等科学的发展，研究圆周率的人越来越多。西汉末年的刘歆首先抛弃"3"这个不精确的圆周率值，他曾经采用过的圆周率是3.547。东汉的张衡也算出圆周率π=3.1622。这些数值比起π=3有了很大的进步，但是还不精密。到了三国末年，数学家刘徽创造了用割圆术来求圆周率的方法，圆周率的研究才获得了重大的突破。

用割圆术来求圆周率的方法，大致是这样：先做一个圆，再在圆内做一内接正六边形。假设这圆的直径是2，那么半径就等于1。内接正六边形的一边一定等于半径，所以也等于1，它的周长就等于6。如果把内接正六边形的周长6当做圆的周长，用直径

2去除，得到周长与直径的比 π=6/2=3，这就是古代 π=3 的数值。但是这个数值是不正确的，我们可以清楚地看出内接正六边形的周长远远小于圆周的周长。

如果把内接正六边形的边数加倍，改为内接正十二边形，再用适当方法求出它的周长，那么我们就可以看出，这个周长比内接正六边形的周长更接近圆的周长，这个内接正十二边形的面积也更接近圆的面积。由此可以得到这样一个结论：圆内所做的内接正多边形的边数越多，它各边相加的总长度（周长）和圆周周长之间的差额就越小。从理论上来讲，如果内接正多边形的边数增加到无限多时，正多边形的周界就会同圆周密切重合在一起，因此，计算出来的内接无限正多边形的面积也就和圆面积相等了。不过事实上，我们不可能把内接正多边形的边数增加到无限多，使这无限正多边形的周界同圆周重合，而只能有限度地增加内接正多边形的边数，使它的周界和圆周接近重合。所以用增加圆的内接正多边形边数的办法求圆周率，得数永远稍小于 π 的真实数值。刘徽就是根据这个道理，从圆内接正六边形开始，逐次加倍地增加边数，一直计算到内接正九十六边形为止，求得了圆周率是 3.141024。把这个数化为分数，就是 157/50。刘徽所求得的圆周率，后来被称为“徽率”。他这种计算方法，实际上已具备了近代数学中的极限概念。这是我国古代关于圆周率的研究的一个光辉成就。

祖冲之在推求圆周率方面又获得了超越前人的重大成就。根据《隋书·律历志》的记载，祖冲之把一丈化为一亿忽，以此为直径求圆周率。他计算的结果为两个数：一个是盈数（即过剩的近似值），为 3.1415927；一个是朒（音 nǜ）数（即不足的近似值），为 3.1415926。圆周率真值正好在盈朒两数之间。《隋书》只有这样简单的记载，没有具体说明他是用什么方法计算出来的。不过从当时的数学水平来看，除刘徽的割圆术外，还没有更好的方法。祖冲之很可能就采用了这种方法。因为采用刘徽的方法，把圆的内接正多边形的边数增多到两万四千五百七十六边时，便可以得出祖冲之所求得的结果。

盈朒（算术上的不足数）两数可以列成不等式，如：3.1415926（朒）<π（真实的圆周率）<3.1415927（盈），这表明圆周率应在盈朒两数之间。按照当时计算都用分数的习惯，祖冲之还采用了两个分数值的圆周率。一个是 355/113（约等于 3.1415927），这一个数比较精密，所以祖冲之称它为“密率”。另一个是 22/7（约等于 3.14），这一个数比较粗疏，所以祖冲之称

它为“约率”。在欧洲，直到 1573 年才由德国数学家渥脱求出 355/113 这个数值。因此，日本数学家三上义夫曾建议把 355/113 这个圆周率数值称为“祖率”，来纪念这位中国的伟大数学家。

由于祖冲之所著的数学专著《缀术》已经失传，《隋书》又没有具体地记载他求圆周率的方法，因此，我国研究祖国数学遗产的专家们，对于他求圆周率的方法还有不同的见解。

有人认为祖冲之圆周率中的“朒数”，是用做圆的内接正多边形的方法求得的；而“盈数”则是用做圆的外切正多边形的方法求得的。祖冲之如果继续用刘徽的办法，从圆的内接正六边形算起，逐次加倍边数，一直算到内接正两万四千五百七十六边形时，它的各边长度总和只能逐次接近并较小于圆周的周长，这正多边形的面积也只能逐次接近并较小于圆面积，因此求出的圆周率 3.14159261，也只能小于圆周率的真实数值，这就是朒数。从祖冲之的数学水平来看，突破刘徽的方法，从外切正六边形算起，逐次试求圆周率，也是可能的。如果祖冲之把外切正六边形的边数成倍增加，到正两万四千五百七十六边形时，他所求得的圆周率应该是 3.14159270208。这个数是用外切方法求得的。由于外切正多边形各边边长的总和永远大于圆周的长度，这正多边形的面积也永远大于圆面积，所以这个数总比真实的圆周率大。用四舍五入法舍去小数点后七位以后的数字，就得出盈数。

祖冲之究竟是否同时用过内接和外切这两个方法求出圆周率的朒数和盈数，是没有确切史料可以证实的。但是采用这个办法所求出的朒、盈两个数值，和祖冲之所求出的结果大体是一致的。所以有些数学史家认为祖冲之曾用过做圆的外切正多边形的方法求得圆周率，是很近情理的推想。

但是根据另一些数学史家的研究，盈朒两数也可以由计算圆内接正一万两千两百八十八边形和正两万四千五百七十六边形的边长而得出来。

尽管说法有出入，但是祖冲之曾经求得“密率”，并且明确地用上、下两限来说明圆周率这个数值的范围，是可以肯定的。在 1500 年前，他有这样的认识和成就真值得我们钦佩。

在推算圆周率时，祖冲之付出了不知多少辛勤的劳动。如果从正六边形算起，算到两万四千五百七十六边时，就要把同一运算程序反复进行 12 次，而且每一运算程序又包括加减乘除和开方等 10 多个步骤。我们现在用纸笔算盘来进行这样的计算，也是极其吃力的。当时祖冲之进行这样繁难的计算，只能用筹码（小竹棍）来逐步推演。如果头脑不是十分冷静精细，没有坚韧不拔的毅力，是绝对不会成功的。祖冲之顽强刻苦的研究精神，是很值得推崇的。

祖冲之死后，他的儿子祖暅（音 gèng）继续父亲的研究，进一步发现了计算圆球体积的方法。

在我国古代数学著作《九章算术》中，曾列有计算圆球体积的公式，但很不精确。刘徽虽然曾经指出它的错误，但究竟应当怎样计算，他也没有能够解决。经祖暅刻苦钻研，终于找到了正确的计算方法。他所推算出的计算圆球体积的公式是：圆球体积 $=\pi/cD$（D 代表球体直径）。这个公式一直到今天还被人们采用。

祖冲之还曾写过《缀术》五卷，是一部内容极为精彩的数学著作，很受人们重视。唐朝官办学校的算学科中规定：学员要学《缀术》四年；政府举行数学考试时，多从《缀术》中出题。后来这部书曾经传到朝鲜和日本。可惜到了北宋中期，这部有价值的著作竟失传了，直到现在还有待考察。

三、机械巧手　音哲旁通

祖冲之与圆周率纪念邮票

指南车是一种用来指示方向的车子。车中装有机械，车上装有木人。车子开行之前，先把木人的手指向南方，不论车子怎样转弯，木人的手始终指向南方不变。这种车子的结构已经失传，但是根据文献记载，可以知道它是利用齿轮互相带动的结构制成的。相传远古时代黄帝对蚩尤作战，曾经使用过指南车来辨别方向，但这只是一种传说。根据历史文献记载，三国时代的发明家马钧曾经制造过这种指南车，可惜后来失传了。公元 417 年，东晋大将刘裕（也就是后来宋朝的开国皇帝）进军至长安时，曾获得后秦统治者姚兴的一辆旧指南车，车子里面的机械已经散失，车子行走时，只能由人来转动木人的手，使它指向南方。后来齐高帝萧道成令祖冲之仿制。祖冲之所制指南车的内部机件全是铜的。制成后，萧道成派大臣王僧虔、刘休两人去试验，结果证明它的构造精巧、运转灵活，无论怎样转弯，木人的手始终指向南方。

当祖冲之制成指南车时，北朝有一个名叫索驭驎的人来到南朝，自称也会制造指南车。于是萧道成也让他制成一辆，在皇宫里的乐游苑和祖冲之所制造的指南车比赛。结果祖冲之所制的指南车运转自如，索驭驎所制的却很不灵活。索驭驎只得认输，并把自己制的指南车毁掉了。祖冲之制造的指南车，我们虽然已无法看到原物，但是由这件事可以想象，它的构造一定是很精巧的。

祖冲之也制造了很有用的劳动工具。他看到劳动人民舂米、磨粉很费力，就创造了一种粮食加工工具，叫做水碓磨。古代劳动人民很早就发明了利用水力舂米的水碓和磨粉的水磨。西晋初年，杜预曾经加以改进，发明了“连机碓”和“水转连磨”。一个连机碓能带动好几个石杵一起一落地舂米；一个水转连磨能带动8个磨同时磨粉。祖冲之又在这个基础上加以改进，把水碓和水磨结合起来，生产效率就更加提高了。这种加工工具，现在我国南方有些农村还在使用着。

祖冲之还设计制造过一种千里船。它可能是利用轮子激水前进的原理造成的，一天能行100多里。

祖冲之还根据春秋时代文献的记载，制造了一个“欹器”，送给齐武帝的第二个儿子萧子良。欹器是古人用来警诫自满的器具。器内没有水的时候，是侧向一边的。里面盛水以后，如果水量适中，它就竖立起来；如果水满了，它又会倒向一边，把水泼出去。这种器具，晋朝的学者杜预曾试制三次都没有成功，祖冲之却仿制成功了。由此可见，祖冲之对各种机械都有深入的研究。

祖冲之的成就不仅限于自然科学方面，他还精通乐理，对于音律很有研究。

此外，祖冲之还著有《易义》、《老子义》、《庄子义》、《释论语》等关于哲学的书籍，但都已经失传。

祖冲之在天文、历法、数学以及机械制造等方面的辉煌成就，充分表现了我国古代科学的发展水平之高。

祖冲之不仅是我国历史上杰出的科学家，而且在世界科学发展史上也有崇高的地位。祖冲之创造的“密率”，是世界闻名的。我们应该纪念像祖冲之这样的科学家，珍视他们的宝贵遗产。

第六位
哥白尼

（1473—1543）

波兰著名天文学家、"日心说"创立者、现代天文学创始人

尼古拉·哥白尼 1473 年 2 月 19 日出生于波兰维斯杜拉河畔的托伦市的一个富裕家庭。18 岁时就读于波兰旧都的克莱考大学，学习医学期间对天文学产生了兴趣。1496 年，23 岁的哥白尼来到文艺复兴的发源地意大利，在博洛尼亚大学和帕多瓦大学攻读法律、医学和神学，博洛尼亚大学的天文学家德·诺瓦拉（1454—1540）对哥白尼影响极大，哥白尼在他那里学到了天文观测技术以及希腊的天文学理论。后来在费拉拉大学获宗教法博士学位。哥白尼作为一名医生，由于医术高明而被人们誉为"神医"。哥白尼工作的大部分时间是在费劳恩译格大教堂当一名教士。哥白尼并不是一位职业天文学家，他的成名巨著是在业余时间完成的。

在意大利期间，哥白尼就熟悉了希腊哲学家阿里斯塔克斯（前三世纪）的学说，确信地球和其他行星都围绕太阳运转。在他大约 40 岁时开始在朋友中散发一份简短的手稿，初步阐述了他自己有关日心说的看法。哥白尼经过长年的观察和计算，终于完成了他的伟大著作——《天体运行论》。他在《天体运行论》中观测计算所得数值的精确度是惊人的。例如，他得到恒星年的时间为 365 天 6 小时 9 分 40 秒，比现在的精确值约多 30 秒，误差只有百万分之一；他得到的月亮到地球的平均距离是地球半径的 60.30 倍，和现在的 60.27 倍相比，误差只有万分之五。

1533 年，60 岁的哥白尼在罗马做了一系列的讲演，提出了他的学说要点，并未遭到教皇的反对。但是，他害怕教会会反对，甚至在他的书完稿后，还是迟迟不敢发表。直到在他临近古稀之年才终于决定将它出版。在他 1543 年 5 月 24 日去世的那一天才收到出版商寄来的他写的书。

在书中，他正确地论述了地球绕其轴心运转，月亮绕地球运转，地球和其他所有行星都绕太阳运转的事实。但是他也和前人一样严重低估了太阳系的规模。他认为星体运行的轨道是一系列同心圆，这当然是错误的。他的书立即引起了极大的关注，驱使其他天文学家对行星运动作更为准确的观察，其中最著名的是丹麦伟大的天文学家泰寿·勃莱荷。开普勒就是根据泰寿积累的观察资料，最终推导出了星体运行的正确规律。

虽然阿里斯塔克斯比哥白尼提出日心学说早1700多年，但事实上哥白尼得到了这一盛誉。阿里斯塔克斯只是凭借灵感做了一个猜想，并没有加以详细的讨论，因而他的学说在科学上毫无用处。哥白尼逐个解决了猜想中的数学问题，把它变成了有用的科学学说——一种可以用来做预测的学说，通过对天体观察结果的检验并与地球是宇宙中心的旧学说的比较，就会发现它的重大意义。

显然，哥白尼的学说是人类对宇宙认识的革命，它使人们的整个世界观都发生了重大变化。但是在估价哥白尼的影响时，我们还应该注意到，天文学的应用范围不如物理学、化学和生物学那样广泛。从理论上来讲，人们即使对哥白尼学说的知识和应用一窍不通，也会造出电视机、汽车和现代化学厂之类的东西。但是如果没有法拉第、麦克斯韦、拉瓦锡和牛顿的学说则是不可想象的。

如果仅仅考虑哥白尼学说对技术的影响就会完全忽略它的真正意义。哥白尼的书对伽利略和开普勒的工作是一个不可缺少的序幕，而他俩又成了牛顿的主要前辈。正是由于这两者的发现，才使牛顿有能力确定运动定律和万有引力定律。

从历史的角度来看，《天体运行论》是当代天文学的起点，当然也是现代科学的起点。

第七位
维萨里

（1514—1564）

比利时医生、生物学家、近代人体解剖学的创始人

安德烈·维萨里于 1514 年 12 月 31 日生于布鲁塞尔的一个医学世家。他的曾祖、祖父、父亲都是宫廷御医，家中收藏了大量有关医学方面的书籍。维萨里幼年时代就喜欢读这些书，从这些书中他受到许多启发，并立下了当一个医生的志向。维萨里青年时代求学于法国巴黎大学。但是，处在欧洲文艺复兴高潮时期的巴黎大学的医学教育十分落后，盖仑的著作仍被奉为经典，宗教思想依旧统治着医学界。年轻的维萨里对这种现象极为不满。由于他勤奋好学，在自学过程中掌握了一定的解剖学知识，也积累了一些这方面的经验，所以曾一针见血地指出盖仑解剖学中的错误和教学过程中的弊病，并决心改变这种现象，纠正盖仑解剖学中的错误观点。于是，他挺身而出，亲自动手做解剖实验。他的行动，得到了同学们的赞扬和支持。当时和他一起做实验的还有他的同学塞尔维特，他们经常用解剖过程中的事实材料针对盖仑的某些错误观点展开争论，并给予纠正。

维萨里的这种唯物主义的治学方法和解剖学的成就，触犯了旧的传统观念，冲击了校方的陈规戒律，引起了守旧派的仇恨和攻击。学校当局不但不批准他考取学位，还开除了他的学籍，维萨里被迫离开了巴黎。后来，他在威尼斯共和国帕都瓦大学任教，并于 1537 年 12 月 6 日获得博士学位。在任教期间，维萨里继续利用讲课的机会进行尸体解剖，并进行活体解剖教学，吸引了大批的学生。在那里，他充分利用学校的有利条件，继续进行解剖学研究。

业余时间，维萨里开始写作计划已久的人体解剖学专著。经过 5 年的努力，1543 年，年仅 28 岁的维萨里终于完成了按骨骼、肌腱、神经等几大系统描述的巨著——《人体机构》。在这部伟大

的著作中，维萨里冲破了以盖仑为代表的旧权威臆测的解剖学理论，以大量、丰富的解剖实践资料，对人体的结构进行了精确的描述。他在书中写道：解剖学应该研究活的而不是死的结构。人体的所有器官、骨骼、肌肉、血管和神经都是密切联系的，每一部分都是有活力的组织单位。这部著作的出版，澄清了盖仑学派主观臆测的种种错误，使解剖学步入了正轨。可以说，《人体机构》一书是科学的解剖学建立的重要标志。

维萨里这种勇于实践、寻求真理的精神和他这本书的发表使当时的解剖学家和医生们感到震惊，也受到当时教会的无情打击和迫害。在这样恶劣的情况下，维萨里不得不在《人体结构》一书出版的第二年，也就是在1544年，愤然离开帕都瓦，来到西班牙，担任了国王查理五世的御医，也从此中断了对解剖学的研究。在西班牙，他度过了比较安宁的20个年头。

尽管如此，教会的魔爪仍不肯放过他。有一次，他为西班牙的一位贵族做验尸解剖，当剖开胸膛时，监视官说心脏还在跳动，便以此为借口，诬陷维萨里用活人做解剖。宗教裁判所便趁此机会提起公诉，最后判了维萨里死罪。由于国王菲力普出面干预，才免于死罪，改判往耶路撒冷朝圣了结此案。但在归航途中，航船在希腊的扎金索斯岛遇险，维萨里不幸身亡。

人体解剖学的创始人安德烈·维萨里就这样悲惨地结束了科学家伟大的一生，年仅50岁。

第八位
培　根

（1561—1626）

英国哲学家、思想家、作家和科学家

弗兰西斯·培根竭力倡导“读史使人明智，读诗使人灵秀，数学使人周密，哲理使人深刻，伦理学使人有修养，逻辑修辞之学使人善辩，凡有所学，皆成性格。”

他推崇科学、发展科学的进步思想和崇尚知识的进步口号，一直推动着社会的进步。这位一生追求真理的思想家被马克思称为“英国唯物主义和整个现代实验科学的真正始祖”。他在逻辑学、美学、教育学方面也提出许多观点。著有《新工具》、《论说随笔文集》等。后者收入58篇随笔，从各个角度论述了广泛的人生问题，精妙、有哲理，拥有很多读者。

培根著有《学术的进步》（1605年）和《新工具》（1620年）等。在著作中，他尖锐地批判了中世纪经院哲学，认为经院哲学和神学严重地阻碍了科学的进步，主张要全面改造人类的知识，使整个学术文化从经院哲学中解放出来，实现伟大的复兴。他认为，科学必须追求自然界事物的原因和规律。要达到这个目的，就必须以感官经验为依据。他提出了唯物主义经验论的原则，认为知识和观念起源于感性世界，感觉经验是一切知识的源泉。要获得自然的科学知识，就必须把认识建筑在感觉经验的基础上。他还提出了经验归纳法，主张以实验和观察材料为基础，经过分析、比较、选择、排除，最后得出正确的结论。

培根的《论说文集》最能体现其写作风格：文笔优美，语言凝练，寓意深刻。这本书中的文章从各种角度论述了他对人与社会、人与自己、人与自然等关系的看法，许多独到而精辟的见解，使人们从这本书中获得熏陶指导。如：“一个自身无德的人见别人有德必怀嫉妒。”“没有友谊，则世上不过是一片荒野。”“最能保人心神健康的预防药，就是朋友的忠言规谏。”“思想中的疑心就好像鸟中的蝙蝠一样，永远是在黄昏中飞的。疑心使君王倾向专制，丈夫倾向嫉妒，智者倾向寡断和忧郁。”“狡猾就是一种阴险邪恶的聪明。一个狡猾人与一个聪明人之间，有一种很大的差异，这差异不但是在诚实上，而且是在才能上的。”“顺境的美德是节制，逆境的美德是坚忍。这后一种是较为伟大的一种德性。”

培根一生在学问上成就很大，然而，作为政客，他饱尝了仕途的艰辛。做女王掌玺大臣的父亲去世后，他一直未得到女王的重用。直到詹姆斯一世当政，他才逐渐得到升迁，先后担任过法院院长、检察长、掌玺大臣等，还被封男爵、子爵等贵族尊号。然而，后来他又被免除了一切官职。成为平民之后，培根将全部的精力投入到学术研究中，最终成为中世纪英国著名的唯物主义哲学创始者。1626 年 4 月，培根离开了人世。

“知识就是力量”是培根一句脍炙人口的名言。在培根看来，人是自然的主人，可以驾驭自然。但“要命令自然，就必须服从自然”，即认识自然规律，掌握科学知识。正是从这个角度出发，培根提出了“知识就是力量”的著名论断，至今影响一代又一代人的生活。

第九位

伽利略

（1564—1642）

意大利天文学家、力学家、哲学家、物理家、学家、数学家

伽利略，近代实验物理学的开拓者，被誉为“近代科学之父”，创立了著名的自由落体定律。

1564 年 2 月 15 日，伽利略·伽利雷出生在意大利西海岸比萨城一个破落的贵族之家。据说他的祖先是佛罗伦萨很有名望的医生，但是到了他的父亲伽利略·凡山杜这一代，家境日渐败落。凡山杜是个很有才华的作曲家，生前出版过几本牧歌和器乐作品，他的数学也很好，精通希腊文和拉丁文，但是美妙的音乐不能填饱一家人的肚皮，他的数学才能也不能给他谋到一个好职位。大约在小伽利略出生不久，凡山杜在离比萨城不远的佛罗伦萨开了一间卖毛织品的小铺子，这完全是不得已的办法。但是为了维持一家人的生活，凡山杜只好违背自己的意愿去经商。

小伽利略最初进了佛伦勃罗萨修道院的学校。在这所学校，他专心学习哲学和宗教。有段时间，小伽利略很想将来当一个献身教会的传教士。但是凡山杜知道这个情况后，立即把儿子带回家，他劝说伽利略去学医，这是他为儿子的未来早已设计好的一条路。

17 岁那年，伽利略进了著名的比萨大学，按照父亲的意愿，他当了医科学生。比萨大学是所古老的大学，学校图书馆藏书丰富，这很合伽利略的心意。但是伽利略对医学并没有多大兴趣，他很少上课，一上课就对教授们教课的内容提出这样那样的疑问，使教授们难于回答。在教授们的眼里，伽利略是个很不招人喜欢的坏学生。不过，伽利略只是兴趣不在医学，他孜孜不倦地学习数学、物理学等自然科学，并且以怀疑的眼光看待那些自古以来被人们奉为经典的学说。

伽利略生活的时代，正是欧洲历史上著名的文艺复兴时代，

而意大利又是文艺复兴的发源地。当时，意大利的许多大城市，如佛罗伦萨、热那亚和威尼斯，都发展成东西方贸易的中心，建起了商号、手工作坊和最早的银行，出现了资本主义生产关系的萌芽。加上贸易往来的发达，印刷术的发明、新思想的传播比以往任何时候都更加迅速。于是，人们对千百年来束缚思想的宗教神学和传统教条开始产生了动摇。

一个偶然的机会，伽利略听了宫廷数学家玛窦·利奇的讲课。这位青年数学家渊博的学识，严密的逻辑，特别是他在证明数学难题时的求证方法，使伽利略深深着迷。这就是他梦寐以求的数学王国！他兴奋极了，立即找到宫廷数学家玛窦·利奇，向他提出了许多百思不得其解的问题。

玛窦·利奇原是跟随托斯坎尼大公爵从佛罗伦萨来到比萨的，他给宫廷里的侍童讲数学，没有想到会有一个如此热心的听众，而且他提出的问题非常有趣，充分显示出超群的智慧和深厚的学识功底。当听说伽利略是比萨大学医科学生时，便称赞他是天才，会成为一个杰出的数学家，并告诉他："你努力自学吧，有什么困难，任何时候我都是你忠诚的朋友。"

听了玛窦·利奇的鼓励，伽利略越发刻苦钻研数学和物理学，他把从宫廷数学家那里借来的每一本书，都用心地阅读，像海绵吸水一样。但是，他并不迷信书本，那些人们认为是真理的权威结论，在伽利略的脑子里常常带来意想不到的疑问，他经常为此感到苦恼，陷入深深的思索之中。

有一次，伽利略信步来到他熟悉的比萨大教堂，他坐在一张长凳上，目光凝视着那雕刻精美的祭坛和拱形的廊柱，蓦地，教堂大厅中央的巨灯晃动起来，是修理房屋的工人在那里安装吊灯。这本来是件很平常的事，吊灯像钟摆一样晃动，在空中划出看不见的圆弧。可是，伽利略却像触了电一样，目不转睛地跟踪着摆动的吊灯，同时，他用右手按着左腕的脉，计算着吊灯摆动一次脉搏跳动的次数，以此计算吊灯摆动的时间。

这样计算的结果，伽利略发现了一个秘密，这就是吊灯摆一次的时间，不管圆弧大小总是一样的。一开始，吊灯摆得很厉害，渐渐地，它慢了下来，可是，每摆动一次，脉搏跳动的次数是一样的。

伽利略的脑子里翻腾开了，他想，书本上明明写着这样的结论，摆经过一个短弧的时间要比经过长弧快些，这是古希腊哲学家亚里士多德的说法，谁也没有怀疑过。难道是自己的眼睛出了毛病，还是怎么回事？

他像发了狂似的跑回大学宿舍，关起门来重复做这个试验。他找了不同长度的绳子、铁链，还有不知从哪里搞到的铁球、木球。在房顶上，在窗外的树枝上，一次又一次着迷地重复着实验，用沙漏记下摆动的时间。最后，伽利略不得不大胆地得出这样的结论：亚里士多德的结论是错误的，决定摆动周期的，是绳子的长度，而和它末端的物体重量没有关系。相同长度的摆绳，振动的周期是一样的。这就是伽利略发现的摆的运动规律。

伽利略不用说多么高兴了。可是在当时，有谁会相信一个医科大学生的科学发现，何况他的结论是否定了大名鼎鼎的亚里士多德的权威说法。

就在这时，他的父亲凡山杜的铺子越来越不景气，严厉的父亲听说伽利略并没有按照自己的意愿学习医学，而是成天迷恋着不相干的实验，于是，决定停止让伽利略继续上大学，让他回家去当一个店员。

伽利略灰心极了，他离开了比萨大学回到佛罗伦萨。但是他选择的道路却是不可动摇的。

一、坚信科学

佛罗伦萨的一条不太热闹的街道上，有一个门面不大、生意清淡的铺子，这就是凡山杜开的毛织品商店。每天，当匆匆过往的行人经过这里时，总是可以看见红头发的伽利略呆呆地坐在柜台前出神，或者旁若无人的在那里摆弄着一些莫名其妙的东西，像秤盘、铁块、盘子等；而更多的时候，他是埋头在书本里，他看得那样专心，连他父亲大声叫唤都听不见。

自从回到家里，伽利略不得不违背自己的意愿在父亲的铺子里当一名店员，但是他的心里一时一刻也没有忘记数学和物理学。没有起码的学习条件，也没有老师可以求教，他就想方设法找到一些自然科学的书籍，以顽强的毅力刻苦自学。他最喜欢的书是欧几里德的《几何原本》和阿基米德的著作。《几何原本》是世界上流传最早的几何学著作，是希腊科学家欧几里德的著作，包含了丰富的数学与力学知识，特别是其中的一些物理实验，对伽利略有很大的吸引力。

谈起实验，伽利略的兴趣最浓。还在比萨大学时，他就动手制作了一种“脉搏计”，这是他根据摆的运动规律设计的，可以用来测量病人脉搏跳动的情况，很受医生的欢迎。而在父亲的铺子里，没有实验的条件，但他仍然用一些日常的器具来做实验，尽管这样做免不了又要挨父亲的骂，但他还是照干不误。

他从阿基米德检验国王皇冠的实验中受到启发，一面重复这个实验，一面思考这种方法的用途。当时欧洲各国的航海事业正在兴起，航海业带动了造船业和机械制造业以及采矿业、冶金业的发展，反过来又向科学技术提出许多新的问题。于是伽利略把他的注意力转向合金的物理和力学性质的研究。不久，他通过测定物体在水中的重量发现，物体投入水中减轻的重量，刚好等于它排开的水的重量。在这个重大发现的基础上，伽利略发明了一种比重秤，可以很方便地测定各种合金的比重。他还写了一篇论文，详细地介绍了比重秤的构造原理和使用方法。这件事，很快就在佛罗伦萨和其他城市传开了。

1589 年夏天，在佛罗伦萨的店铺里度过了 4 年自学生活的伽利略，由于得到宫廷数学家玛窦·利奇的鼓励，特别是贵族盖特保图侯爵的推荐，他终于获得了比萨大学数学和科学教授的职位。这时，他只有 25 岁。

从此，伽利略可以不必为生活发愁了，虽然工资不高，但是他可以在完成日常教学之外专心从事他向往的科学研究。不久后，伽利略进行了自由落体实验，他在比萨斜塔上扔下的铁球（在伽利略的著作中并未明确说明实验是在此萨斜塔上进行的，对此存在争议），不仅证明了不同重量的物体由同一高度下落时速度是相同的，更重要的是，这个大胆的实验推翻了亚里士多德的权威结论。在那些思想保守、头脑僵化的人眼里，这个举动无异于挖了他们的祖坟，亚里士多德的信徒们开始与伽利略势不两立了。在比萨大学待了一个学期，伽利略又失去了职位。

伽利略再一次求助于盖特保图侯爵。这位珍惜人才的贵族再一次伸出友谊之手，他运用自己的影响，把伽利略推荐给帕多瓦大学。帕多瓦是意大利北部一个学术气氛浓厚的小城，距离美丽的海滨城市威尼斯不远，属于威尼斯共和国管辖。1592 年，28 岁的伽利略被任命为帕多瓦大学的数学、科学和天文学教授。从此，伽利略迎来了一生中的黄金时代。

二、发明望远镜

伽利略在帕多瓦大学工作的 18 年间，最初把主要精力放在他一直感兴趣的力学研究方面，他发现了物理上一个重要的现象——物体运动的惯性，做过有名的斜面实践，总结了物体下落的距离与所经过的时间之间的数量关系，他还研究了炮弹的运动，奠定了抛物线理论的基础。关于加速度这个概念，也是他第一个明确提出的，为了测量病人发烧时体温的升高，这位著名的物理学家还在1593年发明了第一支空气温度计……但是，一个偶然的事件，使伽利略改变了研究方向，从力学和物理学的研究转向广漠无垠的茫茫太空了。

那是1609年6月，伽利略听到一个消息，说是荷兰有个眼镜商人利帕希在一次偶尔的发现中，用一种镜片看见了远处肉眼看不见的东西。“这难道不正是我需要的千里眼吗?”伽利略非常高兴。不久，伽利略的一个学生从巴黎来信，进一步证实这个消息的准确性，信中说尽管不知道利帕希是怎样做的，但是这个眼镜商人肯定是制造了一个镜管，用它可以使物体放大许多倍。

“镜管!”伽利略把来信翻来覆去看了好几遍，急忙跑进他的实验室。他找来纸和鹅管笔，开始画出一张又一张透镜成像的示意图。伽利略由镜管这个提示受到启发，看来镜管能够放大物体的秘密在于选择怎样的透镜，特别是凸透镜和凹透镜如何搭配。他找来有关透镜的资料，不停地进行计算。整整一个通宵，伽利略终于明白，把凸透镜和凹透镜放在一个适当的距离，就像那个荷兰人看见的那样，遥远的肉眼看不见的物体经过放大也能看清了。

伽利略非常高兴。他顾不上休息，立即动手磨制镜片，这是一项很费时间但又需要细心的活儿。他一连干了好几天，磨制出一对对凸透镜和凹透镜，然后又制作了一个精巧的可以滑动的双层金属管。最后，该试验一下他的发明了。

伽利略小心翼翼地把一片大一点的凸透镜安在管子的一端，另一端安上一片小一点的凹透镜，然后把管子对着窗外。当他从凹透镜的一端望去时，奇迹出现了，那远处的教堂仿佛近在眼前，可以清晰地看见钟楼上的十字架，甚至连一只在十字架上落脚的鸽子也看得非常清楚。

伽利略制成望远镜的消息马上传开了。“我制成望远镜的消息传到威尼斯”，在一封写给妹夫的信里，他写道：“一星期之后，就命我把望远镜呈献给议长和议员们观看，他们感到非常惊奇。绅士和议员们，虽然年纪很大了，但都按次序登上威尼斯的最高钟楼，眺望远在港外的船只，看得都很清楚。如果没有我的望远镜，就是眺望两个小时也看不见。这仪器的效用可使50英里以外的物体，看起来就像在5英里以内。”

伽利略发明的望远镜，经过不断改进，放大率提高到30倍以上，能把实物放大1000倍。现在，他犹如有了千里眼，可以窥探宇宙的秘密了。这是天文学研究中具有划时代意义的一次革命，几千年来，天文学家单靠肉眼观察日月星辰的时代结束了，代之而起的是光学望远镜，有了这种有力的武器，近代天文学的大门被打开了。

从此，每当星光灿烂或是皓月当空的夜晚，伽利略便将他的望远镜瞄准深邃遥远的苍穹，不顾疲劳和寒冷，夜复一夜地观察着。

过去，人们一直以为月亮是个光滑的天体，像太阳一样自身发光，但是伽利略透过望远镜发现，月亮和我们生存的地球一样，有高峻的山脉，也有低凹的洼地（当时伽利略称它是“海”）。他还从月亮上亮的和暗的部分的移动，发现了月亮自身并不能发光，月亮的光是透过太阳得来的。

伽利略又把望远镜对准横贯天穹的银河，以前人们一直认为银河是地球上的水蒸气凝成的白雾，亚里士多德就是这样认为的。伽利略决定用望远镜检验这一说法是否正确。他用望远镜对准夜空中雾蒙蒙的光带，不禁大吃一惊，原来那根本不是云雾，而是千千万万颗星星聚集在一起。伽利略还观察了天空中的斑斑云彩即通常所说的星团，发现星团也是很多星体聚集在一起，像猎户座星团、金牛座的昴（音 mǎo）星团、蜂巢星团都是如此。

伽利略的望远镜揭开了一个又一个宇宙秘密，他发现了木星周围环绕着它运动的卫星，还计算了它们的运行周期。现在我们知道，木星共有 16 颗卫星，伽利略所发现的是其中最大的 4 颗。除此之外，伽利略还用望远镜观察到太阳黑子，他通过黑子的移动现象推断，太阳也是在转动的。

一个又一个振奋人心的发现，促使伽利略动笔写一本最新的有关天文学发现的书，他要向全世界公布他的观测结果。1610 年 3 月，伽利略的著作《星际使者》在威尼斯出版后，立即在欧洲引起轰动。

但是，他没有想到，望远镜揭开的宇宙秘密大大触怒了很多人，一场可怕的厄运即将降临在这位杰出的科学家头上。

1615 年冬季的一天，天气异常寒冷，天空笼罩着阴沉的乌云，伽利略孤身一人来到罗马。5 年前，伽利略告别了帕多瓦大学，回到佛罗伦萨，担任了托斯坎尼公国的宫廷数学家和哲学家，兼任比萨大学的数学教授。也就在这年，他曾经访问过罗马，受到热情的接待和规格很高的礼遇。他在天文学上一系列的新发现和望远镜的发明，受到罗马教皇保罗五世的重视，罗马的贵族和科学家也以结识他而感到荣耀。可是，仅仅事隔 5 年，罗马的脸孔完全变了，没有鲜花和笑脸，到处是冷漠的没有表情的面孔，连熟悉的人也像躲避瘟疫似地离他远远的。

发生了什么事情？原来这一次，伽利略的名字上了罗马宗教裁判所的黑名单，他是被臭名昭著的宗教裁判所传讯到罗马来接受对他的审讯的。

15 世纪、16 世纪的欧洲，正是封建社会向资本主义社会转变的关键时期。长期以来，为了巩固封建统治的秩序，神权统治的欧洲，用神学代替了科学，用野蛮代替了自由。神学家们荒诞地宣称，宇宙是一个充满“各种等级的天使和一个套着一个的水晶球”，而静止不动的地球就居于这些水晶球的中心。他们推崇古希腊天文学家托勒玫“地球是宇宙中心”的学说，因为在神学家看来，太阳是围绕地球运转的，上帝创造太阳的目的，就是要照亮地球，施恩于人类。这是永恒不变、颠扑不破的真理。

为了维护这个荒谬的理论，天主教会的宗教裁判所不惜用恐怖暴力对付一切敢于提出异议的人们。1327 年，意大利天文学家采科·达斯科里因为说地球是球状的，在另一个半球上也有人类居住，违背了圣经的教义惨遭迫害，被活活烧死。1600 年 2 月 17 日，意大利哲学家布鲁诺，在罗马百花广场被活活烧死，也是因为他到处宣传哥白尼的学说，动摇了地球中心说。

伽利略是布鲁诺同时代人，早在帕多瓦大学执教时，他就读过哥白尼的著作《试论天体运行的假说》（又名《天体运行论》）。这位杰出的波兰天文学家在这本书中大胆地提出“太阳是太阳系的中心，地球和其他行星都围绕着太阳运转”的理论，即太阳中心说，这一开始就引起伽利略的极大兴趣。但是伽利略是个科学态度十分严谨的学者，他想，过去都说是太阳围着地球运转，哥白尼却提出相反的看法，到底哪一个正确呢？伽利略没有轻率地下结论，他决定用自己的望远镜来证实谁是谁非。

当伽利略的著作《星际使者》出版时，他已是一个哥白尼学说坚定的支持者了。伽利略通过自己的观测和研究，逐渐认识到哥白尼的学说是正确的，而托勒玫的地球中心说是错误的，亚里士多德的许多观点也是站不住脚的。伽利略不仅发表了批驳亚里士多德的论文，而且还通过书信毫不掩饰地支持哥白尼的学说，甚至把信件的副本直接寄给罗马教会。在伽利略看来，科学家的良心就是追随真理。

但是，罗马教廷是决不会放过伽利略的，他们先是对伽利略发出措辞严厉的警告，继而把他召到罗马进行审讯。1616 年 2 月，宗教裁判所宣布，不许伽利略再宣传哥白尼学说，无论是讲课或写作，都不得再把哥白尼学说说成是真理。

伽利略不会忘记，16 年前布鲁诺就是被这些披着黑色道袍、道貌岸然的“上帝的卫道士”活活烧死的，他如果敢于反抗，下场绝不会比布鲁诺更好。

在教会的威胁下，伽利略被迫作了放弃哥白尼学说的声明。他怀着极其痛苦的心情回到佛罗伦萨，在沉默中度过了好些年。但是伽利略的内心深处并没有放弃哥白尼学说，相反，继续不断的观测和深入研究，使他更加坚信哥白尼学说是完全正确的科学理论。在佛罗伦萨郊外的锡尼别墅里，伽利略过着与世隔绝的生活，他的身体大不如前，病魔在残酷地折磨着他，但是他依然念念不忘地宣传哥白尼学说。他经过长久的酝酿构思，用了将近5年的时间，一部伟大的著作《关于两种世界体系的对话》终于诞生了。

《关于两种世界体系的对话》表面上是以三个人对话的形式，客观地讨论托勒玫的地心说与哥白尼的日心说，对谁是谁非进行没有偏见的探讨。但是当这本书好不容易在1632年2月出版时，细心的读者不难看出，这本书以充分的论据和大量无可争辩的事实有力地批判了亚里士多德和托勒密的错误理论，科学地论证了哥白尼的地动说，宣告了宗教神学的彻底破产。

很快，教会察觉出了这本书包含的可怕思想，从字里行间流露出来的大胆结论使神学家们感到极大恐慌。那些早就对伽利略心怀不满的学术骗子立即和教会勾结，罗织罪名，阴谋策划，为迫害伽利略大造舆论。

科学和神学不可调和的斗争爆发了。1632年8月，罗马宗教裁判所下令禁止这本书出售，并且由罗马教皇指名组织一个专门委员会对这本书进行审查。伽利略预感到大祸临头，果然，到了10月，他接到了宗教裁判所要他去罗马接受审讯的一纸公文。

这时候的伽利略已是69岁的老人，病魔缠身，行动不便，许多关心他的人到处为他说情，但是罗马教皇恼怒地说：“除非证明他不能行动，否则在必要时就给他戴上手铐押来罗马!”就这样，1633年初，伽利略抱病来到罗马。他一到罗马便失去自由，关进了宗教裁判所的牢狱，并且不准任何人和他接触。

人类历史上一次骇人听闻的迫害就这样开始了。在罗马宗教裁判所充满血腥和恐怖的法庭上，真理遭到谬误的否决，科学受到神权的审判。那些满脸杀机的教会法官们，用火刑威胁伽利略放弃自己的信仰，否则他们就要对他处以极刑。

年迈多病的伽利略绝望了，他知道，真理是不可能用暴力扑灭的。尽管他可以声明放弃哥白尼学说，但是宇宙天体之间的秩序是谁也无法更改的。

在审讯和刑法的折磨下，伽利略被迫在法庭上当众表示忏悔，同意放弃哥白尼学说，并且在判决书上签了字。

“为了处分你这样严重而有害的错误与罪过，以及为了你今后更加审慎和给他人做个榜样和警告”，穿着黑袍的主审法官当众宣读了对伽利略的判决书，“我们宣布用公开的命令禁止伽利略的《关于两种世界体系的对话》一书；判处把你暂时关入监狱，根据我们的意见，以及使你得救的忏悔，在 3 年内每周读 7 个忏悔的圣歌……”

伽利略的晚年是非常悲惨的。这位开拓了人类眼界、揭开了宇宙秘密的科学家，在 1637 年双目完全失明，陷入无边的黑暗之中。他的唯一亲人——小女儿玛俐亚先他离开人间，这给他的打击很大。但是，即使这样，伽利略仍旧没有失去探索真理的勇气。1638 年，他的一部《关于两门新科学的讨论》在朋友的帮助下得以在荷兰出版，这本书是伽利略长期对物理学研究的系统总结，也是现代物理的第一部伟大著作。后来，宗教裁判所对他的监视有所放宽，他的几个学生，其中包括著名物理学家、大气压力的发现者托里拆利来到老人身边照料他，他们终于又可以愉快地在一起讨论科学问题了。

1642 年 1 月 8 日，凌晨 4 时，伟大的伽利略——为科学、为真理奋斗一生的战士、科学巨人离开了人世，享年 78 岁。在离开人世的前夕，他还重复着这样一句话：“追求科学需要特殊的勇气。”具有讽刺意味的是，300 多年后，1979 年 11 月，在世界主教会议上，罗马教皇提出重新审理“伽利略案件”。为此，世界著名科学家组成了一个审查委员会，负责重新审理这一冤案。其实，哪里还用得着审理什么呢？宇宙飞船在太空飞行，人类的足印深深地留在月球的表面，人造卫星上天，宇宙测探器飞出太阳系发回的电波……所有这些现代科学技术的进步，早已宣告了宗教神学的彻底破产，人类将永远记住伽利略这个光辉夺目的名字。

伽利略在科学上的主要贡献有如下几点。

1. 在力学方面的贡献

伽利略是第一个把实验引进力学的科学家，利用实验和数学相结合的方法确定了一些重要的力学定律。1582 年前后，他经过长久的实验观察和数学推算，得到了摆的等时性定律。接着在 1585 年因家庭经济困难辍学。离开比萨大学期间，他深入研究古希腊学者欧几里德、阿基米德等人的著作。他根据杠杆原理和浮力原理写出了第一篇题为《天平》的论文。不久又写了论文《论重力》，第一次揭示了重力和重心的实质，并给出准确的数学表达式，因此名声大振。与此同时，他对亚里士多德的许多观点提出质疑。

在1589—1591年间，伽利略对落体运动做了细致的观察。从实验和理论上否定了统治千余年的亚里士多德关于“落体运动法则”，确立了正确的自由落体定律，即在忽略空气阻力条件下，重量不同的球在下落时同时着地，下落的速度与重量无关。

伽利略对运动的基本概念，包括重心、速度、加速度等都做了详尽研究并给出了严格的数学表达式，尤其是加速度概念的提出，在力学史上是一个里程碑。有了加速度的概念，力学中的动力学部分才能建立在科学基础之上，而在伽利略之前，只有静力学部分有定量的描述。

伽利略曾非正式地提出过惯性定律（见牛顿运动定律）和外力作用下物体的运动规律，这为牛顿正式提出运动第一、第二定律奠定了基础。在经典力学的创立上，伽利略可以说是牛顿的先驱。

伽利略还提出过合力定律、抛射体运动规律，并确立了伽利略相对性原理。伽利略在力学方面的贡献是多方面的，这在他晚年创作的力学著作《关于两门新科学的谈话和数学证明》中有详细的描述。在这本不朽著作中，除动力学外，还有不少关于材料力学的内容。例如，他阐述了关于梁的弯曲试验和理论分析，正确地断定梁的抗弯能力和几何尺寸的力学相似关系。他指出，对长度相似的圆柱形梁，抗弯力矩和半径立方成比例。他还分析过受集中载荷的简支梁，正确指出最大弯矩在载荷下，且与它到两支点的距离之积成比例。伽利略还对梁弯曲理论用于实践所应注意的问题进行了分析，指出工程结构的尺寸不能过大，因为它们会在自身重量作用下发生破坏。他根据实验得出，动物形体尺寸减小时，躯体的强度并不按比例减小。他说：“一只小狗也许可以在它背上驮两三只同样大小的狗，但我相信一匹马也许连一匹和它同样大小的马也驮不起。”

2. 在天文学方面的贡献

他是利用望远镜观测天体取得大量成果的第一位科学家。这些成果包括：发现月球表面凹凸不平，木星有4个卫星（现称伽利略卫星），太阳黑子和太阳自转，金星、木星的盈亏现象以及银河由无数恒星组成等。他用实验证实了哥白尼的“地动说”，彻底否定了统治千余年的亚里士多德和托勒密的“天动说”。

3. 在哲学方面的贡献

他一生坚持与唯心论和教会的经院哲学作斗争，主张用具体的实验来认识自然规律，认为经验是理论知识的源泉。他不承认世界上有绝对真理和掌握真理的绝对权威，反对盲目迷信。他承认物质的客观性、多样性和宇宙的无限性，这些观点对发展唯物主义哲学具有重要的意义。

第十位

哈 维

（1578—1657）

英国科学家

大凡在科学史上有所发现、有所发明、有所创造的人，都是敢于向权威挑战的人。哥白尼正是敢于怀疑亚里士多德的理论，怀疑“地心说”，才创立了全新的“日心说”。到了17世纪初，又出现了一位敢于向权威提出怀疑的学者——哈维。

哈维出生于英国一个富裕农民的家里。他19岁毕业于英国剑桥大学，之后到意大利留学，5年后他成为医学博士。在意大利学医时，他还常常去听伽利略讲授力学和天文学，深受这位教授忠于科学、敢于创新作风的影响，他的求知欲也跨越了学科的界线。伽利略注重实验的做法，对哈维影响极大，为他日后研究医学，发现人的血液循环奠定了基础。

说到认识人的血液循环，对于今天的青少年来说，似乎无人怀疑过。然而，在古代，要认识它可不容易，多少科学家、学者付出了昂贵的代价——鲜血和生命。

在古代，著名学者、哲学家亚里士多德的言论，被誉为仅次于神的权威，不容置疑。而他对于人的血液循环毫无认识，因而错误地认为人体内（血管内）充满着空气。这种错误的说法延续了几百年，直到1800年前，被一位古罗马的神医盖仑否定，他指出人血管里流的是血。显然，这比亚里士多德前进了一大步。

盖仑的理论认为，血液在人体内像潮水一样流动之后，便消失在人体四周。由于他是一位名望极高的神医，于是人们1000年内都把他这种血液理论奉为真理，不容怀疑。

然而，科学是不断发展的。到了16世纪，欧洲文艺复兴促进了科学的发展。当时，比利时的医生维萨里认为盖仑的理论是错误的。不久，西班牙的医生、宗教的改革者塞尔维特便提出了血液在心肺之间进行小循环的看法，这两位巴黎大学里的同学，相继向权威盖仑进行挑战。但是他们都付出了惊人的代价，维萨里受到宗教裁判所的迫害，被判处死刑；塞尔维特由于出版了《基督教的复兴》触犯了西班牙教会，有人扬言要处死他，他便逃往日内瓦。可惜仍没有逃过劫难，他被人出卖。1553 年 10 月，在日内瓦被当做“异教徒”，活活烧死。这两位医生为了研究人的血液循环，向权威挑战，献出了宝贵的生命。

科学探索是无止境的。半个世纪之后，已经成长为医生的哈维继承了他们的事业，他决心弄清人体血液的奥秘，认为这个问题如能突破，对于治病救人必将有新的贡献。于是，他选择血液这一专题，进行秘密研究。

哈维是医生、生理学家、胚胎学家。他一生中写过大量的科学论著，但是只发表了《关于动物内脏与血液运动的解剖研究》(中译名称《心血运动论》）和《论动物的生殖》两本书以及几封为《心血运动论》辩护的公开信。其中 1628 年，发表的划时代著作《心血运动论》标志着近代生理学的诞生，同时也奠定了哈维在科学发展史上的重要地位。哈维晚年时在伦敦的寓所遭到抢劫，后又被大火焚烧，留下的手稿仅有两部，一部是论述感觉的，另一部是论述动物运动的。在《心血运动论》中，哈维提供了大量的证据，其中包括人的临床观察、尸体解剖、不同种类动物的解剖与观察，而且利用定量思想、逻辑分析和生理测试，从各个方面证明心脏是一个可以泵出血液的肌肉实体，血液以循环的方式在血管系统中不断流动。

哈维系统地分析了前人的研究情况：公元前 3 世纪古希腊的医生，解剖学的创始人赫罗非拉斯，最早把静脉与动脉区分开来；公元前 2 世纪，盖仑提出了血液流动的理论；15 世纪，著名画家、医生达·芬奇，通过解剖，发现并提出了心脏有四个腔的理论，以及维萨里与塞尔维特研究的成果。前人的研究成果，开拓了哈维的视野，且他是一个善于思索的人，并不迷信权威的理论，更难能可贵的是他敢于怀疑权威的理论，喜欢“打破沙锅问到底”，经常问自己“血液真的流到人体四周就消失了吗？怎么会消失的呢？”等。

他决心像伽利略一样，通过实验，去揭开人体血液循环的神秘面纱。这一系列实验中，他首先拿动物开刀，他认为动物的血液与人有着相似之处。据他的笔记记载，他一生共解剖过动物的种类多达 40 多种。他解剖过许多大动物，通过解剖，终于发现心脏像一个水泵，把血液压出来，血液便流向全身。

哈维用兔子和蛇，反复做实验，他把它们解剖开之后，找出还在跳动的动脉血管，然后用镊子把它们夹住，观察血管的变化。他发现血管通往心脏的一端很快膨胀起来，而另一端就马上瘪下去了，这说明血是从心脏里向外流出来的，由此证明动脉里的血压在升高。他又用同样的方法，找出了大的静脉血管，用镊子夹住，其结果正好与动脉血管相反，靠近心脏的那一段血管瘪了下去，而远离心脏的另一端鼓胀了起来，这说明静脉血管中的血是流向心脏的。

哈维在不同的动物解剖中发现了上述同样的结果，他终于得出了这样一个结论：血液由心脏这个“泵”压出来，再从动脉血管流出来，流向身体各处，然后，再从静脉血管中流回去，回到心脏，这样完成了血液循环。他把这一发现写成了《动物心脏和血液运动》一书，正式提出了关于血液循环的理论。为了使读者信服他的理论，他在书中说：“推理和实验都表明血液是由于心室的跳动而穿过肺脏和心脏的，由心脏送出分布全身，流到动脉和肌肉的细孔，然后通过静脉由外围各方流向中心，由较小的静脉流向较大的静脉，最后流入右心室……因此，有绝对的必要作出这样的结论：动物的血液是被压入循环而且是不断流动着的，这是心脏借跳动起来完成的动作和机能，也是心脏的动作和唯一的结果。”

为了让人们接受他的观点，证明人的血液循环也与动物是一样的，他还在人身上反复地实验。他请了一些比较瘦的人（容易在身上找到血管），把那些人手臂上的大静脉血管用绷带扎紧，结果发现靠近心脏的一段血管瘪下去，而另一端鼓了起来；他又扎住了动脉血管，发现远离心脏的那一端动脉不再跳动，而另一端很快鼓了起来。证明人的血液循环与动物的血液循环是完全一样的。他在书上告诫人们：“无论是教解剖学或学解剖学的，都应当以实验为依据，而不应当以书籍为依据；都应当以自然为老师，而不应当以哲学为老师。”

哈维终于在医学史上取得了巨大的成功，但他的理论有悖于权威的理论，所以，书出版之后，就遭到当时学术界、医学界、宗教界权威人士的攻击，说他的著作是一派胡言，是荒谬而不可信的。幸好，哈维当时是英国国王查理一世的御医，受到国王的宠幸，这才使他没有像前辈维萨里、塞尔维特那样付出生命的代价。

直到哈维逝世后的第 4 年，伽利略发明的望远镜，被意大利马尔比基教授改制为显微镜用于医学上，观察到毛细血管的存在，才真正证实了哈维理论的正确性。哈维的血液循环理论被确认，标志着当时的科技在医学领域中的显著成就。

哈维的贡献是划时代的，他的工作标志着新的生命科学的开始，属于发端于16世纪的科学革命的一个重要组成部分。哈维因为他的出色的心血系统的研究以及他的动物生殖的研究，使得他成为与哥白尼、伽利略、牛顿等人齐名的科学革命的巨匠。他的《心血运动论》一书也像《天体运行论》、《关于托勒密和哥白尼两大体系的对话》、《自然哲学之数学原理》等著作一样，成为科学革命时期以及整个科学史上极为重要的文献。

第十一位
牛 顿

（1643—1727）

英国物理学家、数学家和天文学家

1643 年 1 月 4 日，在英格兰林肯郡小镇沃尔索浦的一个自耕农家庭里，艾萨克·牛顿诞生了。牛顿是一个早产儿，出生时只有 3 磅重，接生婆和他的亲人都担心他能否活下来。谁也没有料到这个小生命后来成为一位震古烁今的科学巨人，并且活到了 85 岁的高龄。

牛顿出生前 3 个月父亲便去世了。在他 2 岁时，母亲改嫁给一个牧师，把牛顿留在外祖母身边抚养。11 岁时，母亲的后夫去世，母亲带着和后夫生的一子二女回到牛顿身边。牛顿自幼沉默寡言，性格倔强，这种习性可能来自他的家庭环境。

大约从 5 岁开始，牛顿被送到公立学校读书。少年时的牛顿并不是神童，他资质平常，成绩一般，但他喜欢读书，喜欢看一些介绍各种简单机械、模型制作方法的读物，并从中受到启发，自己动手制作一些奇奇怪怪的小玩意，如风车、木钟、折叠式提灯等。

牛顿 12 岁时进了离家不远的格兰瑟姆中学。牛顿的母亲原希望他成为一个农民，但牛顿本人却无意于此，而酷爱读书。随着年岁的增长，牛顿越发爱好读书，喜欢沉思，喜欢做科学小实验。他在格兰瑟姆中学读书时，曾经寄宿在一位药剂师家里，使他受到了化学试验的熏陶。

牛顿在中学时代学习成绩并不出众，只是爱好读书，对自然现象有好奇心，例如对日影的四季移动等，尤其对几何学、哥白尼的日心说等十分关注。他还分门别类地写读书笔记，又喜欢别出心裁地制作些小工具，进行一些小发明、小试验。

后来迫于生活，母亲让牛顿辍学在家务农，但牛顿一有机会便埋首书卷，以至经常忘了干活。每次，母亲叫他同佣人一道上市场熟悉做交易的生意经时，他便恳求佣人一个人上街，自己则躲在树丛后看书。有一次，牛顿的舅父起了疑心，就跟踪牛顿上市镇去，发现他的外甥伸着腿，躺在草地上，正在聚精会神地钻研一个数学问题。牛顿的好学精神感动了舅父，于是舅父劝说母亲让牛顿复学，并鼓励牛顿上大学读书。牛顿重新回到学校后，如饥似渴地汲取书本上的知识并能结合实际进行思考。有一次，他去郊外游玩，靠在一棵苹果树下休息，忽然一个苹果从树上掉下来。他觉得很奇怪，为什么苹果会从上往下掉？他带着这个疑问回到家里思考，后来他想到这是地球引力的作用，能使与树脱离的物体下落。

苹果落地虽没有给牛顿提供答案，但却激发这位年轻的科学家思考一个新问题：苹果会落地，而月球却不会掉落到地球上，苹果和月亮之间存在什么不同呢？

第二天早晨，天气晴朗，牛顿看见小外甥正在玩小球。小外甥手上拴着一条皮筋，皮筋的另一端系着小球。他先慢慢地摇摆小球，然后越来越快，最后小球就径直抛出。

牛顿猛地意识到月球和小球的运动极为相像。两种力量作用于小球，这两种力量是向外的推动力和皮筋的拉力。同样，也有两种力量作用于月球，即月球运行的推动力和重力的拉力。正是在重力作用下，苹果才会落地。

牛顿进一步认为，重力不仅仅是行星和恒星之间的作用力，而且是普遍存在于物质之间的相互吸引力。他断言，相互吸引力不但适用于硕大天体之间，而且适用于各种体积的物体之间，苹果落地、雨滴降落和行星沿着轨道围绕太阳运行都与重力作用密不可分。

当时人们普遍认为，适用于地球的自然定律与太空中的自然定律大相径庭。牛顿的万有引力定律否定了这一观点。它告诉人们，支配自然和宇宙的法则是相通且简明的。

牛顿推动了引力定律的发展，指出万有引力不仅仅是星体的特征，也是所有物体的特征。作为最重要的科学定律之一，万有引力定律及其数学公式已成为整个物理学的基石。

1661 年，19 岁的牛顿以减费生的身份进入剑桥大学三一学院，靠为学院做杂务的收入支付学费。

17 世纪中叶，剑桥大学的教育制度还渗透着浓厚的中世纪经院哲学的氛围。当牛顿进入剑桥时，那里还在传授一些经院式课程，如逻辑、古文、语法、古代史、神学等。2 年后三一学院出现了新气象，创设了一个独辟蹊径的讲座，讲授自然科学知识，如地理、物理、天文和数学等课程。

讲座的第一任教授伊萨克·巴罗是个博学的科学家。这位学者独具慧眼，看出了牛顿具有深邃的观察力、敏锐的理解力，于是将自己的数学知识传授给牛顿，并把牛顿引向了近代自然科学的研究领域。

在这段学习过程中，牛顿掌握了算术、三角等知识，读了开普勒的《光学》、笛卡尔的《几何学》和《哲学原理》、伽利略的《关于两种世界体系的对话》、胡克的《显微图集》、还有皇家学会的历史和早期的哲学学报等。

牛顿在巴罗门下的这段时间，是他学习的关键时期。巴罗比牛顿大 12 岁，精于数学和光学，他对牛顿的才华极为赞赏，认为牛顿的数学才能超过自己。后来，牛顿在回忆时说道："巴罗博士当时讲授关于运动学的课程，也许正是这些课程促使我去研究这方面的问题。"

当时，牛顿在数学上的进步在很大程度上是依靠自学。他学习了欧几里德的《几何原本》、笛卡儿的《几何学》、沃利斯的《无穷算术》、巴罗的《数学讲义》及韦达等许多数学家的著作。其中，对牛顿具有决定性影响的要数笛卡儿的《几何学》和沃利斯的《无穷算术》，它们将牛顿迅速引导到当时数学的最前沿——解析几何与微积分。1664 年，牛顿被选为巴罗的助手。第 2 年，剑桥大学评议会通过了授予牛顿大学学士学位的决定。

1665—1666 年，严重的鼠疫席卷了伦敦，剑桥离伦敦不远，为恐波及，学校因此而停课，牛顿于 1665 年 6 月离校返乡。由于牛顿在剑桥受到数学和自然科学的熏陶和培养，对探索自然现象产生了浓厚的兴趣，家乡安静的环境又使得他的思想得以展翅飞翔。1665—1666 年这段短暂的时光成为牛顿科学生涯中的黄金岁月，他在自然科学领域内思潮奔腾，才华迸发，思考前人从未思考过的问题，踏入前人没有涉及的领域，创建了前所未有的惊人业绩。

1665 年初，牛顿创立级数近似法，以及把任意幂的二项式化为一个级数的规则；同年 11 月，创立正流数法（微分）；次年 1 月，用三棱镜研究颜色理论；5 月，开始研究反流数法（积分）。这一年内，牛顿还开始想到研究重力问题，并想把重力理论推广到月球的运动轨道上去。他还从开普勒定律中推导出：使行星保持在它们的轨道上的力必定与它们到旋转中心的距离平方成反比。

总之，在家乡居住的两年中，牛顿以比此后任何时候更为旺盛的精力从事科学创造，并关心自然哲学问题。他的三大成就：

微积分、万有引力、光学分析的思想都是在这时孕育成形的。可以说，此时的牛顿已经开始着手描绘他一生中大多数科学创造的蓝图。

1667年复活节后不久，牛顿返回剑桥大学，10月1日被选为三一学院的仲院侣（初级院委），翌年3月16日获得硕士学位，同时成为正院侣（高级院委）。1669年10月27日，巴罗为了提携牛顿而辞去了教授之职，26岁的牛顿晋升为数学教授，并担任卢卡斯讲座的教授。巴罗为牛顿的科学生涯打通了道路，如果没有牛顿的舅父和巴罗的帮助，牛顿这匹千里马可能就不会驰骋在科学的大道上。巴罗让贤，这在科学史上一直被传为佳话。

牛顿的三大科学成就：

一、在数学上的成就

在牛顿的全部科学贡献中，数学成就占有突出的地位。他数学生涯中的第一项创造性成果就是发现了二项式定理。据牛顿本人回忆，在1664年和1665年间的冬天，牛顿研读沃利斯博士的《无穷算术》，在试图修改他的求圆面积的级数时发现了这一定理。

笛卡尔的解析几何把描述运动的函数关系和几何曲线相对应。牛顿在老师巴罗的指导下，在钻研笛卡尔的解析几何的基础上，找到了新的出路。可以把任意时刻的速度看成是在微小时间范围里的速度的平均值，这就是一个微小的路程和时间间隔的比值。当这个微小的时间间隔缩小到无穷小的时候，就是这一点的准确值，这就是微分的概念。

求微分相当于求时间和路程关系在某点的切线斜率。一个变速的运动物体在一定时间范围里走过的路程，可以看做是在微小时间间隔里所走路程的和，这就是积分的概念。求积分相当于求时间和速度关系曲线下面的面积。牛顿从这些基本概念出发，建立了微积分。

微积分的创立是牛顿最卓越的数学成就。牛顿为解决运动问题，才创立这种和物理概念直接联系的数学理论，牛顿称之为“流数术”。它所处理的一些具体问题，如切线问题、求积问题、瞬时速度问题以及函数的极大和极小值问题等，在牛顿之前已经得到人们的研究，但牛顿超越了前人，他站在更高的角度，对以往分散的努力加以综合，将自古希腊以来求解无限小问题的各种技巧统一为两类普通的算法——微分和积分，并确立了这两类运算的互逆关系，从而完成了微积分发明中最关键的一步，为近代科学发展提供了最有效的工具，开辟了数学史上的一个新纪元。

牛顿没有及时发表微积分的研究成果，研究微积分可能比莱布尼茨早一些，但是莱布尼茨所采取的表达形式更加合理，而且关于微积分的著作出版时间也比牛顿早。

在牛顿和莱布尼茨之间，为争论谁是这门学科的创立者，竟然引起了一场轩然大波。这种争吵在各自的学生、支持者和数学家中持续了相当长的一段时间，造成了欧洲大陆的数学家和英国数学家的长期对立。英国数学在一个时期里闭关锁国，囿于民族偏见，过于拘泥于牛顿的“流数术”中停步不前，因而发展整整落后了100年。

应该说，一门科学的创立绝不是某一个人的业绩，它必定是经过许多人的努力后，在积累了大量成果的基础上，最后由某个人或几个人总结完成的。微积分也是这样，是牛顿和莱布尼茨在前人的基础上各自独立建立起来的。

1707年，牛顿的代数讲义经整理后出版，定名为《普遍算术》。他主要讨论了代数基础及其（通过解方程）在解决各类问题中的应用。书中陈述了代数基本概念与基本运算，用大量实例说明了如何将各类问题化为代数方程，同时对方程的根及其性质进行了深入探讨，引出了方程论方面的丰硕成果。例如，他得出了方程的根与其判别式之间的关系，指出可以利用方程系数确定方程根之幂的和数，即“牛顿幂和公式”。

牛顿对解析几何与综合几何都有贡献。他在1736年出版的《解析几何》中引入了曲率中心，给出密切线圆（或称曲线圆）概念，提出曲率公式及计算曲线的曲率方法，并将自己的许多研究成果总结成专论《三次曲线枚举》，于1704年发表。此外，他的数学工作还涉及数值分析、概率论和初等数论等众多领域。

二、构筑力学大厦

牛顿是经典力学理论的集大成者。他系统的总结了伽利略、开普勒和惠更斯等人的工作，得出了著名的万有引力定律和牛顿运动三定律。

在牛顿以前，天文学是最显赫的学科。但为什么行星是按照一定规律围绕太阳运行？天文学家无法圆满解释这个问题。万有引力的发现说明天上星体运动和地面上物体运动都受到同样的规律——力学规律的支配。

早在牛顿发现万有引力定律以前，已经有许多科学家严肃认真地考虑过这个问题。比如开普勒就认识到，要维持行星沿椭圆轨道运动必定有一种力在起作用，他认为这种力类似磁力，就像磁石吸铁一样。1659 年，惠更斯从研究摆的运动中发现，保持物体沿圆周轨道运动需要一种向心力。胡克等人认为是引力，并且试图推导引力和距离的关系。

1664 年，胡克发现彗星靠近太阳时轨道弯曲是因为太阳引力作用的结果；1673 年，惠更斯推导出向心力定律；1679 年，胡克和哈雷从向心力定律和开普勒第三定律，推导出维持行星运动的万有引力和距离的平方成反比。

牛顿自己回忆，1666 年前后，他在老家居住的时候已经考虑过万有引力的问题。最有名的一个说法是：在假期里，牛顿常常在花园里小坐片刻。有一次，像以往屡次发生的那样，一个苹果从树上掉了下来……一个苹果的偶然落地，却是人类思想史的一个转折点，它使那个坐在花园里的人的头脑开了窍，引起他的沉思：究竟是什么原因使一切物体都受到差不多总是朝向地心的吸引呢？牛顿思索着。终于，他发现了对人类具有划时代意义的万有引力。

牛顿高明的地方就在于他解决了胡克等人没有能够解决的数学论证问题。1679 年，胡克曾经写信问牛顿，能不能根据向心力定律和引力同距离的平方成反比的定律，来证明行星沿椭圆轨道运动。牛顿没有回答这个问题。1685 年，哈雷登门拜访牛顿时，牛顿已经发现了万有引力定律：两个物体之间有引力，引力和距离的平方成反比，和两个物体质量的乘积成正比。

当时已经有了地球半径、日地距离等精确的数据可以供计算使用。牛顿向哈雷证明了地球的引力是使月亮围绕地球运动的向心力，也证明了在太阳引力作用下，行星运动符合开普勒运动三定律。

在哈雷的敦促下，1686 年底，牛顿完成划时代的伟大著作《自然哲学的数学原理》一书。皇家学会经费不足，出不了这本书，后来依靠哈雷的资助，这部科学史上最伟大的著作才能够在 1687 年出版。

牛顿在这部书中，从力学的基本概念（质量、动量、惯性、力）和基本定律（运动三定律）出发，运用他所发明的微积分这一锐利的数学工具，不但从数学上论证了万有引力定律，而且把经典力学确立为完整而严密的体系，把天体力学和物体力学统一起来，实现了物理学史上第一次大的综合。

牛顿的研究领域非常广泛，他除了在数学、光学、力学等方面做出卓越贡献外，还花费大量精力进行化学实验。他常常六个星期一直留在实验室里，不分昼夜的工作。他在化学上花费的时间并不少，却几乎没有取得什么显著的成就。为什么牛顿在不同的领域取得的成就不一样呢？其中一个原因就是各个学科处在不同的发展阶段。在力学和天文学方面，有伽利略、开普勒、胡克、惠更斯等人的努力，牛顿可以用已经准备好的材料，建立起一座宏伟壮丽的力学大厦。正像他自己所说的那样“如果说我看得远，那是因为我站在巨人的肩上”。而在化学方面，因为正确的道路还没有开辟出来，牛顿没法走到可以“砍伐材料”的地方。

牛顿的主要著作有《自然哲学的数学原理》和《光学》。他开创了经典物理力学原理，奠定了近代物理学的基础。牛顿运动定律是牛顿提出的物理学三个运动定律的总称，被誉为“经典物理学基础”。虽然力在人们生活中无处不在，但在伽利略以前，由于人们相信古希腊思想家亚里士多德的“运动必须推动”的权威说法，把力仅仅看做是运动的起因，而没有在更高层次看到力也是运动状态改变的起因。直到16世纪，伽利略在做了自由落体、斜面、单摆等试验后得出结论：力是改变物体运动状态的起因。从而结束了两千多年来关于力的不全面认识。牛顿继承和发展了伽利略的思想，用牛顿第一运动定律揭示了力的第一种对外表现，建立了惯性和力的确切概念，即任何物体都是保持静止的或沿一直线做匀速运动状态，直到作用在它上面的力迫使它改变这种状态为止。牛顿第一运动定律只定性地指出了力和运动的关系。力和运动的定量关系是由牛顿运动第二定律所揭示：物体受外力作用时，它所获得的加速度大小与外力大小成正比，并与物体的质量成反比，加速度的方向与外力方向相同。牛顿运动第三定律为：两物体之间的作用力，作用在同一直线上，大小相等而方向相反。由于时代的不断发展，人们的认识也在不断进步，许多物理学教科书中描述的上述牛顿运动三定律和牛顿的原著是有些差别的。

三、对光学的三大贡献

在牛顿以前，墨子、培根、达·芬奇等人都研究过光学现象。反射定律是人们很早就认识的光学定律之一。近代科学兴起的时候，伽利略靠望远镜发现了“新宇宙”，震惊了世界；荷兰数学家斯涅尔首先发现了光的折射定律；笛卡尔提出了光的微粒说……

牛顿以及跟他差不多同时代的胡克、惠更斯等人，也像伽利略、笛卡尔等前辈一样，用极大的兴趣和热情对光学进行研究。1666年，牛顿在家休假期间得到了三棱镜，用其进行了著名的色散试验。一束太阳光通过三棱镜后，分解成几种颜色的光谱带，牛顿再用一块带狭缝的挡板把其他颜色的光挡住，只让一种颜色的光再通过第二个三棱镜，结果出来的只是同样颜色的光。这样，他发现了白光是由各种不同颜色的光组成的。这是他在光学上的第一大贡献。

牛顿为了验证这个发现，设法把几种不同的单色光合成白光，并且计算出不同颜色光的折射率，精确地说明了色散现象，揭开了物质的颜色之谜。原来物质的色彩是不同颜色的光在物体上有不同的反射率和折射率造成的。这是他在光学上的第二大贡献。1672 年，牛顿把自己的研究成果发表在《皇家学会哲学杂志》上，这是他第一次公开发表的论文。

许多人研究光学是为了改进折射望远镜。牛顿由于发现了白光的组成，认为折射望远镜透镜的色散现象是无法消除的（后来有人用具有不同折射率的玻璃组成的透镜消除了色散现象），于是设计和制造了反射望远镜。

牛顿不但擅长数学计算，而且能够自己动手制造各种试验设备，并且做精细实验。为了制造望远镜，他自己设计了研磨抛光机，实验各种研磨材料。1668 年，他制成了第一架反射望远镜样机。1671 年，牛顿把经过改进的反射望远镜献给了皇家学会，因此名声大震，并被选为皇家学会会员。反射望远镜的发明奠定了现代大型光学天文望远镜的基础，这是牛顿在光学上的第三大贡献。

同时，牛顿还进行了大量的观察实验和数学计算，比如研究惠更斯发现的冰川石的异常折射现象，胡克发现的肥皂泡的色彩现象，“牛顿环”的光学现象等。

牛顿还提出了光的“微粒说”，认为光是由微粒形成的，并且走的是最快速的直线运动路径。他的“微粒说”与后来惠更斯的“波动说”构成了关于光的两大基本理论。此外，他还制作了牛顿色盘等多种光学仪器。

牛顿在临终前对自己的生活道路是这样总结的：“我不知道在别人看来，我是什么样的人；但在我自己看来，我不过就像是一个在海滨玩耍的小孩，为不时发现比寻常更为光滑的一块卵石或比寻常更为美丽的一片贝壳而沾沾自喜，而对于展现在我面前的浩瀚的真理的海洋，却全然没有发现。”牛顿的这句盛世名言反映了他的谦逊和从事科学研究应有的伟大思想境界。

牛顿并不善于教学，他在讲授新近发现的微积分时，学生都接受不了。但解决疑难问题的能力，他却远远超过了常人。

作为大学教授，牛顿常常忙得不修边幅，往往领带不打，袜带不系好，马裤也不扣，就走进了大学餐厅。有一次，他在向一位姑娘求婚时思想开了小差，他的脑海里只剩下无穷量的二项式定理。他抓住姑娘的手指，错误地把它当成通烟斗的通条，硬往烟斗里塞，痛得姑娘大叫，离他而去。牛顿也因此终生未娶。

牛顿从容不迫地观察日常生活中的小事，结果作出了科学史上一个个重要的发现。他马虎拖沓，曾经闹过许多笑话。一次，他边读书，边煮鸡蛋，等他揭开锅想吃鸡蛋时，却发现锅里是一只怀表。还有一次，他请朋友吃饭，当饭菜准备好时，牛顿突然想到一个问题，便独自进了内室，朋友等了他好久还是不见他出来，于是朋友就自己动手把那份鸡全吃了，鸡骨头留在盘子里，不辞而别。等牛顿想起，出来后，发现了盘子里的骨头，以为自己已经吃过了，便转身又进了内室，继续研究他的问题。

由于受时代的限制，牛顿基本上是一个形而上学的机械唯物主义者。例如他认为运动只是机械力学的运动，是空间位置的变化；宇宙和太阳一样是没有发展变化的；靠万有引力的作用，恒星永远在一个固定不变的位置上等。

随着科学声誉的提高，牛顿的政治地位也得到了提升。1689年，他当选为国会中的大学代表。作为国会议员，牛顿逐渐开始疏远给他带来巨大成就的科学。他不时表示出对以他为代表的领域的厌恶，同时把大量的时间花费在和自己同时代的著名科学家如胡克、莱布尼兹等进行科学优先权的争论上。

晚年的牛顿在伦敦过着堂皇的生活，1705年他被安妮女王封为贵族。此时的牛顿非常富有，被普遍认为是生存着的最伟大且富有的科学家。他担任英国皇家学会会长，在他任职的24年里，以铁拳统治着学会。没有他的同意，任何人都不能被选举上。

晚年的牛顿开始致力于对神学的研究，他否定哲学的指导作用，虔诚地相信上帝，埋头于写以神学为题材的著作。当他遇到难以解释的天体运动时，竟提出了“神的第一推动力”的谬论。

1727年3月20日，伟大的艾萨克·牛顿逝世。同其他很多杰出的英国人一样，他被埋葬在威斯敏斯特教堂。他的墓碑上镌刻着：“人们欢呼这样一位伟大的人，他的荣耀在世界永存。”

第十二位 莱布尼茨

（1646—1716）

德国数学家、物理学家、历史学家和哲学家

莱布尼茨，一位举世罕见的科学天才，和牛顿同为微积分的创建人。他博览群书，涉猎百科，对丰富人类的科学知识宝库做出了不可磨灭的贡献。

1646 年 7 月 1 日，戈特弗里德·威廉·凡·莱布尼茨出生于德国东部莱比锡的一个书香之家，父亲弗里德希·莱布尼茨是莱比锡大学的道德哲学教授，母亲凯瑟琳娜·施马克出身于教授家庭，虔信路德新教。

莱布尼茨的父母亲自做孩子的启蒙教师，耳濡目染，使莱布尼茨从小就十分好学，并有很高的天赋，幼年时就对诗歌和历史有着浓厚的兴趣。不幸的是，父亲在他 6 岁时就去世了，但给他留下了丰富的藏书。知书达理的母亲担负起了儿子的幼年教育。莱布尼茨因此得以广泛接触古希腊罗马文化，阅读了许多著名学者的著作，由此而获得了坚实的文化功底和明确的学术目标。

8 岁时莱布尼茨进入尼古拉学校，学习拉丁文、希腊文、算术、逻辑、音乐以及《圣经》和路德教义等。

1661 年，15 岁的莱布尼茨进入莱比锡大学学习法律，一进校便跟上了大学二年级标准的人文学科课程，他还抓紧时间学习哲学和科学。1663 年 5 月，他以《论个体原则方面的形而上学争论》一文获学士学位。这期间，莱布尼茨还广泛阅读了培根、开普勒、伽利略等人的著作，并对他们的著述进行深入的思考和评价。在听了教授讲授欧几里德的《几何原本》的课程后，莱布尼茨对数学产生了浓厚的兴趣。

1664 年 1 月，莱布尼茨完成了论文《论法学之艰难》，获哲学硕士学位。这年 2 月 12 日，他的母亲不幸去世。18 岁的莱布尼茨从此只身一人生活。

1665年，莱布尼茨向莱比锡大学提交了博士论文《论身份》。1666年，审查委员会以他太年轻（年仅20岁）而拒绝授予他法学博士学位。黑格尔认为，这可能是由于莱布尼茨哲学见解太多，审查论文的教授们看到他大力研究哲学，心里很不乐意。他对此很气愤，于是毅然离开莱比锡，前往纽伦堡附近的阿尔特多夫大学，并立即向学校提交了早已准备好的那篇博士论文。1667年2月，阿尔特多夫大学授予他法学博士学位，并聘请他为法学教授。

这一年，莱布尼茨发表了他的第一篇数学论文《论组合的艺术》。这是一篇关于数理逻辑的文章，其基本思想是想把理论的真理性论证归结于一种计算的结果。这篇论文虽不够成熟，但却闪耀着创新的智慧和数学的才华，后来的一系列工作使他成为数理逻辑的创建人。

1666年，莱布尼茨获得法学博士学位后，在纽伦堡加入了一个炼金术士团体。1667年，他通过该团体结识了政界人物博因堡男爵约翰·克里斯蒂文，并经男爵推荐给选帝迈因茨，从此登上了政治舞台，投身外交界，在美因茨大主教舍恩博恩的手下工作。

1671—1672年冬季，他受迈因茨选帝侯之托，着手准备制止法国进攻德国的计划。1672年，莱布尼茨作为一名外交官出使巴黎，试图游说法国国王路易十四放弃进攻，却始终未能与法国国王见上一面，更谈不上完成选帝侯交给他的任务了。这次外交活动以失败而告终，然而在这期间，他深受惠更斯的启发，决心钻研高等数学，并研究了笛卡儿、费尔马、帕斯卡等人的著作，开始创造性的工作。

1673年1月，为了促使英国与荷兰之间的和解，他前往伦敦进行斡旋未果，却趁这个机会与英国学术界知名学者建立了联系。他见到了与之通信达三年的英国皇家学会秘书、数学家奥登伯以及物理学家胡克、化学家波义耳等人。1673年3月莱布尼茨回到巴黎，4月即被推荐为英国皇家学会会员。这一时期，他的兴趣越来越明显地表现在数学和自然科学方面。

1672年10月，迈因茨选帝侯去世，莱布尼茨失去了职位和薪金，成为一位家庭教师。当时，他曾多方谋求外交官的正式职位，或者希望在法国科学院谋一职位，都没有成功。无奈，只好接受汉诺威公爵约翰·弗里德里希的邀请，前往汉诺威。

1676年10月4日，莱布尼茨离开巴黎，先在伦敦作了短暂停留，继而前往荷兰，见到了第一次使用显微镜观察了细菌、原生动物和精子的生物学家列文虎克。这些对莱布尼茨以后的哲学思想产生了影响。在海牙，他见到了斯宾诺莎。1677年1月，莱布尼茨抵达汉诺威，担任布伦兹维克公爵府法律顾问兼图书馆馆长和布伦兹维克家族史官，并负责国际通信和充当技术顾问。汉诺威成了他的永久居住地。

在繁忙的公务之余，莱布尼茨广泛地研究哲学和各种科学、技术问题，从事多方面的学术文化和社会政治活动。不久，他就成了宫廷议员，在社会上开始声名显赫，生活也由此而富裕。1682 年，莱布尼茨与门克创办了近代科学史上卓有影响的拉丁文科学杂志《学术纪事》（又称《教师学报》），他的数学、哲学文章大都刊登在该杂志上。这时，他的哲学思想也逐渐走向成熟。

1679 年 12 月，布伦兹维克公爵约翰·弗里德里希突然去世，其弟奥古斯特继任爵位，莱布尼茨仍保留原职。新公爵夫人苏菲莱布尼茨是他的哲学学说的崇拜者。“世界上没有两片完全相同的树叶”这一句名言，就出自他与苏菲的谈话。

奥古斯特为了实现他在整个德国出人头地的野心，建议莱布尼茨广泛地进行历史研究与调查，写一部有关他们家庭近代历史的著作。1686 年他开始了这项工作。在研究了当地有价值的档案材料后，他请求在欧洲做一次广泛的游历。

1687 年 11 月，莱布尼茨离开汉诺威，于 1688 年 5 月抵达维也纳。他除了查找档案外，用大量时间去结识学者和各界名流。在维也纳，他拜见了奥地利皇帝利奥波德一世，为皇帝勾画出一系列经济、科学规划，给皇帝留下了深刻印象。他试图在奥地利宫廷中谋一职位，但直到 1713 年才得到肯定答复，而他请求古奥地利建立一个“世界图书馆”的计划则始终未能实现。随后，他前往威尼斯，然后抵达罗马。在罗马，他被选为罗马科学与数学科学院院士。1690 年，莱布尼茨回到了汉诺威。由于撰写布伦兹维克家族历史的功绩，他获得了枢密顾问官职。

在 17 年世纪转变时期，莱布尼茨热心地从事于科学院的筹划、建设事务。他觉得，学者们各自独立地从事研究既浪费了时间又收效不大，因此，竭力提倡集中人才研究学术、文化和工程技术，从而更好地安排社会生产，指导国家建设。

从 1695 年起，莱布尼茨就一直为在柏林建立科学院四处奔波，到处游说。1698 年，他为此亲自前往柏林。1700 年，当他第二次访问柏林时，终于得到了弗里德里希一世，特别是其妻子的赞助，建立了柏林科学院，他出任首任院长。1700 年 2 月，他还被选为法国科学院院士。至此，当时全世界的四大科学院：英国皇家学会、法国科学院、罗马科学与数学科学院、柏林科学院都将莱布尼次作为核心成员。

1713年初，维也纳皇帝授予莱布尼茨帝国顾问的职位，邀请他指导建立科学院。俄国的彼得大帝也在1711—1716年去欧洲旅行访问时，几次听取了莱布尼茨的建议。莱布尼茨试图使这位雄才大略的皇帝相信，在彼得堡建立一个科学院是很有价值的。彼得大帝对此很感兴趣，1712年他给了莱布尼茨一个有薪水的数学、科学宫廷顾问的职务。1712年前后，莱布尼茨同时被维也纳、布伦兹维克、柏林、彼得堡等王室所雇用。这一时期，他一有机会就积极地鼓动编写百科全书、建立科学院以及利用技术改造社会的计划。在他去世以后，维也纳科学院、彼得堡科学院先后都建立了起来。据传，他还曾经通过传教士，建议中国清朝的康熙皇帝在北京建立科学院。

就在莱布尼茨备受各个宫廷青睐之时，却已开始走向悲惨的晚年了。公元1716年11月14日，由于胆结石引起的腹绞痛卧床一周后，莱布尼茨孤寂地离开了人世，终年70岁。

莱布尼茨一生没有结婚，没有在大学当过教授。他平时从不进教堂，因此，他有一个绰号Lovenix，即什么也不信的人。他去世时教士以此为借口，不予理睬，曾雇用过他的宫廷也不过问，无人前来吊唁。弥留之际，陪伴他的只有他所信任的大夫和他的秘书艾克哈特。艾克哈特发出讣告后，法国科学院秘书封登纳尔在科学院例会时向莱布尼茨这位外国会员致了悼词；1793年，汉诺威人为他建立了纪念碑；1883年，在莱比锡的一座教堂附近竖起了他的一座立式雕像；1983年，汉诺威市政府照原样重修了被毁于第二次世界大战中的“莱布尼茨故居”，供人们瞻仰。

一、始创微积分

17世纪下半叶，欧洲科学技术迅猛发展，由于生产力的提高和社会各方面的迫切需要，经各国科学家的努力与历史的积累，建立在函数与极限概念基础上的微积分理论应运而生了。

微积分思想，最早可以追溯到希腊由阿基米德等人提出的计算面积和体积的方法。1665年牛顿创始了微积分，莱布尼茨在1673—1676年间也发表了微积分思想的论著。

以前，微分和积分作为两种数学运算、两类数学问题，是分别加以研究的。卡瓦列里、巴罗、沃利斯等人得到了一系列求面积（积分）、求切线斜率（导数）的重要结果，但这些结果都是孤立、不连贯的。只有莱布尼茨和牛顿将积分和微分真正沟通起来，明确地找到了两者内在的直接联系：微分和积分是互逆的两种运算。而这是微积分建立的关键所在，只有确立了这一基本关系，才能在此基础上构建系统的微积分学。他们从对各种函数的微分和求积公式中，总结出共同的算法程序，使微积分方法普遍化，发展成用符号表示的微积分运算法则。因此，微积分“是牛顿和莱布尼茨大体上完成的，但不是由他们发明的”。

然而关于微积分创立的优先权，在数学史上曾掀起了一场激烈的争论。实际上，牛顿在微积分方面的研究虽早于莱布尼茨，但莱布尼茨成果的发表则早于牛顿。

莱布尼茨1684年10月在《教师学报》上发表的论文《一种求极大极小的奇妙类型的计算》，是最早的微积分文献。这篇仅有6页的论文，内容并不丰富，说理也颇含糊，但却有着划时代的意义。

牛顿在3年后，即1687年出版的《自然哲学的数学原理》的第1版和第2版也写道：“10年前在我和最杰出的几何学家莱布尼茨的通信中，我表明我已经知道确定极大值和极小值的方法、作切线的方法以及类似的方法，但我在交换的信件中隐瞒了这方法……这位最卓越的科学家在回信中写道，他也发现了一种同样的方法。他并诉述了他的方法，它与我的方法几乎没有什么不同，除了他的措词和符号而外”（但在第3版及以后再版时，这段话被删掉了）。

因此，后来人们公认牛顿和莱布尼茨是各自独立地创建微积分的。

牛顿从物理学出发，运用集合方法研究微积分，其应用上更多地结合了运动学，造诣高于莱布尼茨。莱布尼茨则从几何问题出发，运用分析学方法引进微积分概念，得出运算法则，其数学的严密性与系统性是牛顿所不及的。

莱布尼茨认识到好的数学符号能节省思维劳动，运用符号的技巧是数学成功的关键之一。因此，他所创设的微积分符号远远优于牛顿，这对微积分的发展有极大影响。1713年，莱布尼茨发表了《微积分的历史和起源》一文，总结了自己创立微积分学的思路，说明了自己成就的独立性。

二、在高等数学方面的成就

莱布尼茨在数学方面的成就是巨大的，他的研究及成果渗透到高等数学的许多领域。他的一系列重要数学理论的提出，为后来的数学理论都奠定了基础。

莱布尼茨曾讨论过负数和复数的性质，得出复数的对数并不存在，共轭复数的和是实数的结论。在后来的研究中，莱布尼茨证明了自己的结论是正确的。他还对线性方程组进行了研究，对消元法从理论上进行了探讨，并首先引入了行列式的概念，提出行列式的某些理论。此外，莱布尼茨还创立了符号逻辑学的基本概念。

1673 年，莱布尼茨特地到巴黎去制造了一个能进行加、减、乘、除及开方运算的计算机。这是继帕斯卡加法机后，计算工具的又一进步。他还系统地阐述了二进制计数法，并把它和中国的八卦联系起来，为计算机的现代发展奠定了坚实的基础。

三、在物理学方面的成果

莱布尼茨的物理学成就也是非凡的。1671 年，莱布尼茨发表了《物理学新假说》一文，提出了具体运动原理和抽象运动原理，认为运动着的物体，不论多么渺小，都能带着部分处于完全静止状态的物体一起运动。他还对笛卡儿提出的动量守恒原理进行了认真的探讨，提出了能量守恒原理的雏形，并在《教师学报》上发表了《关于笛卡儿和其他人在自然定律方面的显著错误的简短证明》，提出了运动的量的问题，证明了动量不能作为运动的度量单位，并引入动能概念，第一次认为动能守恒是一个普通的物理原理。

他又充分地证明了"永动机是不可能"的观点。他反对牛顿的绝对时空观，认为"没有物质也就没有空间，空间本身不是绝对的实在性"，"空间和物质的区别就像时间和运动的区别一样，可是这些东西虽有区别，却是不可分离的"。这一思想后来引起了马赫、爱因斯坦等人的关注。

1684 年，莱布尼茨在《固体受力的新分析证明》一文中指出，纤维可以延伸，其张力与伸长成正比，因此他提出将胡克定律应用于单根纤维。这一假说后来在材料力学中被称为马里奥特——莱布尼茨理论。

在光学方面，莱布尼茨也有所建树，他利用微积分中的求极值方法，推导出了折射定律，并尝试用求极值的方法解释光学基本定律。可以说，莱布尼茨的物理学研究一直是朝着为物理学建立一个类似欧氏几何公理系统目标前进的。

四、多才多艺的莱布尼茨

莱布尼茨一生中奋斗的主要目标是寻求一种可以获得知识和创造发明的普遍方法，这种努力导致许多数学的发现。莱布尼茨的多才多艺在历史上很少有人能和他相比，他的研究领域及其成果遍及数学、物理学、力学、逻辑学、生物学、化学、地理学、解剖学、动物学、植物学、气体学、航海学、地质学、语言学、法学、哲学、历史和外交等。

1693年，莱布尼茨发表了一篇关于地球起源的文章，后来扩充为《原始地球》一书，提出了地球中火成岩、沉积岩的形成原因。对于地层中的生物化石，他认为这些化石反映了生物物种的不断发展，这种现象的终极原因是自然界的变化，而非偶然的神迹。他的地球成因学说，尤其是他的宇宙进化和地球演化的思想，启发了拉马克、赖尔等人，在一定程度上促进了19世纪地质学理论的发展。

1677年，他写成《磷发现史》，对磷元素的性质和提取作了论述。他还提出了分离化学制品和使水脱盐的技术。

在生物学方面，莱布尼茨在1714年发表的《单子论》等著作中，从哲学角度提出了有机论方面的种种观点。他认为存在着介乎于动物、植物之间的生物，水螅虫的发现证明了他的观点。

在气象学方面，他曾亲自组织人力进行过大气压和天气状况的观察。

在形式逻辑方面，他区分和研究了理性的真理（必然性命题）、事实的真理（偶然性命题），并在逻辑学中引入了“充足理由律”，后来被人们认为是一条基本思维定律。

1696年，莱布尼茨提出了心理学方面的身心平行论，他强调统觉作用，与笛卡儿的交互作用论、斯宾诺莎的一元论构成了当时心理学三大理论。他还提出了“下意识”理论的初步思想。

1691年，莱布尼茨致信巴本，提出了蒸汽机的基本思想。

l700年前后，他提出了无液气压原理，完全省掉了液柱，这在气压机发展史上起了重要作用。

法学是莱布尼茨获得过学位的学科，1667年曾发表了《法学教学新法》，在法学方面他有一系列深刻的见解。

1677年，莱布尼茨发表《通向一种普通文字》，后来长时期致力于普遍文字思想的研究，对逻辑学、语言学做出了一定贡献。今天，人们公认他是世界语的先驱。

作为著名的哲学家，他的主张主要是“单子论”、“前定和谐”论及自然哲学理论。其学说与其弟子沃尔夫的理论相结合，形成了莱布尼茨—沃尔夫体系，极大地影响了德国哲学的发展，尤其是影响了康德的哲学思想。他开创的德国自然哲学，经过沃尔夫、康德、歌德到黑格尔得到了长足的发展。

在莱布尼茨从事学术研究的生涯中，他发表了大量的学术论文，还有不少文稿生前未发表。在数学方面，格哈特编辑的七卷本《数学全书》是莱布尼茨数学研究较完整的代表性著作。格哈特还编辑过七卷本的《哲学全书》。已出版的各种各样的选集、著作集、书信集多达几十种，从中可以看到莱布尼茨的主要学术成就。今天，还有专门研究莱布尼茨学术刊物“Leibniz”，可见其在科学史、文化史上的重要地位。

五、中西文化交流之倡导者

莱布尼茨对中国的科学、文化和哲学思想十分关注，他是最早研究中国文化和中国哲学的德国人。他向耶稣会来华传教士格里马尔迪了解到了许多有关中国的情况，包括养蚕纺织、造纸印染、冶金矿产、天文地理、数学文字等，并将这些资料编辑成册出版。他认为中西相互之间应建立一种交流认识的新型关系。

在《中国近况》一书的绪论中，莱布尼茨写道：“全人类最伟大的文化和最发达的文明仿佛今天汇集在我们大陆的两端，即汇集在欧洲和位于地球另一端的东方的欧洲——中国。”“中国这一文明古国与欧洲相比，面积相当，但人口数量则已超过。”“在日常生活以及经验地应付自然的技能方面，我们是不分伯仲的。我们双方各自都具备通过相互交流使对方受益的技能。在思考的缜密和理性的思辨方面，显然我们要略胜一筹”，但“在时间哲学，即在生活与人类实际方面的伦理以及治国学说方面，我们实在是相形见绌了”。

在这里，莱布尼茨不仅显示出了不带“欧洲中心论”色彩的虚心好学精神，而且为中西文化双向交流描绘了宏伟的蓝图，极力推动这种交流向纵深发展，使东西方人民相互学习、取长补短、共同繁荣。

莱布尼茨为促进中西文化交流作出了毕生的努力，产生了广泛而深远的影响。他的虚心好学、对中国文化平等相待以及不含“欧洲中心论”偏见的精神尤为难能可贵。

第十三位

富兰克林

（1706—1790）

美国科学家、发明家、政治家、外交家、哲学家、文学家和航海家

本杰明·富兰克林，18 世纪美国最伟大的科学家和发明家，著名的政治家、外交家、哲学家、文学家和航海家以及美国独立战争的伟大领袖。

1706 年 1 月 17 日，本杰明·富兰克林出生在北美洲的波士顿。他的父亲原是英国漆匠，当时以制造蜡烛和肥皂为业，生有 10 个孩子，富兰克林排行第八。富兰克林 8 岁入学读书，虽然学习成绩优异，但由于他家中孩子太多，父亲的收入无法负担他读书的费用，所以他 10 岁时就离开了学校，回家帮父亲做蜡烛。富兰克林一生只在学校读了两年书。12 岁时，他到哥哥詹姆士经营的小印刷所当学徒，自此他当了近 10 年的印刷工人。但他的学习从未间断过，他从伙食费中省下钱来买书。同时利用工作之便，结识了几家书店的学徒，将书店的书在晚间偷偷地借来，通宵达旦地阅读，第二天清晨再归还。他阅读的范围很广，从自然科学、技术方面的通俗读物到著名科学家的论文以及名作家的作品。

1736 年，富兰克林担任宾夕尼亚州议会秘书。1737 年，任费城副邮务长。虽然工作越来越繁重，可是富兰克林每天仍然坚持学习。为了进一步打开知识宝库的大门，他孜孜不倦地学习外国语言，先后掌握了法文、意大利文、西班牙文及拉丁文。他广泛地接受了世界科学文化的先进成果，为自己的科学研究奠定了坚实的基础。

1752 年 7 月，他做了一个吸引雷电的风筝实验，轰动了全世界。以前人们一直认为，天空中出现电闪雷鸣，这是大自然在显示神威。富兰克林却不这样认为，他具有一种将基本原理转化成简单实验的天赋。他先是制作了两张表格，列出了电和闪电的各自特征，然后进行比较，发现二者很相像，于是就开始了实验。

富兰克林认为，要证明闪电理论的唯一方法是在教堂尖顶上竖一根导体，可惜教堂的最高点仍然不够高。1752 年夏季，在天空乌云密布时，富兰克林和儿子威廉做了只风筝放到空中。很快富兰克林就注意到牵引风筝的线绳开始分裂，这说明有电荷产生。于是他在牵引线上挂了把钥匙，摩擦指关节后与钥匙接触，结果火花出现了，这证明闪电实际上就是大量的静电。富兰克林的实验结果表明，这是大自然的一种放电现象。他将不同状态下的电荷分别称为“正电荷（+）”和“负电荷（-）”。富兰克林的理论后来被法国人证实，这奠定了他的科学家地位。

富兰克林的雕像

正当他在科学研究上不断取得新成果的时候，由于英国殖民者的残暴统治，北美殖民地的民族解放运动日益高涨。为了民族独立和解放，他毅然放下了实验仪器，积极地站在了斗争的最前列。从 1757—1775 年，他多次作为北美殖民地代表到英国谈判。独立战争爆发后，他参加了第二届大陆会议和《独立宣言》的起草工作。1776 年，已经 70 高龄的富兰克林又远涉重洋出使法国，赢得了法国和欧洲人民对北美独立战争的支援。1787 年，他积极参加了制定美国宪法的工作，并组织了反对奴役黑人的运动。从此，人类历史上诞生了一句名言，描绘他一生的成就——“他从天空抓到了雷电，从专制统治者手中夺回了权力”。

富兰克林度过的最后一个冬天是在亲人的爱护中度过的。1790 年 4 月 17 日夜里 11 点，富兰克林溘然逝去。那时，他的孙子谭波尔和本杰明正陪在他的身边。4 月 21 日，费城人民为他举行了葬礼，两万人参加了出殡队伍，为富兰克林的逝世服丧 1 个月以示哀悼。本杰明·富兰克林就这样走完了他人生路上的 84 度春秋，静静地躺在教堂院子里的墓穴中，他的墓碑上只刻着：“印刷工富兰克林”。

百元美元的富兰克林头像

鉴于富兰克林在多方面的杰出贡献，美国政府在 100 美元的纸币上印制了他的头像，以作纪念。但是，和其他美元纸币上印制的伟人头像不同的是，富兰克林没有担任过美国总统。这足以表明富兰克林在美国人民心中的崇高地位。

第十四位
瓦　特
（1736—1819）

英国著名发明家

詹姆斯·瓦特 1736 年出生于英国苏格兰西部的格林诺格镇。他的祖父曾经是一位教师，教授数学、测量学和航海学，父亲原来是个造船技术工人。后来自己经营过造船业和建筑业，做过仪器制造家和商人，还曾经一度担任过小镇的地方行政官。耳濡目染，瓦特从幼年起就随父亲学习各种手艺。他心灵手巧，从小接触和了解了不少技术方面的知识，并养成了一种独立思考和探索奥秘的兴趣和习惯。他的家庭环境对他日后攀登技术高峰起到了一定的作用。

瓦特从小身体虚弱，到了入学年龄，仍不能去上学。过了入学年龄好几年，他才到镇上的学校学习。在学校里，他不喜欢与小朋友们打闹，只爱独自沉思默想。关于他的童年，曾有过一个广为人知的传说：有一天，小瓦特在家里看见一壶水开了，蒸汽把壶盖冲得噗噗地跳。这种常人司空见惯的现象却引起了他极其浓厚的兴趣。他目不转睛地凝视那跳动的壶盖和冒出的蒸汽，苦思冥想其中的奥秘，一直看了 1 个多小时。由于瓦特常常会面对他不熟悉、不认识的现象长时间地默默观察，大家因此说他是个“懒孩子”。其实正是这种好奇心和寻根问底的精神，引导他去努力探索世界的种种奥秘，攀登科学的高峰。

13 岁那年，他对几何学发生了兴趣，15 岁就读完了《几何学原理》这样根深的书籍。后来他进入文法学校，数学成绩特别优秀。由于身体不好，他没到毕业就退学了。但是他在家里坚持自学了天文学、化学、物理学和解剖学等多学科知识，并自学了好几种外语。瓦特 17 岁时到格拉斯哥的一家钟表店里当了学徒。他在业余时间刻苦学习，进一步掌握了许多科技原理。在当学徒时，他曾经动手制造过技术要求较高的罗盘、经纬仪等。21 岁那年，他来到了格拉斯哥大学当教具实验员，负责修理和制造仪器，进一步熟悉了当时一些较先进的机械技术。

人类对蒸汽的认识和利用，经历了一个漫长的历史过程。早在公元前2世纪，古希腊人就制造过一种利用蒸汽喷射的反作用的发动机。1690年，法国人巴比首先发明了第一台活塞式蒸汽机，但他未能制成实用的蒸汽机。1698年，英国的一位技师塞莱斯发明了实用的无活塞式蒸汽机。这种机器在矿井中得到应用，被称为“矿山之友”，但受当时材料和技术的限制无法推广。1712年，一位毫无名气的铁器商纽科门发明了第一台实用的蒸汽机。

蒸汽机是一项改变了工业发展进程的技术创新。纽科门和他的管子工助手考利偶然发现，将压缩蒸汽通入一个圆筒能够产生局部真空，于是大气压力就可以推动圆筒里的活塞。那样的蒸汽机，要把一个大汽缸交替着加热、冷却，当然是效率极低，烧起煤来浪费非常大。但是，纽科门的蒸汽机起初是用于煤矿，那里的煤价很低，使用起来还是合算的，所以很快便被广泛采用。不过，对煤的大量浪费毕竟是那种机器的严重缺点，特别是用于别的地方时成本就太高，因此迫切需要提高蒸汽机的效率。

大约在18世纪中期，英国工匠斯米顿和瓦特各自按照完全不同的思路分别改进纽科门的蒸汽机。他们的改进工作仍然基本上是在技艺传统内进行的，没有用到什么科学的抽象。斯米顿后来当上了民间工程师协会（斯米顿协会）的主席，他采用纯粹的经验，有条不紊、一个一个的试验样机，不改动基本的设计，只是改变各个零部件的尺寸。就这样，他把纽科门蒸汽机的效率提高了1倍。

瓦特在1765年的一个星期日外出散心的时候突然想到解决办法。他的想法是，纽科门蒸汽机的主要缺陷在于每一冲程都要用冷水将汽缸冷却一次，从而消耗了大量热量，使绝大部分蒸汽没有被有效利用。如果把蒸汽压至汽缸外面的另一个容器中去冷却，那么汽缸在整个循环过程中就可以始终保持是热的。避免把汽缸一会儿加热一会儿冷却，对燃煤的节约自然十分可观。

瓦特自筹资金，租了间地下室，买了必要的设备，反复实验。经历了无数次挫折和失败，在工人的帮助下，终于发明了与汽缸分离的冷凝器，解决了制造精密汽缸、活塞的工艺问题，同时采用油润滑活塞，汽缸外附加绝热层等措施，制成单动作蒸汽机。后经继续试验，又在1782年，发明了具有连杆、飞轮和离心调速器的双动作蒸汽机，制成了新的可实用蒸汽机。这种双动作式蒸汽机，安装的阀门可利用蒸汽的压力来推动活塞，既可向前又可向后，并借助连杆和飞轮把活塞的直线运动变成了圆周运动。为了保持蒸汽机的匀速运转，他把一个离心调速器连接在进汽活门上，使其自动调节进汽量。这种装置是最早在技术上使用的自动控制器。他设计了一个和汽缸分离的冷凝器，将高温蒸汽从气缸中导出并冷却，使得主要汽缸能保持一定温度。同时他提高了汽缸的精密度，把活塞和阀门也做得光滑、严密。瓦特的思路从原理上讲非常新颖，效率提高的也非常惊人。

通过与伯明翰的一位机器制造商博尔顿的合作生产和销售(这一合作十分成功和著名)，瓦特的蒸汽机很快被用户接受，不久就被广泛应用于采煤业以外的其他工业，促进了城市制造业的大发展。到 1800 年时，英国已有 500 台瓦特蒸汽机在各地哧哧冒气，此后其数量更是增长迅猛。瓦特的蒸汽机成为真正的国际性发明，有力地促进了欧洲 18 世纪的产业革命，推动世界工业进入了“蒸汽时代”。但是瓦特的蒸汽机仍然要依靠大气压力，因而必然是又大又重（有时就叫“固定机”）。到 18 世纪末，这样的固定机通常被工厂用来推动机器；因为船体比较大，所以早期的汽船也能够用大气蒸汽机来推动。可是铁路机车就不行，非要有体积较小的高压机型不可。那种较小的蒸汽机是在 1800 年由另一位英国人特里维西克设计出来的。

1784 年 4 月，英国政府授予瓦特制造蒸汽机的专利证书。马克思曾经评论说：瓦特的伟大天才表现在他所取得的专利的说明书中，他没有把自己的蒸汽机说成是一种用于特殊目的的发明，而是把它说成是大工业普遍应用的发动机。

瓦特在英国和欧洲大陆各国的学术界和科学界享有崇高的地位。1784 年，他成为爱丁堡皇家学会的会员；1785 年，他成为伦敦皇家学会的会员；1808 年，他成为法兰西学士院的成员；1814 年，他又被选为法国科学院的 8 名外籍院士之一。各国科学界都承认瓦特是他们之中最著名的一员。

瓦特由于这样一个划时代的伟大发明，从一个一贫如洗的无名小卒，一下子成为一个名利双收的大人物。他在 11 年的时间里获得了 7.6 万英镑的专利费。为了保护自己的专利，晚年的他多少显得有些学阀作风。他经常向法院起诉，阻止和压制别人的发明创造，甚至不许自己的助手去实验用蒸汽来发动四轮车。这是一个科学家的悲哀，也是他那个时代和社会在他身上打下的烙印。尽管如此，他仍然是一位伟大的发明家。他毕生精力集中于蒸汽机的发明，前后达 20 余年。他对科学技术和社会进步所作出的巨大贡献，大家是不会忘记的。

1819 年 8 月 25 日，84 岁的瓦特在家中安然与世长辞。他生前对人类的科技事业作出了杰出的贡献，各国人民怀念他。1824 年，在他逝世 5 周年时，伦敦公众为他在有名的威斯敏斯特大教堂树立了一座纪念碑。瓦特终生刻苦学习，孜孜不倦地致力于科学事业，在前人成就的基础上，发明了蒸汽机，为人类科学技术的发展作出了划时代的贡献。为了纪念瓦特这位伟大的发明家，人们把常用的功率单位定为瓦特，简称瓦。他的名字将永远刻在人类历史上。

瓦特去世时在他的讣告中，人们对他的科技成就有这样的赞颂："他武装了人类，使虚弱无力的双手变得力大无穷；他健全了人类的大脑以处理一切难题；他为机械动力在未来创造奇迹打下了坚实的基础；他为后代的劳动提供了帮助并为他们的进一步工作建立基础。"

第十五位

拉瓦锡

（1743—1794）

法国著名化学家、近代化学奠基人之一

拉瓦锡1743年8月26日生于巴黎，1794年5月8日卒于同地。拉瓦锡在学校是一个天才男孩。1763年获法学学士学位，并取得律师开业证书，后转向研究自然科学。20岁时因出色地撰写了巴黎街道照明的设计文章而获得法国科学院的嘉奖。他的父亲是一位颇有名气的律师，家境富有。但是拉瓦锡没有去从事律师工作，因为他对植物学更有兴趣，经常上山采集标本使他又对气象学产生了兴趣。在地质学家葛太德的建议下，拉瓦锡师从巴黎著名的化学家伊勒教授。从此，拉瓦锡就和化学结下不解之缘。

他最早的化学论文是对石膏的研究，发表在1768年《巴黎科学院院报》上。他指出，石膏是硫酸和石灰形成的化合物，加热时会放出水蒸气。几年之后，他被评选为法国科学院的“名誉院士”。同年，他研究成功浮沉计，可用来分析矿泉水。1775年任皇家火药局局长，火药局里有一间相当好的实验室，拉瓦锡的大量研究工作都是在这个实验室里完成的。1778年任皇家科学院教授。

1774年10月，普里斯特利向拉瓦锡介绍了自己的实验：氧化汞加热时，可得到脱燃素气，这种气体使蜡烛燃烧得更明亮，还能帮助呼吸。拉瓦锡重复了普里斯特利的实验，得到了相同的结果。但拉瓦锡并不相信燃素说，所以他认为这种气体是一种元素，1777年正式把这种气体命名为Oxygen（中译名氧），含义是酸的元素。拉瓦锡通过金属煅烧实验，于1777年向巴黎科学院提出了一篇报告——《燃烧概论》，阐明了燃烧作用的氧化学说，其要点为：

（1）燃烧时放出光和热；

（2）只有在氧存在时，物质才会燃烧；

(3) 空气是由两种成分组成的，物质在空气中燃烧时，吸收了空气中的氧，因此重量增加，物质所增加的重量恰恰就是它所吸收的氧的重量；

(4) 一般的可燃物质（非金属）燃烧后通常变为酸，氧是酸的本原，一切酸中都含有氧。金属煅烧后变为煅灰，它们是金属的氧化物。

他还通过精确的定量实验，证明物质虽然在一系列化学反应中改变了状态，但参与反应的物质的总量在反应前后都是相同的。于是拉瓦锡用实验证明了化学反应中的质量守恒定律。拉瓦锡的氧化学说彻底推翻了燃素说，使化学开始蓬勃地发展起来。

一、拉瓦锡的主要科学贡献

拉瓦锡与他人合作制定出化学物种命名原则，创立了化学物种分类新体系。拉瓦锡根据化学实验的经验，用清晰的语言阐明了质量守恒定律和它在化学中的运用。这些工作，特别是他所提出的新观念、新理论、新思想，为近代化学的发展奠定了重要的基础，因而后人称拉瓦锡为“近代化学之父”。

拉瓦锡为后人留下的杰作是《化学概要》，这篇论文标志着现代化学的诞生。在这篇论文中，他除了正确地描述燃烧和吸收这两种现象之外，还第一次在历史上开列出了化学元素的准确名称。名称的确立建立在物质是由化学元素组成的这个基础之上。而在此之前，这些元素有着不同的称谓。在书中，拉瓦锡将化学方面所有处于混乱状态的发明创造整理得有条有理。

拉瓦锡对化学的第一个贡献——提出质量守恒定律是从试验的角度验证并总结出来的。早在拉瓦锡出生之时，多才多艺的俄罗斯科学家罗蒙诺索夫就提出了质量守恒定律，他当时称之为“物质不灭定律”，其中含有更多的哲学意蕴。但是，由于他提出的“物质不灭定律”缺乏丰富的实验根据，特别是当时俄罗斯的科学还很落后，西欧对沙俄的科学成果不重视，因而他提出的“物质不灭定律”没有得到广泛的传播。

拉瓦锡用硫酸和石灰合成了石膏，当他加热石膏时放出水蒸气。拉瓦锡用天平仔细称量了不同温度下石膏失去水蒸气的质量。他的导师鲁伊勒把失去的水蒸气称为“结晶水”，从此就多了一个化学名词——结晶水。这次意外的成功使拉瓦锡养成了经常使用天平的习惯。由此，他总结出质量守恒定律，并成为他进行实验、思维和计算的基础。为了表明守恒的思想，用等号而不用箭头表示变化过程。如糖转变为酒精的发酵过程表示为下面的等式：

葡萄糖＝碳酸＋酒精

这正是现代化学方程式的雏形。为了进一步阐明这种表达方式的深刻含义，拉瓦锡又撰文写到：

“可以设想，参加发酵的物质和发酵后的生成物列成一个代数式，再假定方程式中的某一项是未知数，然后通过实验，算出它们的值。这样，就可以用计算来检验实验，再用实验来验证计算。我就经常用这种方法修正实验初步结果，使我能通过正确的途径改进实验，直到获得成功。”

拉瓦锡最重要的发现——燃烧原理，这是他对化学研究的第二大贡献。伟大的科学家描述了最重要的气体——氧、氮和氢的作用。拉瓦锡之所以能够有此发现，是因为他第一次准确地识别出了氧气的作用。事实上，科学家确认燃烧是氧化的化学反应，即燃烧是物质同某种气体的一种结合。拉瓦锡为这种气体确立了名称，即氧气，事实上就是“成酸元素”的意思。

拉瓦锡最终排除了当时流行极广的关于“燃素”的错误看法。按照那种理论，在燃烧期间，任何被燃烧的物质同一种被称为“燃素”的物质相分离。“燃素”被认为是整个燃烧过程的主导者。

拉瓦锡还识别出了氮气。这种气体早在 1772 年就被发现了，但却被命名为一个错误的名称——“废气”（意思是“用过的气”，也就是没有燃素的气，因此不会再被用作燃烧的气）。拉瓦锡则发现这种“气体”实际上是由一种被称为氮的气体构成的，因为它“无活力”（来源于希腊语 azofe）。后来，他又识别出了氢气，这个名称的意思是“成水的元素”。拉瓦锡还研究过生命的过程。他认为，从化学的观点看，物质燃烧和动物的呼吸同属于空气中氧所参与的氧化作用。

1772 年秋天，拉瓦锡按照习惯称量了定量的红磷，使之燃烧，冷却后又称量了灰烬（五氧化二磷，P_2O_5）的质量，发现质量竟然增加了！他又燃烧硫黄，同样发现灰烬的质量大于硫黄的质量。他想这一定是什么气体被白磷和硫黄吸收了。于是他又改进实验的方法：将白磷放入一个钟罩，钟罩里留有一部分空气，钟罩里的空气用管子连接一个水银柱（测定空气的压力）。加热到 40℃时白磷就迅速燃烧，水银柱上升。拉瓦锡还发现“1 盎司的白磷大约可得到 2.7 盎司的白色灰烬（P_2O_5），增加的重量和所消耗的 1/5 容积的空气重量基本接近”。

拉瓦锡的发现和当时的燃素学说是相悖的。燃素学说认为燃烧是分解过程，燃烧产物应该比可燃物质量轻。他把实验结果写成论文交给法国科学院。从此他做了很多实验来证明燃素说的错误。1773 年 2 月，他在实验记录本中写到："我所做的实验使物理和化学发生了根本的变化。"他将新化学命名为"反燃素化学"。

1775 年，拉瓦锡对氧气进行了研究。他发现燃烧时增加的质量恰好是氧气减少的质量。以前认为可燃物燃烧时吸收了一部分空气，实际上是吸收了氧气，从而与氧气化合，这就是彻底推翻了燃素学说的燃烧学说。

1777 年，拉瓦锡批判燃素学说："化学家从燃素学说只能得出模糊的要素，它十分不确定，因此可以用来任意地解释各种事物。有时这一要素是有重量的，有时又没有重量；有时它是自由之火，有时又说它与土素相化合成火；有时说它能通过容器壁的微孔，有时又说它不能透过；它能同时用来解释碱性和非碱性、透明性和非透明性、有颜色和无色。它真是只变色虫，每时每刻都在改变它的面貌。"

1777 年 9 月 5 日，拉瓦锡向法国科学院提交了具有划时代意义的《燃烧概论》，系统地阐述了燃烧的氧化学说，将燃素说倒立的化学正立过来。这本书后来被翻译成多国语言，逐渐扫清了燃素说的影响。化学自此切断与古代炼丹术的联系，揭掉神秘的面纱，取而代之的是科学实验和定量研究。化学由此也进入定量化学（即近代化学）时期。

拉瓦锡对化学的第三大贡献是否定了古希腊哲学家的四元素说和三要素说。提出了建立在科学实验基础上的化学元素的概念："如果元素表示构成物质的最简单组分，那么目前我们可能难以判断什么是元素；如果相反，我们把元素与目前化学分析最后达到的极限概念联系起来，那么，我们现在用任何方法都不能再加以分解的一切物质，对我们来说，就算是元素了。"

在 1789 年出版的历时四年写就的《化学概要》里，拉瓦锡列出了第一张元素一览表，元素被分为四大类：

（1）简单物质，光、热、氧、氮、氢等物质元素。

（2）简单的非金属物质，硫、磷、碳、盐酸素、氟酸素、硼酸素等，其氧化物为酸。

（3）简单的金属物质，锑、银、铋、钴、铜、锡、铁、锰、汞、钼、镍、金、铂、铅、钨、锌等，被氧化后生成可以中和酸的盐基。

（4）简单物质，石灰、镁土、钡土、铝土、硅土等。

二、拉瓦锡的冤死

拉瓦锡曾在政界被推选为众议院议员。对此，他曾感到负担过重，曾多次想退出社会活动，回到研究室做一个化学家。然而这个愿望一直未能实现。当时，法国的国情日趋紧张，举国上下有如旋风般的混乱，处于随时都可能爆发危机的时刻。像拉瓦锡这样大有作为和精明达识的科学家的才能也受到严峻考验。

这时，百年前波义耳在英国的处境，现在又转移到拉瓦锡所在的法国了。国情是很相似的。但是这两位科学家的命运却正好相反。波义耳不闻窗外的世间风云，只是一心关在实验室里静静地进行研究，而在同样处境下的拉瓦锡却未能做到这一点。应当说是一种命运的不幸，而且这种不幸已经达到了极点，以至最终夺去了他的生命。

拉瓦锡不论在何处都像是一棵招风的大树，因而雷雨来临时也是最危险的。最初的一击是来自革命的骁将马拉之手。马拉最初也曾想作为科学家而取得荣誉，并写出了《火焰论》一书，企图作为一种燃烧学说而提交到科学院。当时作为会长的拉瓦锡曾对此书进行了尖刻评论，认为它并无科学价值而被否定，由此结下私怨。马拉首先叫喊要“埋葬这个人民公敌的伪学者”。到了1789年7月，革命的战火终于燃烧起来，整个法国迅速卷入动乱的旋涡之中。

在这片天地里，科学似已无法容身。一切学会、科学院、度量衡调查会等等，所有的法国学术界都面临着存亡的危机。甚至还听到了这种不正常的说法，认为“学者是人民的公敌，学会是反人民的集团”等。在此情况下，拉瓦锡表现得很勇敢。他作为科学院士和度量衡调查会的研究员，仍然恪守着自己的职责。他不仅努力于个人的研究工作，并为两个学会的筹款而各处奔走，有时还捐献私人财产作为同事们的研究资金。他的决心和气魄，成了法国科学界的柱石。

这时，拉瓦锡最后的手段是通过教育委员会向国民发出呼吁。他指出，作为教育界的许多元老，他们曾经为法国的学术繁荣贡献了毕生精力，然而现在，他们的研究机关被剥夺，衣食的来源被切断，宝贵的晚年受到了贫困的威胁，学术处于毁灭的边缘，法国的荣誉被玷污了。如果学术一旦遭到毁灭，再经过半个世纪也难以得到恢复。

但是，在想不到的地方却潜伏着敌人。他就是化学家佛克罗伊（1755—1809）。佛克罗伊本人也是科学院的院士，是一位很早就同革命党人的国会有着密切联系，并被科学院进行过迫害的神秘人物。他在危难之际，也曾在多方面受到过拉瓦锡的保护，但是却反而施展诡计企图解散科学院，直到最后动用了国会的暴力才达到了目的。这样，1793 年 4 月，这个从笛卡儿、帕斯卡和海因斯以来具有百余年光荣历史的科学院终于遭到了破坏（直到 1816 年，巴黎的科学院才又得到重建）。

1793 年 11 月 28 日，包税组织的 28 名成员全部被捕入狱，拉瓦锡就是其中的一个，死神越来越逼近他了。

不久，度量衡调查会的 6 名研究员被开除了，其中也有拉瓦锡。学术界震动了，各学会纷纷向国会提出了赦免拉瓦锡和准予他复职的请求，但是已经为罗伯斯庇尔领导的激进党所控制的国会，对这些请求不仅无动于衷，反而更加严厉。1794 年 5 月 7 日开庭审判，结果是把 28 名包税组织的成员全部处以死刑，并预定在 24 小时内执行。

佛克罗伊所采取的阴险手段，对于事情发展到如此严重的程度是起了很大作用的。佛克罗伊是巴黎植物园化学研究室的教授，曾长期和拉瓦锡在一起，也为化学理论和化学教育的发展做出不少贡献，本是一位知名的学者，但是为什么却会进行这种恶劣的活动，是不是由于长期以来对拉瓦锡的嫉妒？后来，当罗伯斯庇尔失败以后，在为拉瓦锡举行的庄重和盛大的追悼会上，这个厚颜无耻的佛克罗伊却又对拉瓦锡表示悼念，还做了歌功颂德的演讲。像这样卑劣的人，在古今的科学家中恐怕也难再找出第二个人了。

拉瓦锡的生命已经危在旦夕。人们虽然在尽力地挽救，请求赦免，但是遭到了革命法庭副长官考费那尔的拒绝，全部予以驳回。他还宣称，“法兰西共和国不需要科学家，而只需要为国家而采取的正义行动!”

第二天，5 月 8 日的早晨，就在波拉斯·德·拉·勒沃西奥执行了 28 个人的死刑。拉瓦锡是第四个登上断头台的。他泰然受刑而死。著名的法籍意大利数学家拉格朗日痛心地说：“他们可以一瞬间把他的头割下，而他那样的头脑一百年也许长不出一个来”。

有一种传说，拉瓦锡和刽子手约定头被砍下后尽可能多眨眼，以此来确定头砍下后是否还有感觉，拉瓦锡一共眨了 15 次，这是他最后的研究。这一传说不见于正史。

第十六位
詹　纳

（1749—1823）

英国内科医生、发明和普及了预防可怕的天花病的方法——接种疫苗法

爱德华·詹纳1749年5月17日出生于英国格洛斯特郡伯克利小镇的一个牧师家庭。12岁时他跟一位内科医生学徒，后来在一家医院里边学解剖边工作。1792年在圣·安德鲁大学获得医学学位。45岁时他已成为格洛郡内的一位有名的内科和外科医生。

詹纳熟悉当地的奶场女工和农民中的一种公认的说法：牛痘是牛患的一种轻度病，但也可以传染给人，人若传染上牛痘，就再也不会得天花病（牛痘本身对人体没有危险，虽然其症状与极轻度的天花病有点相似）。詹纳认识到，如果农民的说法正确，那么给人种牛痘就是使之获得天花免疫的一种安全的方法。他对这个问题进行了仔细的调查研究，1796年，他终于相信农民的说法确实正确，决定直接对它加以检验。詹纳用从一个奶场女工手上的牛痘脓胞中取出来的物质给一个8岁的男孩詹姆斯·菲普斯注射。如事先所料，这孩子注射处出现牛痘，但很快就得以恢复。詹纳又给他种天花痘，果不出所料，孩子没有出现天花病症。经过进一步的调查后，詹纳在一本《天花疫苗因果之调查》的书里公布了他的结果。1798年，非正式地出版了这本书，也就是这本书成为接种疫苗方法被迅速采用的主要因素。随后詹纳又发表了另外5篇接种疫苗的文章。他为人们接受接种而长年宵衣旰食，四处宣传。接种法迅速在英国传开，不久就在不列颠陆军和海军中强制实行。最终它被全世界大部分地区所采用。人们应该感谢詹纳，是他发明和普及了这种预防可怕的天花病的方法——接种疫苗法。天花在地球上真正被消除殆尽了，挽救了成千上万的人的生命。爱德华·詹纳被称为免疫学之父。

詹纳把他的接种方法无私地奉献给世界，无意从中取利。但是1802年英国议会为了对詹纳表示感谢，授予他一笔1万英镑的奖金，几年后又追加一笔两万英镑的奖金。他成为世界名人，得到许多荣誉和奖赏。1823年初，在他的家乡伯克利逝世，终年73岁。

第十七位
富尔顿
（1765—1815）

美国著名工程师

罗伯特·富尔顿，美国著名工程师。1807 年，他利用英国机器制成了世界上第一个蒸汽机轮船“克莱蒙脱号”，是世界上轮船的首创者。他为世界人类航海事业的发展作出了卓越的贡献。

富尔顿出生于美国一个贫苦的农民家庭，父母没有钱供他去学堂学习，从小读书很少，他后来取得的成就，全凭个人的奋斗。富尔顿从小就爱幻想，当他帮助大人干完农活之后，常常一个人坐在农家阁楼上，在带有木格条的小窗户中，向田野望去，看蔚蓝色的天空，苦思冥想，一坐就是几个钟头。

21 岁时，富尔顿到英国伦敦画画谋生。在一次社交场合，富尔顿结识了蒸汽机发明家瓦特。经过一段时间的接触，他们成为莫逆之交。在法国时，富尔顿认识了美国驻法国公使利文斯顿，并见到了菲奇设计的蒸汽轮船图纸，富尔顿对此十分有兴趣，意识到菲奇的设计很有价值。利文斯顿决定资助富尔顿进行发明轮船的研究，并将富尔顿招为自己的女婿。

富尔顿经过 9 年时间的研制，到 1803 年，终于制造出了第一艘以蒸汽机为动力的轮船。他在法国的塞纳河上进行试航，一举成功。但乐极生悲，当天晚上那艘船就不幸被暴风雨所摧毁。富尔顿立即投入了第二次改建工作。1804 年，改建后的轮船再次在塞纳河上航行成功。但富尔顿还是不甚满意，他认为还可造得更好一些，决心再建造一艘性能更理想的蒸汽轮船。1805 年，他得到瓦特的支持，在英国瓦特·博尔顿工厂购买了瓦特新设计的功率更大的蒸汽机，并把它带回美国。1807 年 8 月，一艘新造的铁壳轮船出现在美国哈德逊河上。这艘船 45 米长，4 米宽，取名叫“克莱蒙特”号。8 月 17 日，“克莱蒙特”号升火起航。随着蒸汽机的轰鸣声，“克莱蒙特”号缓缓离岸，驶向江心。观众大声喊叫起来："啊，上帝，那玩意儿真开动啦!"人们从来没有见过在江面上行走这样巨大的怪物，它大声轰鸣着驶来，高高的烟囱里冒出黑烟，轮船推动江水发出哗哗的响声。经过 32 小时的逆水航行，"克莱蒙特"号完成了从纽约到奥尔巴尼距离为 240 千米的路程。要走完这段漫长的路程，即使是最好的帆船，一路顺风也得走 48 个小时。"克莱蒙特"号顺水回航时仅用了 30 个小时，它的平均时速达到 5.6 千米，从此揭开了蒸汽轮船时代的帷幕。不久，富尔顿取得了在哈德逊河上航行的独占权，并开办了船运公司。富尔顿的成功很快引来无数的效法者。在 5 年以内，美国和欧洲的内陆河流中已经有 50 多艘蒸汽轮船投入了营业性航运。富尔顿制造的"克莱蒙特"号轮船，使人类航行进入了新的时代。

自从富尔顿成功地发明了蒸汽轮船之后，这种高耸着烟囱，冒着浓浓的黑烟，两只巨大的明轮哗哗作响的轮船，开始一艘接一艘地航行在美国的内河上，并从美国传到了欧洲。在此后一个多世纪的时间里，世界的许多河流上都跑着这种明轮船。轮船的出现在人类船舶制造业的发展史上揭开了崭新的一页。尽管这种以蒸汽机为动力，靠明轮推进的轮船，在今天看来过于笨重，还有许多致命的缺点，但是如果没有它，现代轮船也不会向我们开过来。

第十八位

道尔顿

（1766—1844）

英国化学家、物理学家，近代化学之父

道尔顿1766年9月6日生于英国坎伯兰一个贫困的乡村，他的父亲是一个纺织工人。当时正值第一次工业革命的初期，很多破产的农民沦为雇佣工人。道尔顿一家的生活十分困顿，道尔顿的一个弟弟和一个妹妹都因为饥饿或疾病而夭折。道尔顿在童年根本没有读书的条件，只是勉强接受了一点点初等教育。10岁时，他就去给一个富有的教士当仆役。也许这也是命运赐予他的一次机会，在教士家里他有机会读一些书，增长了很多知识。2年后，他被推举为本村小学的教师。

1781年，年仅15岁的道尔顿随哥哥到外地谋生。不久后，他就成为了肯达耳中学的教师。在教学之余，他一边系统的自学科学知识，一边进行气象观察。在这里他还结识了著名学者豪夫，他从豪夫那里学习了很多知识，教学水平迅速提高，4年以后，便成为了肯达耳中学的校长。1793年，在豪夫的推荐下，道尔顿又受聘于曼彻斯特的一所新学院。在这里他出版了自己的第一本科学著作——《气象观察与研究》。第二年，他在罗伯特·欧文的推荐下成为曼彻斯特文学哲学会的会员。

1799年，为了把大部分精力投入到科学研究中去，道尔顿离开了学院。他在几个富人家里做私人教师，每天教课时间不超过两小时。这样，既能谋生，又保证了他的科研工作。此时，他越来越重视对气体和气体混合物的研究。道尔顿认为，要说明气体的特性就必须知道它的压力。他找到两种很容易分离的气体，分别测量了混合气体和各部分气体的压力。结果很有意思，装在容积一定的容器中的某种气体压力是不变的，引入第二种气体后压力增加，但它等于两种气体的分压之和，两种气体单独的压力没有改变。于是道尔顿得出结论：混合气体的总压等于组成它的各个气体的分压之和。道尔顿发现由此可以得出某些重要的结论：气体在容器中存在的状态与其他气体无关。用气体具有微粒结构来解释就是：一种气体的微粒或原子均匀地分布在另一种气体的原子之间，因而这种气体的微粒所表示出来的性质与容器中没有另一种气体一样。

此后，道尔顿开始更多地关注原子问题。他顽强地进行研究工作，寻找资料、动手实验、不断思考……同年 10 月 21 日，道尔顿报告了他的化学原子论，并且宣读了他的第二篇论文《第一张关于物体的最小质点的相对质量表》。道尔顿的理论引起了科学界的广泛重视。他应邀去伦敦讲学，几个月后又回到曼彻斯特继续进行测量原子量的工作。有些时候，道尔顿也遇到一些困难。例如，有些物质被氧化后生成不同的氧化物，这是一种在当时很难解释的现象，当然前人已经进行了分析化验，为了进行计算，道尔顿就只能利用前人研究结果；有时他在原始文献中发现的结果只是由一位科学家测得的，为了保证可靠性，道尔顿就要再做一次分析。道尔顿所得出的原子量有很多是不准确的，但实际上他所计算出来的正是今天所谓的当量。例如他把氧的原子量确定为 7 而不是 16。

1804 年以后，道尔顿又对甲烷和乙烯的化学成分进行分析实验。他发现，甲烷中碳氢比是 4.3∶4；而乙烯中碳氢比是 4.3∶2。他由此推出碳氢化合物的比例关系，并发现了倍比定律：相同的两种元素生成两种或两种以上的化合物时，若其中一种元素的质量不变，另一种元素在化合物中的相对重量成简单的整数比。道尔顿认为倍比定律既可以看做是原子论的一个推论，又可以看做是对原子论的一个证明。

1807 年，汤姆逊在它的《化学体系》一书中详细地介绍了道尔顿的原子论。第二年道尔顿的主要化学著作《化学哲学的新体系》正式出版。书中详细记载了道尔顿原子论的主要实验和主要理论。自此道尔顿的原子论才正式问世。

在科学理论上，道尔顿的原子论是继拉瓦锡的氧化学说之后理论化学的又一次重大进步，他揭示出一切化学现象的本质都是原子运动，明确了化学的研究对象，对化学真正成为一门学科具有重要意义，此后，化学及其相关学科得到了蓬勃发展；在哲学思想上，原子论揭示了化学反应现象与本质的关系，继天体演化学说诞生以后，又一次冲击了当时僵化的自然观，对科学方法论的发展、辩证自然观的形成以及整个哲学认识论的发展都具有重要意义。

道尔顿最先从事测定原子量的工作，提出用相对比较的办法求取各元素的原子量，并发表了第一张元素原子量表，为后来测定元素原子量工作开辟了光辉的道路。

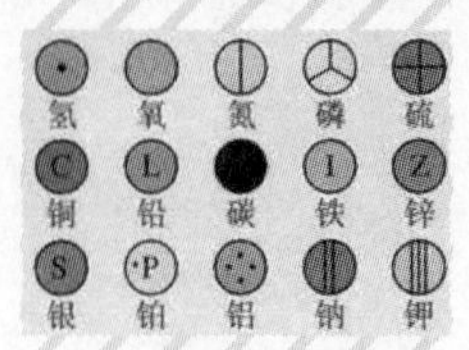

道尔顿的元素符号

道尔顿建议用简单的符号来代表元素和化合物的组成。他曾用图形加字母的方式作为元素符号，如左图所示。但由于后来发现的元素越来越多，符号设计越来越复杂，不便于记忆和书写，故未能被广泛采用。最后，国际上统一采用元素拉丁文名称的第一个字母来表示元素，如氢元素的拉丁文名称为 Hydrogenium，元素符号就写为 H，氧元素的拉丁文名称为 Oxygenium，元素符号就写为 O。如果几种元素拉丁文名称的第一个字母相同时，就附加一个小写字母来区别。例如用 Cu 表示铜元素，Cl 表示氯元素，Ca 表示钙元素。

道尔顿的杰出成就和不朽的贡献有：

1. 提出原子论

化学中的新时代是随着原子论而开始的。1808 年，在继承古希腊朴素原子论和牛顿微粒说的基础上，道尔顿提出原子学说。其要点是：（1）化学元素由不可分的微粒——原子构成。它在一切化学变化中是不可再分的最小单位。（2）同种元素的原子性质和质量都相同，不同元素原子的性质和质量各不相同，原子质量是元素的基本特征之一。（3）不同元素化合时，原子以简单整数比结合。推导并用实验证明了倍比定律。如果一种元素的质量固定时，那么另一元素在各种化合物中的质量一定成简单整数比。

2. 在气象学、物理学上的贡献

道尔顿自 1787 年在担任初中物理教员时就开始连续观测气象，从不间断地坚持了 56 年，一直到临终前几小时为止。他的全部记录超过 20 多万条。他 27 岁时，出版了《气象观测与研究》一书。书中描绘了用气压计、温度计、湿度计等多种装置，综合分析了云和雨的形成过程、水的蒸发过程、大气层降水量的分布等现象，深受读者喜爱。

1801 年，道尔顿提出气体分压定律，即混合气体的总压力等于各组分气体的分压之和。他还测定水的密度和温度变化关系以及气体热膨胀系数相等。

道尔顿一生宣读和发表过 116 篇论文，主要著有《化学哲学的新体系》等。顺便一提的是，道尔顿患有色盲症。这种病的症状引起了他的好奇心。他也研究过这个课题，最终发表了一篇关于色盲的论文——曾经问世的第一篇有关色盲的论文。

由于道尔顿在科学上取得了杰出成就，1816 年当选为法国科学院通讯院士；1822 年被选为皇家学会会员；1826 年，英国政府将英国皇家学会的第一枚金质奖章授予了道尔顿。

道尔顿把自己的毕生精力献给了科学事业，他终生未婚，在生活穷困时，仍坚持科学研究。道尔顿年老时把自己节余的养老金捐献给曼彻斯特大学，用做学生的奖学金。道尔顿的一生正如恩格斯所指出的：化学新时代是从原子论开始的，所以道尔顿应是近代化学之父。1844 年道尔顿在曼彻斯特过世。

第十九位

斯蒂芬逊

（1781—1848）

火车发明家、铁路机车之父

乔治·斯蒂芬逊出生在英国泰因河畔诺森伯兰城西南的一个小村子。这里是英国的一个煤矿区，斯蒂芬逊的父亲是矿上的一名抽水操作工。由于父亲的关系，斯蒂芬逊从小就熟悉矿井里用来抽水的蒸汽机。青年时期的斯蒂芬逊没有受过正规的学校教育，常常是白天在煤矿做工，夜里参加夜校学习，并养成了自学的兴趣。同时他还替人擦皮鞋，以维持家庭艰苦的生活。

他对蒸汽机的构造和原理有着浓厚的兴趣，经常独自认真研究，并立志从事交通工具的发明创造。经过几年的努力，他终于在 1814 年发明了一台蒸汽机车，命名为“布拉策号”（Blucher）。这辆蒸汽机车虽然可以开动，但也暴露了许多问题，如噪音太大、振动强烈、随时都有爆炸的可能。蒸汽机车开动时浓烟滚滚，车轮摩擦铁轨时火星四溅，坐在车上的人满面烟尘，被颠得筋疲力尽。蒸汽机车在前进时不断从烟囱里冒出火来，烧焦了附近的树木，这也许就是当时人们把它称为“火车”的缘故。

1825 年 9 月 27 日斯蒂芬逊亲自在达林敦和斯托顿之间首次驾驶自己同别人合作制造的“旅行者号”进行铁路运输，并获得成功，这时情况已有了相当大的改善。“旅行者号”牵引着 6 节煤车，20 节挤满乘客的车厢，载重达 90 吨，时速 15 英里。铁路两旁人山人海，还有人骑着马，打着红旗走在火车前面开道。随着一声鸣叫，它向全世界宣告了铁路时代的到来。1829 年建成的曼彻斯特——利物浦铁路，用一台被命名为“火箭”（Rocket）的机车，以每小时 36 英里的速度行驶。斯蒂芬逊此后成为欧美各国设计和建筑铁路的顾问。改进后的火车能以每小时 6 千米的速度牵引 8 辆装有 30 吨煤的货车，这是世界上最早也是当时最先进的火车，斯蒂芬逊也因而被誉为“铁路机车之父”。

第二十位

法拉第

（1791—1867）

英国著名物理学家、化学家

迈克尔·法拉第在化学、电化学、电磁学等领域都做出了杰出贡献。他创立了著名的电磁感应定律和电解定律。如果没有他的贡献，人类还将在黑暗中继续摸索很长时间。

法拉第家境贫寒，未受过系统的正规教育，但却在众多领域中做出惊人成就，堪称刻苦勤奋、探索真理、不计个人名利的典范。

迈克尔·法拉第于 1791 年 9 月 22 日出生在萨里郡纽因顿的一个铁匠家庭。13 岁就在一家书店当送报和装订书籍的学徒。他有强烈的求知欲，挤出一切休息时间“贪婪”地阅读着他装订的一切书籍。读后还临摹插图，工工整整地做读书笔记；他用一些简单器皿照着书上进行实验，仔细观察和分析实验结果，把自己的阁楼变成小实验室。在这家书店待了 8 年，他一直废寝忘食、如饥似渴地学习。他后来回忆这段生活时说：“我就是在工作之余，从这些书里开始找到我的哲学。这些书中有两部对我特别有帮助，一是《大英百科全书》，我根据它第一次得到电的概念；另一是马塞夫人的《化学对话》，它给了我这门课的科学基础。”

在哥哥的赞助下，1810 年 2 月至 1811 年 9 月他听了十几次汉弗莱·戴维爵士关于自然哲学的通俗讲演，每次听后都重新誊抄笔记，并画下仪器设备图。1812 年 2 月至 4 月又连续听了汉弗莱·戴维 4 次讲座，从此燃起了进行科学研究的愿望。他曾致信皇家学院院长求助。失败后，他写信给戴维：“不管干什么都行，只要是为科学服务”。他还把装帧精美的听课笔记整理成《汉弗莱·戴维爵士讲演录》随信寄上。他对讲演内容还作了补充，书法娟秀、插图精美，显示出法拉第一丝不苟的精神和对科学的热爱。经过戴维的推荐，1813 年 3 月，24 岁的法拉第担任了皇家学院助理实验员。后来，戴维曾把他发现法拉第作为自己最重要的功绩而引以为荣。

法拉第于1813年随同戴维赴欧洲大陆作科学考察旅行，1815年回国后继续在皇家学院工作，长达50余年。1816年发表了第一篇科学论文。

他的工作异常勤奋，研究领域十分广泛。1818—1823年研制合金钢期间，首创金相分析方法。1823年从事气体液化工作，标志着人类进行气体液化工作的开始。采用低温加压方法，液化了氯化氢、硫化氢、二氧化硫、氢等。1824年起研制光学玻璃，这次研究使他在1845年利用自己研制出的一种重玻璃（硅酸硼铅），发现了磁致旋光效应。1825年，在把鲸油和鳕油制成的燃气分馏中发现了苯。

他最出色的工作是电磁感应的发现和场的概念的提出。1821年，在读过奥斯特关于电流磁效应的论文后，法拉第被这一新的学科领域深深吸引。他刚刚迈入这个领域，就取得重大成果——发现通电流的导线能绕磁铁旋转，从而跻身著名电学家的行列。因受苏格兰传统科学研究方法影响，通过奥斯特实验，他认为电与磁是一对和谐的对称现象。既然电能生磁，他坚信磁亦能生电。经过10年的探索，历经多次失败，终于于1831年8月26日获得成功。这次实验因为是用伏打电池在给一组线圈通电（或断电）的瞬间，在另一组线圈获得的感生电流，他称之为“伏打电感应”。同年10月17日完成了在磁体与闭合线圈相对运动时在闭合线圈中激发电流的实验，他称之为“磁电感应”。经过大量的实验，他终于实现了“磁生电”的夙愿，宣告了电气时代的到来。

作为19世纪伟大实验物理学家的法拉第，他并不满足于现象的发现，还力求探索现象后面隐藏着的本质；他既十分重视实验研究，又格外重视理论思维的作用。1832年3月12日他写给皇家学会一封信，信封上写有“现在应当收藏在皇家学会档案馆里的一些新观点”。那时的法拉第已经孕育着电磁波的存在以及光是一种电磁振动的杰出思想，尽管还带有一定的模糊性。为解释电磁感应现象，他提出“电致紧张态”与“磁力线”等新概念，同时对当时盛行的超距作用说产生了强烈的怀疑：“一个物体可以穿过真空超距作用于另一个物体，不要任何一种东西的中间参与，就把作用和力从一个物体传递到另一个物体，这种说法对我来说，尤其荒谬。凡是在哲学方面有思考能力的人，决不会陷入这种谬论之中”。他开始向长期盘踞在物理学阵地的超距说宣战。与此同时，他还向另一种形而上学的观点——流体说进行挑战。1833

年，他总结了前人与自己的大量研究成果，证实当时所知摩擦电、伏打电、电磁感应电、温差电和动物电等五种不同来源的电的同一性。他力图解释电流的本质，促使他研究电流通过酸、碱、盐溶液，结果在 1833—1834 年发现电解定律，开创了电化学这一新的学科领域。他所创造的大量术语沿用至今。电解定律除本身的意义外，也是电的分立性的重要论据。

1837 年，法拉第发现电介质对静电过程的影响，提出了以近距“邻接”作用为基础的静电感应理论。不久以后，他又发现了抗磁性。在这些研究工作的基础上，形成了“电和磁作用通过中间介质、从一个物体传到另一个物体的思想”。于是，介质成了“场”的场所，场这个概念正是来源于法拉第。正如阿尔伯特·爱因斯坦所说，引入场的概念，是法拉第最富有独创性的思想，是艾萨克·牛顿以来最重要的发现。牛顿及其他学者的空间，被视作物体与电荷的容器；而法拉第的空间，是现象的容器，它参与了现象。所以说法拉第是电磁场学说的创始人。他深邃的物理思想，强烈地吸引了年轻的麦克斯韦。麦克斯韦认为，法拉第的电磁场理论比当时流行的超距作用电动力学更为合理，他正是抱着用严格的数学语言来表述法拉第理论的决心闯入电磁学领域的。

法拉第坚信：“物质的力借以表现出的各种形式，都有一个共同的起源”，这一思想指导着法拉第探寻光与电磁之间的联系。1822 年，他曾使光沿电流方向通过电解波，试图发现偏振面的变化，没有成功。通过执着的追求，使他终于在 1845 年发现强磁场使偏振光的偏振面发生旋转。他的晚年，尽管健康状况恶化，但仍从事广泛的研究。他曾分析研究电缆中电报信号迟滞的原因，研制了照明灯与航标灯。

法拉第一生热爱真理，热爱人民，真诚质朴，作风严谨。他说：“一件事实，除非亲眼目睹，我决不能认为自己已经掌握。”“我必须使我的研究具有真正的实验性。”他在 1855 年写给化学家申拜因的信中说：“我总是首先对自己采取严厉的批判态度，然后才给别人以这样的机会。”在一次市哲学会的讲演中他指出：“自然哲学家应当是这样一些人：他愿意倾听每一种意见，却下定决心要自己作判断；他应当不被表面现象所迷惑，不对某一种假设有偏爱，不属于任何学派，在学术上不盲从大师；他应当重事不重人，真理应当是他的首要目标。如果有了这些品质，再加上勤勉，那么他确实可以有希望走进自然的圣殿。”

1855 年法拉第在英国皇家学会做演讲

他是这样说的，也确实是这样做的。

他在艰难困苦中选择科学为目标，就决心为追求真理而百折不回、义无反顾、不计名利、刚正不阿。他热爱人民，把纷至沓来的各种荣誉、奖状、证书藏之高阁，却经常走访贫苦教友的家庭，为穷人只有纸写的墓碑而喟然兴叹。他关心科学普及事业，愿更多的青少年奔向科学的殿堂。1826 年他提议开设周五科普讲座，直到 1862 年退休他共主持过 100 多次讲座，并积极参与皇家学院每年“圣诞节讲座”共 19 年。根据他的讲稿汇编出版了《蜡烛的故事》一书，被译为多种语言出版，这是科普读物的典范。

他生活简朴，不尚华贵，以致有人到皇家学院实验室做实验时错把他当做守门的老头。1857 年，皇家学会学术委员会一致决议聘请他担任皇家学会会长。对这一荣誉职务他再三拒绝，他说：“我是一个普通人。如果我接受皇家学会希望加在我身上的荣誉，那么我就不能保证自己的诚实和正直，连一年也保证不了。”同样的理由，他谢绝了皇家学院的院长职务。当英王室准备授予他爵士称号时，他多次婉言谢绝说：“法拉第出身平民，不想变成贵族”。这就是这位铁匠的儿子、订书匠学徒的郑重选择。1867 年 8 月 25 日逝世，墓碑上照他的遗愿只刻有他的名字和出生年月。

后世的人们，选择用法拉作为电容的国际单位，以纪念这位物理学大师。在电学方面，法拉第研究负载直流电的导体与附近磁场之间的关系，在物理学中建立起磁场这个概念。他发现了电磁感应、抗磁性及电解。此外，他也发现磁场能对光线产生影响，进而发现两者间的基本关系。另外，法拉第还发明了一种依电磁转动的装置，为电动机的前身。

在化学方面，法拉第发现了新的化学物质，如苯类。化学中的氧化数也出自法拉第之手。另外如阳极、阴极、电极及离子等现今电化学中经常使用的专有名词，也是法拉第推广给世人的。

虽然法拉第只受过很少的正式教育，他的数学程度相对有限，但不可否认，法拉第仍是历史上最伟大的科学家之一。他把电孕育成了可用技术。为了纪念法拉第，电容值的国际单位被命名为法拉，符号为 Far。此外，1 摩尔的电子所含的电量（约 96485 库仑）也被称为法拉第常数，以缅怀他在电学上无与伦比的贡献。法拉第电磁感应定律陈述了随时间改变的磁场会创造与磁场强度成正比的电动势。法拉第在英国皇家研究机构中任富勒里安化学教授，并作为终身职务。在所有任过此职的人中，法拉第是第一个，也是最出名的学者。

第二十一位

达尔文

（1809—1882）

英国著名博物学家、生物学家，进化论的奠基人

查尔斯·罗伯特·达尔文，1809年2月12日出生在英国一个小城镇。他以博物学家的身份，参加了英国派遣的环球航行，做了5年的科学考察。在动植物和地质方面进行了大量的观察和采集，经过综合探讨，形成了生物进化的概念。

1859年达尔文出版了震动当时学术界的《物种起源》一书。书中用大量资料证明了形形色色的生物都不是上帝创造的，而是在遗传、变异、生存斗争和自然选择中，由简单到复杂，由低等到高等，不断发展变化的。提出的生物进化论学说，从而摧毁了各种唯心的神造论和物种不变论。

恩格斯将“进化论”列为19世纪自然科学的三大发现之一。19世纪自然科学的三大发现及其提出者分别是：

（1）细胞学说。19世纪30年代，由德国的植物学家施莱登和动物学家施旺提出。

（2）能量守恒和转化定律。这项理论是多人研究的结果。1842年，德国的青年医生迈尔（1814—1878），写成了他的第一篇关于能量守恒和转化定律的论文：《论无机自然界的力》；1847年，英国酿酒商焦耳、德国物理学家赫尔姆霍茨分别发表各自有关能量守恒和转化定律的讲演或论文；不过，焦耳被认为是最先用科学实验确立能量守恒和转化定律的人，但是，焦耳和赫尔姆霍茨也承认迈尔发现能量守恒和转化定律的优先权。1953年，威廉·汤姆生帮助焦耳完成了关于能量守恒和转化定律的精确表述。

（3）生物进化论。1859年，英国生物学家达尔文出版了《物种起源》，阐述了以自然选择学说为主要内容的生物进化理论，给神创论和物种不变论以沉重的打击。

他所提出的天择与性择，在目前的生命科学中是一致通用的理论。除了生物学之外，他的理论对人类学、心理学以及哲学来说也相当重要。

生物进化论，甚至可以说整个生物科学，开始于 1859 年 11 月 24 日。在那一天，经过 20 年小心谨慎的准备之后，达尔文出版了《物种起源》。第一版印了 1250 本，在一天之内销售一空。一门崭新的学科从此诞生了。

物种起源

但是，一门新的学科不会从天而降。在 1859 年，科学界已经有了大量的进化证据，做好了迎接进化论诞生的准备。这时候的进化证据归纳起来有动植物培养、化石记录、解剖比较、退化器官、胚胎发育和生物地理分布这几类。

动物家养和植物栽培已经有了几千年的历史，人们由此已经知道同一物种往往有着差别极大的形态。这些形态是可以被改变的，通过精心的选择，可以得到新的品种。这种经由达尔文所谓的"人工选择"而获得的品种，其彼此之间的差别，有时比野外物种之间的差别还要大。如果我们在野外见到狼狗和哈巴狗的话，完全可能把它们当成像狼和狐狸那样两个截然不同的物种。动植物培养为"生物是可变的"提供了感性而直观的材料。

那时候，科学界早已知道化石乃是生物体的遗迹，而且，许多从前的物种现在已经不存在或灭绝了，也就是说，生物界的组成并不是从古到今一成不变的。许多物种在化石记录中显示了随着地理时间的推移而逐渐发生变化的趋势，有时在两个类群之间还可以发现处于过渡形态的化石。各个主要生物类群在化石记录中并不是同时出现的，而是有先有后，很有顺序，而且这个顺序与从现存生物的比较得到的顺序相符。比如，从形态结构（例如心脏结构）和生理特点（例如呼吸系统）的比较，我们可以推测脊椎动物从"低级"到"高级"的顺序是鱼类、两栖类、爬行类和哺乳类，而在化石记录中，我们也发现鱼类化石的确先在较早的地层开始出现，其次是两栖类、爬行类，而哺乳类化石出现得最晚。化石记录所展示的从"低级"到"高级"的顺序，是生物进化的一个有力证据。

早在 16 世纪，就有科学家发现人和鸟虽然外表很不相同，骨骼组成和排列却非常相似。到了 19 世纪，研究不同生物种类形态结构的比较解剖学已相当发达，各生物种类在内部结构的同源性也越来越明显。正如达尔文所指出的：用于抓握的人手，用于挖掘的鼹鼠前肢，用于奔跑的马腿，用于游泳的海豚鳍状肢和用于飞翔的蝙蝠的翼手，它们的外形是如此的迥异，功能是如此的不同，但是剔除皮毛、肌肉之后，呈现在我们眼前的骨架却又是如此相似！对此最合理的解释就是它们都是从同一祖先进化而来的，因为适应环境具有了不同的功能和外形，但是骨子里却没能改变多少。如果它们是被分别创造出来的，根本没必要让有不同功能和外形的器官有着相似的构造，因为这样的构造设计，就其功能和外形而言，有时显得不是那么合理。如果让一个工程师来设计这些前肢，他完全可以去除一些对其他物种必需，对这个物种却是个累赘、退化得只剩一点痕迹的骨头。

而且，比较解剖学使我们认识到许多生物体都有一些退化了的器官，它们是生物进化的令人信服的证据。比如鲸，它的后肢已经消失了，但后肢骨并没有消失，我们还可以在它的尾部找到已不起作用的盆骨和股骨。甚至在一些蛇类中，我们也可以找到盆骨和股骨的残余。这使我们相信，鲸是由陆地四足动物进化来的，蛇是由蜥蜴进化来的。我们人类已完全退化了的器官也不少，尾骨、转耳肌、阑尾、瞬膜（第三眼睑）等都是完全退化、不起作用的器官，它们除了让我们记住我们的祖先曾经像猴一样有尾巴，像兔子一样转动耳朵，像草食动物一样有发达的盲肠，像青蛙一样眨眼睛，还能有别的什么合理解释吗？

早在18世纪，动物学家就已经发现，在动物胚胎发育的过程中，会经过一系列与较低等的动物很相似的时期。比如说人，在胚胎发育的早期出现了鳃裂，不仅外形像鱼，而且内脏也像鱼：有动脉弓，心脏只有两腔等等。对这个现象的唯一合理的解释，就是人是由鱼进化来的，祖先的特征在胚胎发育过程中重演了。事实上，爬行类、鸟类和哺乳类在胚胎发育的早期都跟鱼类相似，而且有些时期几乎不可能区别开来，这是所有的脊椎动物都有共同祖先的一个证据。

自从16世纪以来，随着西方航海业的发展，特别是美洲和澳洲的发现，博物学家们见识到无数新奇的物种。许多的物种，甚至整个属、科、目只在某个地理区域被发现。当博物学家在澳洲和南美见到袋鼠、袋狼、袋熊、袋鼬、袋貂、袋獾等闻所未闻的动物时，就不免奇怪为什么上帝只在这里创造出有袋类哺乳动物。这并非那里的环境是为有袋类动物而设的，因为当移民们给这些地方带去高等哺乳动物后，许多有袋类因为竞争不过高等哺乳类而数量锐减甚至灭绝了。因此更合理的解释是：由于这些地区与别的大陆隔绝，而有了独特的进化途径。即使是一个群岛，也往往有在别的地方找不到的特有物种。

总之，在达尔文之前，生物进化已是铁证如山了，一些敢于冲破宗教信仰束缚的科学家已开始正视这个事实。早在18世纪中叶，法国博物学家布封就已认为生物物种是可变的，并大胆地推测所有的动物都来自同一祖先。并且他认为，地球的年龄要比《圣经》所记载的几千年要古老得多，并把生物物种的变化和地球环境的变化联系起来。但是在当时社会的压力下，布封被迫宣布放弃这些“离经叛道”的观点，因此未能产生什么影响。

比布封稍后的另一位法国博物学家拉马克则要固执得多，影响也要大得多。他是第一个系统地研究生物进化的人。他对生物进化的理解，跟现在并不相同。在他看来，生物界是一个从最简单、最原始的微生物按次序上升到最复杂、最高等的人类的阶梯，而所谓生物进化，就是从非生物自然产生微生物，微生物进化成低等生物，低等生物进化成高等生物，直到进化成人的过程。他认为，这个进化过程不断在重复，至今仍在进行着。也就是说，在今天，聪明的猩猩仍在尽力进化成人。拉马克也是试图解释进化现象的第一人，他给出了第一个进化的理论。这个理论主要有两点：第一，生物体本身有着越变越复杂、向更高级形态进化的内在欲望；第二，生活环境能够改变生物体的形态结构，而后天获得的性状能够遗传，简言之，“用进废退”。在著名的长颈鹿例子中，拉马克是这么解释长颈鹿的长颈由来的：长颈鹿的祖先经常伸长了脖子去吃树上高处的叶子，脖子受到了锻炼，变长了，而这一点可以遗传，因此其后代就要比父母的脖子长一些，一代又一代，脖子就越来越长。

拉马克的这套理论，并不能说服当时的科学家接受进化论。这固然有宗教的原因，但也有科学上的怀疑。比如，拉马克的进化论认为非生物能自然产生微生物，但是当时虽然巴斯德还未做否定自然发生论的著名实验，科学界却已普遍认为有足够的证据表明自然发生论是不正确的。因此拉马克虽然影响很大，却是往往被当做反面教材来嘲笑和批驳。生物学界迫切需要有一个像牛顿一样的科学巨人，能够无可置疑地证明生物进化的事实，并且给出合理的解释。这个巨人，就是达尔文。

年轻时的达尔文

历史选择了达尔文作为生物科学的创始人，似乎纯属偶然。1809 年 2 月 12 日出生于富裕医生家庭的查尔斯·达尔文，在青少年时代是个游手好闲的纨绔子弟，而不像是肩负历史使命的天才。他的父亲有一次指责他说：“你除了打猎、玩狗、抓老鼠，别的什么都不管，你将会是你自己和整个家庭的耻辱。”固然，这时候他很热衷于收集矿石和昆虫标本，但这是在男孩子当中很普遍的一种爱好，并没有什么特殊之处，虽然我们现在可以认为他未来的科学研究乃是儿时兴趣的延续。1825 年秋，老达尔文准备让儿子继承自己的衣钵，把他送进了爱丁堡医学院。可惜，小达尔文对医学毫无兴趣，更要命的是，他天性脆弱，不敢面对手术台上的淋漓鲜血。两年之后，只好从医学院退学。医生是当不成了，当牧师也是个体面的职业，达尔文听从父命，进了剑桥学神学。虽然他对神学也没有什么兴趣，花在打猎和收集甲虫标本上的时间恐怕比花在学业上的要多得多，却也终于在1831年毕业，准备当个乡间牧师了此残生。

达尔文在晚年回顾他的一生时，认为他的所有这些所谓高等教育完全是一种浪费。他觉得正式的课程枯燥无味，也没能从课堂上学到什么。但是在这些年，他在课余结识了一批优秀的博物学家，从他们那里接受了科学训练。他在博物学上的天赋也得到了这些博物学家的赏识。1831年，当植物学家亨斯楼被要求推荐一名年轻的博物学家参加贝格尔号的环球航行时，他推荐了忘年交达尔文。达尔文的父亲竭力反对儿子参加航行，认为这会推迟儿子在神学职业上的发展。在达尔文的一再恳求下，老达尔文终于作出让步，表示他若能找到一个可敬的人支持他去，他就可以去。达尔文找到了舅舅——他未来的丈人来说服父亲，并侥幸通过了以苛刻著称的费兹洛伊船长的面试，于是1831年底随贝格尔号扬帆起航，途经大西洋、南美洲和太平洋，沿途考察地质、植物和动物。一路上达尔文做了大量的观察笔记，采集了无数的标本运回英国，这为他以后的研究提供了第一手资料。5年之后，贝格尔号绕地球一圈回到了英国。

达尔文刚踏上贝格尔号的时候，是位言必称《圣经》的神学毕业生、正统的基督教徒，他的虔诚常常被海员们取笑。但是当他返回英格兰时，在他看来，《旧约》不过是一部“很显然是虚假的世界史”，其可靠性并不比印度教的圣书高。他完全抛弃了基督教信仰，并逐渐成为不相信上帝存在的怀疑论者和理性主义者，而其出发点，就是对“一切生物都是由上帝创造”的信条的怀疑。

在环球航行时，有3组事实使得达尔文无法接受神创论的说教：第一，生物种类的连续性。他在南美洲挖到了一些已灭绝的犰狳的化石，与当地仍存活的犰狳的骨架几乎一样，但是要大得多。在他看来，这可以证明现今的犰狳就是由这种已灭绝的大犰狳进化来的。第二，地方特有物种的存在。当他穿越南美大草原时，他注意到某种鸵鸟逐渐被另一种不同的、然而很相似的鸵鸟所取代。每个地区有着既不同又相似的特有物种，与其说这是上帝分别创造的结果，不如说是相同的祖先在处于地理隔绝状态分别进化的结果。第三，来自海洋岛屿的证据。他比较了非洲佛得角群岛和南美加拉帕格斯群岛上的生物类群。这两个群岛的地理环境相似，如果生物是上帝创造出来的，在相似的地理环境下应该创造出相似的生物类群才是合理的，但是这两个群岛的生物类群却差别很大。事实上，佛得角群岛的生物类群更接近它附近的非洲大陆，显然，应该认为岛上的生物来自非洲大陆并逐渐发生了变化。这个进化过程在加拉帕格斯群岛上更加明显。达尔文发现，组成这个群岛的各个小岛虽然环境相似，却各有自己独特的海龟、蜥蜴和雀类。没有任何理由认为上帝故意在一个小岛上创造这些独特的物种，更合理地，应该认为这些特有物种都是同一祖先在地理隔绝条件下进化形成的。

1837 年，在贝格尔号之行结束一年后，达尔文开始秘密地研究进化论。他的第一份笔记，是关于家养和自然环境下动植物的变异。他研究了所有可能得到的资料：个人观察和实验、别人的论文、与国内外生物学家的通讯、与园丁和饲养员的对话等等，很快得出结论，家养动植物的变异是人工精心选择造成的。但是自然环境下的变异又是怎么来的呢？他仍然不清楚。一年之后，他在休闲时读了马尔萨斯的《人口论》。马尔萨斯认为人口的增长必然快于生活资料的增长，因此必然导致贫困和对生活资料的争夺。达尔文突然意识到，马尔萨斯的理论也可以应用于生物界。所有生物的繁殖速度都是以指数增长的，后代数目相当惊人，但是一个生物群的数目却相对稳定，这说明生物的后代只有少数能够存活，这必然存在着争夺资源的生存竞争。达尔文进一步推导：任何物种的个体都各不相同，都存在着变异，这些变异可能是中性的，也可能会影响生存能力，导致个体的生存能力有强有弱。在生存竞争中，生存能力强的个体能产生较多的后代，种族得以繁衍，其遗传性状在数量上逐渐取得了优势；而生存能力弱的个体则逐渐被淘汰，即所谓“适者生存”，其结果，是使生物物种因适应环境而逐渐发生了变化。达尔文把这个过程称为自然选择。

因此，在达尔文看来，长颈鹿的由来并不是“用进废退”的结果，而是因为长颈鹿的祖先当中本来就有长脖子的变异，在环境发生变化、食物稀少时，脖子长的长颈鹿因为能够吃到树高处的叶子而有了生存优势，一代又一代选择的结果，使得长脖子的性状在群体中扩散开来，进而产生了长颈鹿这个新的物种。

虽然达尔文在读了《人口论》之后就有了灵感，马上就产生了自然选择的想法。但是过了 4 年，在收集了大量的资料之后，他才开始把这个理论记录下来，并把手稿送给一些朋友征求意见。他太清楚一旦自己的理论发表将会对社会产生怎样的震撼，而作为一个天性平和的人，这是他想要尽力避免的，因此他留下了一份遗嘱，有关进化论的手稿只能在他死后发表。

但在1858年夏天，达尔文收到了华莱士的信，迫使他不得不在生前发表自然选择理论。华莱士是一个年轻的生物地理学家，当时正在马来群岛考察。跟达尔文一样，他所观察到的生物的地理分布特点也促使他思考生物进化的问题。那一年的2月，他生了一场间歇热，在病中突然想到了马尔萨斯的《人口论》，并且也因此独立地发现了自然选择理论。他出身贫寒，又极其反对基督教，没有达尔文作为上层社会人士的种种顾虑，因此以一股初生牛犊不怕虎的劲头，用3个晚上时间就写成了一篇论证自然选择的论文，寄给达尔文征求意见。他并不知道达尔文此时已研究了20年的进化论，之所以会找上达尔文，完全是由于达尔文在生物地理学学界的崇高地位，而这个地位，在达尔文完成贝格尔号之航后就确立了。

当达尔文读了华莱士的论文，见到他自己的理论出现在别人的笔下时，其震惊和沮丧可想而知。他的第一个念头，是压下自己的成果，而让华莱士独享殊荣。但是他的朋友、地理学家赖尔和植物学家虎克都早就读过他有关自然选择的手稿，在他们的建议下，达尔文把自己的手稿压缩成一篇论文，和华莱士的论文同时发表在1859年林耐学会的学报上。这两篇论文并没有引起多大的反响。同样是在赖尔和虎克的催促下，达尔文在同一年发表了《物种起源》(篇幅只是他准备多年的手稿的1/3左右)，这才掀起了轩然大波，并征服了科学界。

由于《物种起源》的成功，也可能是被达尔文的人格和智慧所折服，虽然华莱士与达尔文同享发现自然选择理论的殊荣，但他却总是把荣耀归功于达尔文一人，并把自然选择理论称为“达尔文主义”，这个称呼沿用至今。

达尔文自己把《物种起源》称为“一部长篇争辩”，它论证了两个问题：第一，物种是可变的，生物是进化的。当时绝大部分读了《物种起源》的生物学家都很快地接受了这个事实，进化论从此取代神创论，成为生物学研究的基石。即使是在当时，有关生物是否进化的辩论，也主要是在生物学家和基督教传道士之间，而不是在生物学界内部进行的。第二，自然选择是生物进化的动力。当时的生物学家对接受这一点犹豫不决，因为自然选择学说在当时存在着三大困难。

第一个困难是缺少过渡型化石。按照自然选择学说，生物进化是一个在环境的选择下，逐渐地发生改变的过程，因此在旧种和新种、旧类和新类之间，应该存在过渡形态，而这只能在化石中寻找。在当时已发现的化石标本中，找不到一具可视为过渡型的。达尔文认为这是由于化石记录不完全，并相信进一步的寻找将会发现一些过渡型化石。确实，在《物种起源》发表两年后，从爬行类到鸟类的过渡型始祖鸟化石出土了，以后各种各样的过渡型化石纷纷被发现，最著名的莫过于从猿到人的猿人化石。现在被称为过渡型的化石已有上千种，但是与已知的几百万种化石相比，仍然显得非常稀少。这有两方面的原因，一方面，生物化石都是偶然形成的，因此化石记录必然非常不完全；另一方面，按照现在流行的“间断平衡”假说，生物在进化时，往往是在很长时间的稳定之后，在短时间内完成向新种的进化，因此过渡形态更加难以形成化石。

第二个困难是地球的年龄问题。既然自然选择学说认为生物进化是一个逐渐改变的过程，它就需要无比漫长的时间。达尔文认为这个过程至少需要几亿、十几亿年。但是当时物理学界的泰斗威廉·汤姆逊（即开尔文勋爵，一个神创论者）用热力学的方法证明了地球只有一亿年的历史，而只是在最近的最多两千万年时间里地球才冷却到能够让生命生存。对于物理学家的挑战，达尔文无法反击，只能说“我确信有一天世界将被发现比汤姆逊所计算而得的还要古老”。我们今天已知道达尔文是对的，而汤姆逊算错了，现在的地质学界公认地球有四十几亿年的历史，而至少在30亿年前生命就已诞生。但是在当时，在地球的年龄问题上，人们显然更倾向于相信物理学权威。

第三个困难是最致命的：达尔文找不到一个合理的遗传机理来解释自然选择。当时的生物学界普遍相信所谓“融合遗传”：父方和母方的性状融合在一起遗传给子代。这似乎是很显然的，白人和黑人结婚生的子女的肤色总是介于黑白之间。汤姆逊的学生、苏格兰工程师简金据此指出：一个优良的变异会很快地被众多劣等的变异融合、稀释掉，而无法像自然选择学说所说的那样在后代保存、扩散开来，就像一个白人到一个非洲黑人部落结婚生子，几代以后他的后代就会完全变成了黑人。达尔文虽然从动植物培养中知道一个优良的性状是可以被保留下来的，但是他没有一套合理的遗传理论来反驳简金。达尔文被迫做出让步，承认用进废退的拉马克主义也是成立的，可以用来补充自然选择学说。事实上，在达尔文逝世（1882年）前后，生物学界普遍接受拉马克主义，而怀疑自然选择学说。

如果达尔文知道奥地利遗传学家孟德尔的实验，就不会在遗传问题上陷入绝境了。孟德尔在 1865 年就已经发现了基因的分离定律和独立分配定律。生物遗传并不融合，而是以基因为单位分离地传递，随机地组合。因此，只要群体足够大，在没有外来因素（比如自然选择）的影响时，一个遗传性状就不会消失（肤色的融合是几对基因作用下的表面现象）。在自然选择的作用下，一个优良的基因能够增加其在群体中的频率，并逐渐扩散到整个群体。

很显然，孟德尔主义正是达尔文所需要的遗传理论。可惜，孟德尔的发现被当时的科学界完全忽视了。更具有讽刺意味的是，当孟德尔主义在 1900 年被重新发现时，遗传学家们却认为它宣告了达尔文主义的死亡，在他们看来，随机的基因突变，才是生物进化的真正动力，而不是自然选择。只有一些在野外观察动植物行为的生物统计学家仍然信奉达尔文主义，因为他们所观察到的生物对环境的奇妙适应性，是无法用随机的突变来解释的。

达尔文主义和孟德尔主义的融合，是在孟德尔定律被重新发现之后 20 年的事。这一次不再是一个科学巨人的孤身奋战，而是群星灿烂了。在这些伟大的科学家中，最重要的是英国的费歇、荷尔登和美国的莱特。他们从理论上证明了，达尔文主义和孟德尔主义不仅不互相冲突，而且相辅相成。那些在野外做观察研究的生物统计学家所获得的进化论数据，都可以从遗传学原理推导出来。在孟德尔遗传学的基础上，自然选择可以完满地解释生物的适应性进化，根本不需要拉马克主义（拉马克主义这时候也已被证明是不可能的）。孟德尔遗传学正是达尔文梦寐以求的遗传学！这些理论研究工作，是在 1918 年开始，而在 30 年代初基本完成的。1930 年，费歇发表了《自然选择的遗传理论》；1931 年，莱特发表了《孟德尔群体中的进化》；1932 年，荷尔登发表了《进化的动力》。这三本经典著作，构成了现代进化论的理论基础。

但是这些理论研究，涉及复杂的数学计算，不是一般的生物学家们所能理解的。而且只有理论没有实验，也很难被生物学家们所接受。因此，他们的研究工作，对当时的生物学界并没有产生太大的影响。直到生物学界出现了另一位伟大的科学家，他不仅有耐心去弄懂这些繁琐的数学计算，而且用实验来验证了这些计算，他就是俄国出身的美国遗传学家杜布赞斯基。杜布赞斯基师从俄国遗传学家契特维里科夫研究果蝇遗传学，1927 年移民到美国（两年后他的老师被苏维埃政府逮捕，实验室被关闭）。他与莱特合作，以果蝇为实验材料证实了莱特的理论。1937 年，杜布赞斯基发表了《遗传学和物种起源》。在这部继《物种起源》之后最为重要的进化论论著中，杜布赞斯基在理论上和实验上统一了自然选择学说和孟德尔遗传学，对博物学和实验生物学产生了巨大的影响，刺激了各个领域的生物学家都投身到进化论的研究当中。

接下去的10年，是现代进化论硕果累累的10年。动物学家迈耶把现代进化论应用于分类学研究，并提出了在地理变异和隔绝条件下产生新种的模型。古生物学家辛普森的研究表明现代进化论能够很好地被用于解释化石记录，而植物学家斯特宾斯则指出植物的进化同样能被现代进化论所解释。到本世纪40年代，现代进化论已经被成功地应用于生物学的所有领域。1942年，朱利安·赫胥黎（进化论奠基人之一的汤姆逊·赫胥黎之孙）发表《进化：现代综合》一书，综合了现代进化论在各个领域的研究成果，现代进化论也因此被称为“现代综合学说”，即新达尔文主义。标志着这个伟大的综合过程最终完成的是1947年在普林斯顿成立了“遗传学、分类学和古生物学的共同问题委员会”。组成这个委员会的30个学术权威代表着生物学的不同领域，但有着一个共同的观点：达尔文主义和孟德尔主义的综合。

1944年艾菲力证明了DNA是遗传物质，1953年华森和克里克提出DNA的双螺旋结构模型，生物学从此进入了分子时代。分子生物学的研究为生物进化这一科学事实补充了重要的新证据。它揭示了生物界在分子水平上的一致性，证明了进化论关于“所有的生物由同一祖先进化而来”的命题。同时，分子生物学为研究生物进化的过程和机理提供了强有力的工具。在以前，生物学家们只能通过对古生物化石的研究和对现存生物的形态结构的比较来确定各物种亲缘关系的亲疏，从而绘出种系发生树；现在，我们已完全可以在分子水平上，通过比较蛋白质的氨基酸序列或基因的核苷酸序列来进行研究，这不仅在总体上肯定了传统生物学的结果，而且使种系发生树的描绘更精确，达到了定量化的程度。

分子生物学的发展也使进化论的研究面临新的问题。1968年，日本遗传学家木村资生提出中性学说，认为在分子水平上，生物进化不受自然选择的作用，而是按一定的速率随机地突变，对生物的生存没有好处也没有坏处。木村在当时是根据蛋白质序列提出这个学说的，自20世纪80年代以来，对DNA序列大量测定所得的结果表明DNA序列的改变更符合中性学说。有关中性学说的正确性和适用范围目前仍然没有定论。

在从前，自然选择的结果往往被认为是导致产生对生物物种或群体有好处的适应性，这就是所谓“群体选择”。20 世纪 60 年代以来，生物学家越来越倾向于认为，“群体选择”很可能并不存在，自然选择产生的只是对个体有益的适应性，生物个体不会因为为了物种或群体的利益而放弃传递属于自己的基因，这就是“个体选择”。实际上，达尔文本人就是一个个体选择论者（虽然在当时很少有生物学家认同他）。他认为，社会性昆虫如蜜蜂中丧失了繁殖力的工蜂并非真正地“利他”，而是利己，因为每一个蜂窝都是一个蜂后的直接后代，实际上就是一个个体。在性选择的研究中，我们也遇到了类似的问题。一些生物学家更进而认为，自然选择的作用单位不是个体，而是比个体更基本的基因，这就是引起很大争议的“自私的基因”假说。这个假说，在 20 世纪 80 年代发现自私的 DNA 及自私的基因之后被越来越多的人所接受。

在总结育种实践的经验和他自己的科学实验过程中，达尔文还逐步形成了人工选择学说。

达尔文在研究家畜和作物品种起源时，首先发现每一种家畜和作物都有许多品种，他认为不论品种有多少，不论它们之间的差异有多大，但这些品种都来自一个或少数几个野生种。如家鸽的品种很多（达尔文当时搜集的鸽子有 150 个品种），但它们都起源于一种，即野生的岩鸽；家鸡的品种很多，但都来源于共同的祖先，即野生的原鸡。不同的品种又是如何形成的呢？达尔文认为：家养生物的各种品种，是人类通过有意识的选择而创造出来的。所谓选择，就是人类根据自己的要求和爱好把符合条件的个体变异保存下来，并让它们传宗接代，把不符合要求的个体淘汰。通过遗传与变异的累积，逐渐形成各种品种。这样看来，新品种的形成包括三个因素：变异、遗传与选择。变异在这里起着提供材料的作用，没有变异就没有选择的原材料；选择保留了对人有利的变异，淘汰对人不利的变异，没有选择，就没有变异的定向发展；遗传起着保持巩固变异的作用，没有遗传，就没有变异的积累。

人工选择学说的建立对达尔文进一步探讨物种起源问题有很大的帮助，使他联想到，在自然界是否也有类似的选择过程呢？进一步的研究使达尔文确信：各物种的起源也是由于在自然界存在着同人工选择相似的选择过程。从而建立了自然选择学说。

1859 年成为划分科学史前后两个“世界”的界限。《物种起源》的出版使生物学发生了一场革命，意义重大，影响深远。

达尔文在《物种起源》中的主导思想，即“自然选择”，被当

做科学上的真理而为人们所接受。它有一切伟大的自然科学真理所具有的特征，变模糊为清晰，化复杂为简单，并且在旧有的知识上添加了很多新的内容。达尔文是本世纪、甚至是全部的博物学中最伟大的革命者。

第二十二位

焦　尔

（1818—1889）

英国著名物理学家

18 世纪，人们对热的本质研究走上了一条弯路，“热质说”在物理学史上统治了 100 多年。虽然曾有一些科学家对这种错误理论产生过怀疑，但人们一直没有办法解决热和功的关系问题，英国自学成才的物理学家詹姆斯·普雷斯科特·焦耳为最终解决这一问题指出了道路。

焦耳 1818 年 12 月 24 日生于英国曼彻斯特，他的父亲是一个酿酒厂厂主。焦耳自幼跟随父亲参加酿酒劳动，没有受过正规教育。青年时期，在别人的介绍下，焦耳认识了著名的化学家道尔顿。道尔顿给予焦耳热情的教导，焦耳向他虚心学习数学、哲学和化学，这些知识为焦耳后来的研究奠定了理论基础。道尔顿还教会了焦耳理论与实践相结合的科研方法，激发了焦耳对化学和物理的兴趣。

焦耳最初的研究方向是电磁机，他想将父亲的酿酒厂中应用的蒸汽机替换成电磁机以提高工作效率。1837 年，焦耳装成了用电池驱动的电磁机，但由于支持电磁机工作的电流来自锌电池，而锌的价格昂贵，因此用电磁机反而不如用蒸汽机划算。焦耳的最初目的虽然没有达到，但他从实验中发现电流可以做功，这激发了他进行深入研究的兴趣。

1840 年，焦耳把环形线圈放入盛水的试管内，测量不同电流强度和电阻下的水温。通过这一实验，他发现：导体在一定时间内放出的热量与导体的电阻及电流强度的平方之积成正比。四年之后，俄国物理学家楞次公布了他的大量实验结果，从而进一步验证了焦耳关于电流热效应之结论的正确性。因此，该定律称为焦耳-楞次定律。

焦耳总结出焦耳-楞次定律以后，进一步设想电池电流产生的热与电磁机的感生电流产生的热在本质上应该是一致的。1843年，焦耳设计了一个新实验。将一个小线圈绕在铁芯上，用电流计测量感生电流，把线圈放在盛水的容器中，测量水温以计算热量。这个电路是完全封闭的，没有外界电源供电，水温的升高只是机械能转化为电能、电能又转化为热的结果，整个过程不存在热质的转移。这一实验结果完全否定了热质说。

上述实验也使焦耳想到了机械功与热的联系，经过反复的实验、测量，焦耳终于测出了热功当量，但结果并不精确。1843 年 8 月 21 日在英国学术会上，焦耳报告了他的论文《论电磁的热效应和热的机械值》，他在报告中说 1 千卡的热量相当于 460 千克米的功。他的报告没有得到支持和强烈的反响，这时他意识到自己还需要进行更精确的实验。

1844 年，焦耳研究了空气在膨胀和压缩时的温度变化，他在这方面取得了许多成就。通过对气体分子运动速度与温度关系的研究，焦耳计算出了气体分子的热运动速度值，从理论上为波义耳-马略特和盖-吕萨克定律奠定了基础，并解释了气体对器壁压力的实质。焦耳在研究过程中的许多实验是和著名物理学家威廉·汤姆生（后来受封为开尔文勋爵，即 JJ·汤姆逊）共同完成的。在焦耳发表的 97 篇科学论文中有 20 篇是他们的合作成果。例如，当自由扩散气体从高压容器进入低压容器时，大多数气体和空气的温度都要下降，这一现象就是两人共同发现的。这一现象后来被称为焦耳-汤姆生效应。

无论是在实验上，还是在理论上，焦耳都是从分子动力学的立场出发进行深入研究的先驱者之一。

在从事这些研究的同时，焦耳没有间断对热功当量的测量。1847 年，焦耳做了迄今都被人们认为是设计思想最巧妙的实验：他在量热器里装了水，中间安上带有叶片的转轴，然后让下降重物带动叶片旋转，由于叶片和水的摩擦，水和量热器都变热了。根据重物下落高度，可以算出转化的机械功；根据量热器内水升高的温度，可以计算出水的内能的升高值。把两个数进行比较就可以求出热功当量准确值。

焦耳还用鲸鱼油代替水来做实验，测得了热功当量的平均值为 423.9 千克米/千卡。接着他又用水银来代替水，不断改进实验方法，直到 1878 年，这时距他开始进行这一工作已将近 40 年了，他前后用各种方法进行了 400 多次的实验。他在 1849 年用摩擦使水变热的方法所得的结果跟 1878 年的是相同的，即为 423.9 千克米/千卡。一个重要的物理常数的测定，能保持 30 年而不做较大的更正，这在物理学史上也是极为罕见的事。这个值当时被大家公认为是热功当量 J 的值，比现在 J 的公认值——427 千克米/千卡约小 0.7%。在当时的条件下，能做出这样精确的实验来，说明焦耳的实验技能是多么的高超！

然而，当焦耳在 1847 年的英国科学学会的会议上再次公布自己的研究成果时，他还是没有得到支持，很多科学家都怀疑他的结论，认为各种形式的能之间的转化是不可能的。直到 1850 年，其他一些科学家用不同的方法获得了能量守恒定律和能量转化定律，他们的结论和焦耳相同，这时焦耳的工作才得到承认。

1850 年，焦耳凭借他在物理学上作出的重要贡献成为英国皇家学会会员，当时他 32 岁。两年后他接受了皇家勋章。许多外国科学院也授予他很高的荣誉。虽然焦耳不断进行着他的实验测量工作，遗憾的是，他的科学创造性，特别是在物理概念方面的创造性，过早地就减少了。1875 年，英国科学协会委托他更精确地测量热功当量。他得到的结果是 4.15，非常接近目前采用的 1 卡＝4.184焦耳。1875 年，焦耳的经济状况大不如前。这位曾经富有过但却没有一定职位的人发现自己在经济上处于困境，幸而他的朋友帮他弄到一笔每年 200 英镑的养老金，使他得以维持中等的生活。55 岁时，他的健康状况恶化，研究工作减慢了。1878 年当他 60 岁时，焦耳发表了他的最后一篇论文。1878 年，焦耳退休。

焦耳活到了 71 岁。1889 年 10 月 11 日，焦耳在索福特逝世。后人为了纪念焦耳，把功和能的单位定为焦耳。

在去世前两年，焦耳对他的弟弟说，“我一生只做了两三件事，没有什么值得炫耀的。”相信对于大多数物理学家，他们只要能够做到这些小事中的一件也就会很满意了。焦耳的谦虚是非常真诚的。如果他知道了在威斯敏斯特教堂专门为他建造了纪念碑，并以他的名字命名能量单位，他将会感到惊奇的，虽然后人决不会感到惊奇。

第二十三位 巴斯德

（1822—1895）

法国微生物学家、化学家，近代微生物学的奠基人

像牛顿开辟出经典力学一样，巴斯德开辟了微生物领域，创立了一整套独特的微生物学研究基本理论和方法，因此他也是一位科学巨人。

巴斯德是一位法国制革工人、拿破仑军队退伍军人的儿子。巴斯德小时候家境贫困，但是他勤奋好学，再加上聪明伶俐，颇具艺术天分，很有可能成为一名画家。然而，他 19 岁时放弃绘画，一心投入到他喜欢的科学事业中。巴斯德一生进行了多项探索性的研究，取得了重大成果，是 19 世纪最有成就的科学家之一。他用一生的精力证明了三个科学问题：（1）每一种发酵作用都是由于一种微菌的发展。这位法国化学家发现用加热的方法可以杀灭那些让啤酒变苦的恼人的微生物。很快，“巴氏杀菌法”便应用在各种食物和饮料上。（2）每一种传染病都是一种微菌在生物体内的发展：由于发现并根除了一种侵害蚕卵的细菌，巴斯德拯救了法国的丝绸工业。（3）传染病的微菌，在特殊的培养下可以减轻毒力，使他们从病菌变成防病的疫苗。他意识到许多疾病均由微生物引起，于是建立起了细菌理论。

由于在理论和技术上的成就，巴斯德得到了社会的广泛重视，使他担任了里尔大学、巴黎师范大学教授和巴斯德研究所所长。

路易斯·巴斯德被世人称颂为“进入科学王国的最完美无缺的人”，他不仅是理论上的天才，还是个善于解决实际问题的人。他于 1843 年发表的两篇论文——《双晶现象研究》和《结晶形态》，开创了对物质光学性质的研究。1856—1860 年，他提出了以微生物代谢活动为基础的发酵本质新理论，1857 年发表的《关于乳酸发酵的记录》是微生物学界公认的经典论文。1880 年后又成功地研制出鸡霍乱疫苗、狂犬病疫苗等多种疫苗，其理论和免

疫法引起了医学实践的重大变革。此外，巴斯德的工作还成功地挽救了法国处于困境中的酿酒业、养蚕业和畜牧业。

人们常将巴斯德同英国医生爱德华·琴纳进行比较。琴纳发现了一种抵御天花的疫苗，而巴斯德的方法却可以用于防治很多种疾病。

1854 年 9 月，法国教育部委任巴斯德为里尔工学院院长兼化学系主任。他对酒精工业产生了兴趣，而制作酒精的一道重要工序就是发酵。当时里尔一家酒精制造工厂遇到技术问题，请求巴斯德帮助研究发酵过程，巴斯德深入工厂考察，把各种甜菜根汁和发酵中的液体带回实验室观察。经过多次实验，他发现，发酵液里有一种比酵母菌小得多的球状小体，它长大后就是酵母菌。过了不久，在菌体上长出芽体，芽体长大后脱落，又成为新的球状小体，在这不断循环的过程中，甜菜根汁就“发酵”了。巴斯德继续研究，弄清发酵时所产生的酒精和二氧化碳气体都是酵母使糖分解得来的。这个过程即使在没有氧的条件下也能发生，他认为发酵就是酵母的无氧呼吸并控制它们的生活条件，这是酿酒的关键环节。

巴斯德弄清了发酵的奥秘后非常重视这项理论和技术的推广应用。当时，法国的啤酒业在欧洲是很有名的，但啤酒常常会变酸，整桶芳香可口的啤酒，变成了酸得让人咧嘴的黏液，只得倒掉，这使酒商叫苦不迭，有的甚至因此而破产。1865 年，里尔一家酿酒厂厂主请求巴斯德帮助，看能否加进一种化学药品阻止啤酒变酸。

巴斯德答应研究这个问题，他在显微镜下观察，发现未变质的陈年葡萄酒和啤酒，其液体中都有一种圆球状的酵母细胞，当葡萄酒和啤酒变酸后，酒液里有一根根细棍似的乳酸杆菌，就是这种“坏蛋”在营养丰富的啤酒里繁殖，使啤酒“生病”。他把封闭的酒瓶放在铁丝篮子里，泡在水里加热到不同的温度，试图既杀死乳酸杆菌，又不把啤酒煮坏。经过反复多次的试验，他终于找到了一个简便有效的方法：只要把酒放在摄氏五六十度的环境里，保持半小时，就可杀死酒里的乳酸杆菌，这就是著名的“巴氏消毒法”，这个方法至今仍在使用，市场上出售的消毒牛奶就是用这种办法消毒的。

巴斯德在他的实验室里

当时，啤酒厂厂主不相信巴斯德的这种办法，巴斯德不急不恼，他对一些样品加热，另一些不加热，告诉厂主耐心地等上几个月，结果，经过加热的样品打开后酒味醇正，而没有加热的已经酸了。

巴斯德成为法国传奇般的人物时，法国南部的养蚕业正面临一场危机，一种病疫造成蚕的大量死亡，使南方的丝绸工业遭到严重打击。人们又向巴斯德求援，巴斯德的老师杜马也鼓励他挑起这副担子。

巴斯德想到法国每年因蚕病要损失 1 亿法郎时，他不再犹豫。作为一名科学家，他有责任拯救濒于毁灭的法国蚕业。巴斯德接受了农业部长的委派，于 1865 年只身前往法国南部的蚕业灾区阿莱。

蚕得的是一种神秘的怪病，让人看了心里非常不舒服，一只只病蚕常常抬着头，伸出有脚像猫爪似的要抓人；蚕身上长满棕黑的斑点，就像粘了一身胡椒粉。多数人称这种病为“胡椒病”，得了病的蚕，有的孵化出来不久就死了，有的挣扎着活到第 3 龄、第 4 龄后也挺不住了，最终难逃一死。极少数的蚕结成茧子，可钻出来的蚕蛾却残缺不全，它们的后代也是病蚕。当地的养蚕人想尽了一切办法，仍然治不好蚕病。

巴斯德用显微镜观察，发现病蚕身上有一种很小的、椭圆形的棕色微粒，是它感染了丝蚕以及饲养丝蚕的桑叶。巴斯德强调所有被感染的蚕及污染了的桑叶必须毁掉，必须用健康的丝蚕从头做起。为了证明“胡椒病”的传染性，他把桑叶刷上这种致病的微粒，健康的蚕吃了，立刻染上病。他还指出，放在蚕架上面格子里的蚕的病原体，可通过落下的蚕粪传染给下面格子里的蚕。

巴斯德还发现蚕的另一种疾病——肠管病。造成这种蚕病的细菌，寄生在蚕的肠管里，它使整条蚕发黑而死，尸体像气囊一样软，很容易腐烂。

巴斯德告诉人们消灭蚕病的方法很简单，就是通过检查淘汰病蛾，遏止病害的蔓延，不用病蛾的卵来孵蚕。这个办法挽救了法国的养蚕业。

巴斯德一生发明很多，对生物科学和医学作出了杰出的贡献。一次偶然的机遇，使他找到了克服鸡霍的灵丹妙药。鸡霍乱是一种传播迅速的瘟疫，来势异常凶猛，家庭饲养的鸡一旦染上鸡霍乱就会成批死亡。有时，人们看到有的鸡刚才还在四处觅食，过一会儿就忽然两腿发抖，随后便倒了下去，挣扎几下便一命呜呼了。有的农妇晚上在关鸡窝时，还在庆幸地看到鸡都活蹦乱跳的，但第二天就都死光了，横七竖八地躺在窝里。1880 年，法国农村流行着可怕的鸡霍乱，巴斯德决心克服这种瘟疫。

为了弄清鸡霍乱的病因，巴斯德以培养纯粹的鸡霍乱细菌作为突破口，他试用了好多种培养液，断定鸡肠是鸡霍乱病菌最适合的繁殖环境，传染的媒介则是鸡的粪便。他经过多次实验，但都失败了。茫然无序中，他只得放松一下，停下研究工作，休息一段时间。

休息几天以后，巴斯德又开始了研究实验，这时，他发现了“新大陆”。他用陈旧培养液给鸡接种，鸡却未受感染，好像这种霍乱菌对鸡失去了作用。这是怎么回事呢？巴斯德顺藤摸瓜，终于发现，因空气中氧气的作用，霍乱菌的毒性会日渐减弱。于是，他把几天的、1个月、2个月和3个月的菌液，分别注入健康的鸡体，做一组对比实验，鸡的死亡率分别是100％、80％、50％和10％。如果用更久的菌液注射，鸡虽然也可能得病，但却不会死亡。事情并未到此结束，他另用新鲜菌液给同一批鸡再次接种，使他惊奇的是，几乎所有接种过陈旧菌液的鸡都安然无恙，而未接种过陈旧菌液的鸡却死得净光。实践证明，凡是注射过低毒性的菌液的鸡，再给它注入毒性足以致死的鸡霍乱菌，它也具有抵抗力，病势轻微，甚至毫无影响。

预防鸡霍乱的方法找到了！巴斯德这一偶然的发现，导致了他对减弱病免疫法原理的确认，使他产生从事制造抗炭疽的疫苗的设想。虽然在他之前英国医生琴纳发明了牛痘接种法，但有意识地培养制造成功免疫疫苗，并广泛应用于预防多种疾病，巴斯德堪称第一人。

“意志、工作、成功，是人生的三大要素。意志将为你打开事业的大门；工作是入室的路径；这条路径的尽头，成功就在等待庆贺你努力的结果……只要有坚强的意志，努力的工作，必定有成功的那一天”，这是巴斯德关于成功的一段至理名言。

在他的一生中，对同分异构现象、发酵、细菌培养和疫苗等的研究取得了重大成就，从而奠定了工业微生物学和医学微生物学的基础，并开创了微生物生理学，被后人誉为“微生物学之父”。

巴斯德在化学领域的杰出成就，受到人们的重视并获得了荣誉。然而，他并未将自己的视线仅仅停留在化学领域，而是将实验化学的原理、技能等广泛地应用于发酵问题，从而开辟了人类科学历史的新纪元。

巴斯德把微生物发酵原理广泛应用于指导工业生产，开创了“微生物工程”，被人们尊称为“微生物工程学之父”。1868年10月，他患上脑出血，使他的身体左侧刺痛、麻木，最后失去活动能力。在这期间，他仍然口述了一份备忘录，论述他富有独创性的实验——如何检查发现刚刚感染到疾病的蚕卵，最终实验获得成功，使纯净的“种子”（即蚕卵）得以传遍整个欧洲和日本。多么令人感动的科研精神呀！正是有了这种精神，才使他成为伟大的微生物学家。

由于在科学上的卓越成就，他在整个欧洲享有很高的声誉，德国的波恩大学郑重地把名誉学位证书授予了这位赫赫有名的学者。但是，普法战争爆发后，德国强占了法国的领土，出于对自己祖国的深厚感情和对侵略者德国的极大憎恨，巴斯德毅然决然把名誉学位证书退还给波恩大学，他说：“科学虽没有国界，但科学家却有自己的祖国。”这掷地作响的话语，充分表达了一位科学家的爱国情怀，并因此而成为一句不朽的爱国名言。

第二十四位

开尔文

（1824—1907）

19世纪英国卓越的物理学家

1824年6月26日开尔文出生于爱尔兰的贝尔法斯特。他从小聪慧好学，10岁时就进格拉斯哥大学预科学习。17岁时，曾立志："科学领路到哪里，就在哪里攀登不息"。1845年毕业于剑桥大学，在大学学习期间曾获兰格勒奖金第二名，史密斯奖金第一名。毕业后他赴巴黎跟随物理学家和化学家V·勒尼奥从事实验工作，1846年受聘为格拉斯哥大学自然哲学（物理学当时的别名）教授，任职达53年之久。由于装设第一条大西洋海底电缆有功，英政府于1866年封他为爵士，并于1892年晋升为开尔文勋爵，开尔文这个名字就是由此而来开始的。他1890—1895年任伦敦皇家学会会长，1877年被选为法国科学院院士。1904年任格拉斯哥大学校长，1907年12月17日在苏格兰的内瑟霍尔逝世。

开尔文研究范围广泛，在热学、电磁学、流体力学、光学、地球物理、数学、工程应用等方面都做出了贡献。他一生发表论文多达600余篇，取得70种发明专利，他在当时科学界享有极高的名望，受到英国和欧美各国科学家、科学团体的推崇。他在热学、电磁学及它们的工程应用方面的研究最为出色。

开尔文是热力学的主要奠基人之一，在热力学的发展中作出了一系列的重大贡献。他根据盖·吕萨克、卡诺和克拉珀龙的理论于1848年创立了热力学温标。他指出："这个温标的特点是它完全不依赖于任何特殊物质的物理性质。"这是现代科学上的标准温标。他是热力学第二定律的两个主要奠基人之一（另一个是克劳修斯）。1851年他提出热力学第二定律："不可能从单一热源吸热使之完全变为有用功而不产生其他影响。"这是公认的热力学第二定律的标准说法。他指出：如果此定律不成立，就必须承认可以有一种永动机，它借助于使海水或土壤冷却而无限制地得到机械功，即所谓的第二种永动机。他从热力学第二定律断言，能量耗散是普遍的趋势。1852 年他与焦耳合作进一步研究气体的内能，对焦耳气体自由膨胀实验作了改进，进行气体膨胀的多孔塞实验，发现了焦耳-汤姆孙效应，即气体经多孔塞绝热膨胀后所引起的温度的变化现象。这一发现成为获得低温的主要方法之一，广泛地应用到低温技术中。1856 年他从理论研究上预言了一种新的温差电效应，即当电流在温度不均匀的导体中流过时，导体除产生不可逆的焦耳热之外，还要吸收或放出一定的热量（称为汤姆孙热），这一现象后称汤姆孙效应。

在电学方面，汤姆孙以极高明的技巧研究过各种不同类型的问题，从静电学到瞬变电流。他揭示了傅里叶热传导理论和势理论之间的相似性，讨论了法拉第关于电作用传播的概念，分析了振荡电路及由此产生的交变电流。他的文章影响了麦克斯韦，后者向他请教，希望能和他研究同一课题，并给了他极高的赞誉。

开尔文在电磁学理论和工程应用上研究成果卓著。1848 年他发明了电像法，这是解决计算一定形状导体电荷分布所产生的静电场问题的有效方法。他深入研究了莱顿瓶的放电振荡特性，于 1853 年发表了题为《莱顿瓶的振荡放电》的论文，推算了振荡的频率，为电磁振荡理论的研究作出了开拓性的贡献。他曾用数学方法对电磁场的性质做了有益的探讨，试图用数学公式把电力和磁力统一起来。1846 年便成功地完成了电力、磁力和电流的“力的活动影像法”，这已经是电磁场理论的雏形了（如果再前进一步，就会深入到电磁波问题）。他曾在日记中写道：“假使我能把物体对于电磁和电流有关的状态重新作一番更特殊的考察，我肯定会超出我现在所知道的范围，不过那当然是以后的事了。”他的伟大之处，在于他能把自己的全部研究成果，毫无保留地介绍给麦克斯韦，并鼓励麦克斯韦建立电磁现象的统一理论，为麦克斯韦最后完成电磁场理论奠定了基础。

他十分重视理论联系实际。1875 年预言了城市将采用电力照明，1879 年又提出了远距离输电的可能性。他的这些设想后来都得以实现。

1881 年他对电动机进行了改造，大大提高了电动机的实用价值。在电工仪器方面，他的主要贡献是建立了电磁量的精确单位标准和设计了各种精密的测量仪器。他发明了镜式电流计（大大提高了测量灵敏度）、双臂电桥、虹吸记录器（可自动记录电报信号）等，大大促进了电测量仪器的发展。根据他的建议，英国科学协会设立了一个电学标准委员会，为近代电学量的单位标准的确立奠定了基础。

他研究了电缆中信号传播情况，解决了长距离海底电缆通讯的一系列理论和技术问题。经过三次失败，历经两年多研究与试验，终于在 1858 年协助装设了第一条大西洋海底电缆，这是开尔文相当出名的一项工作。

基于他的实践经验和理论知识，开尔文感到迫切需要统一电学单位。但是电学测量却产生了全新的问题。高斯和韦伯奠定了绝对单位制的理论基础，“绝对”意味着它们与特定的物质或标准无关，仅取决于普适的物理定律。在绝对单位制中如何确定刻度，如何选择合适的倍数因子使它能方便地应用于工业，如何劝说科技界共同接受这一单位制，所有这一切都是重要并且困难的任务。1861 年英国科学协会任命一个委员会开始这项工作，汤姆孙是其中的一员。他们努力工作了许多年，一直到 1881 年，由汤姆孙和亥姆霍兹起主导作用的在巴黎召开的一次国际代表大会，和 1893 年，在芝加哥召开的另一次代表大会，才正式接受这一新的单位制，并采用伏特、安培、法拉和欧姆等作为电学单位，从此它们被普遍使用。然而，单位制的问题并未就此解决，后来的一些会议又改变了其中某些标准量的定义，它们的实际值也相应变动了，虽然这种变动非常小。

开尔文一生谦虚勤奋，意志坚强，不怕失败，百折不挠。在对待困难的问题上他讲：“我们都感到，对困难必须正视，不能回避；应当把它放在心里，希望能够解决它。无论如何，每个困难一定有解决的办法，虽然我们可能一生没有能找到。”他这种终生不懈地为科学事业奋斗的精神，永远为后人敬仰。1896 年在格拉斯哥大学庆祝他 50 周年教授生涯大会上，他说：“有两个字最能代表我 50 年内在科学研究上的奋斗，就是‘失败’两字。”这足以说明他的谦虚品德。为了纪念他在科学上的功绩，国际计量大会把热力学温标（即绝对温标）称为开尔文（开氏）温标，热力学温度以开尔文为单位，这是现在国际单位制中七个基本单位之一。

开尔文的一生非常成功，他是世界上最伟大的科学家之一。1907 年 12 月 17 日去世时，整个英国和全世界科学家都举行了哀悼。他的遗体被安葬在威斯敏斯特教堂牛顿墓的旁边。

第二十五位
麦克斯韦

（1831—1879）

继法拉第之后集电磁学大成的英国伟大科学家

詹姆斯·克拉克·麦克斯韦 1831 年 11 月 13 日生于苏格兰的爱丁堡。他自幼聪颖，父亲是个知识渊博的律师，使麦克斯韦从小受到良好的教育。10 岁时进入爱丁堡中学学习，粗露才华。1847 年进入爱丁堡大学学习数学和物理。1850 年转入剑桥大学三一学院数学系学习。1854 年以第二名的成绩获史密斯奖学金，毕业后留校任职两年。1856 年在苏格兰阿伯丁的马里沙耳任自然哲学教授。1860 年到伦敦国王学院任自然哲学和天文学教授。1861 年选为伦敦皇家学会会员。1865 年春辞去教职回到家乡系统地总结他关于电磁学的研究成果，完成了电磁场理论的经典巨著《论电和磁》，并于 1873 年出版。1871 年受聘为剑桥大学新设立的卡文迪什试验物理学教授，负责筹建著名的卡文迪什实验室，1874 年实验室建成后担任这个实验室的第一任主任，直到 1879 年 11 月 5 日在剑桥逝世。

在科学史上，一些重大的理论，常常要靠许多人前赴后继、不辞劳苦的努力，才能创立起来。19 世纪，导致物理学爆发一场革命的电磁理论的创立，就是这样的。从奥斯特、安培发现电流的磁效应开始，经过法拉第的奠基，到理论的最终完成，前后经历了半个多世纪。最后完成这个理论的人，正是英国杰出的数学家、物理学家詹姆斯·克拉克·麦克斯韦。

麦克斯韦比法拉第小 40 岁。1831 年 11 月 13 日，他生在苏格兰古都爱丁堡，跟电话发明家贝尔（1847—1922）是同乡。法拉第发现电磁感应恰好也在 1831 年，这一年就成了电学史上值得纪念的一年。

麦克斯韦的父亲约翰·克拉克·麦克斯韦，是个热衷于技术和建筑设计的律师，对麦克斯韦的一生影响很大。约翰·克拉克·麦克斯韦思想开通，讲究实际，非常能干。他在爱丁堡附近的乡下有座庄园，麦克斯韦的童年就是在这座庄园里度过的。这个孩子从小喜欢思考问题，很受父母宠爱。小家伙跟着父母出去玩，一张小嘴总要不停地提出各种各样的问题。沿途所见，从路边的桑树、脚下的石块，直到行人的穿着、表情，都成了他发问的内容。有些幼稚可笑的问题，常常把过路人也逗乐了。一次他们看见路旁停着一辆空马车，两岁的麦克斯韦突然问父亲："爸爸，你看那辆马车为什么不走呢?"父亲信口回答："它在休息。""它为什么要休息呢?""大约累了吧，"父亲敷衍说。"不，"儿子纠正说，"它是肚子痛!""不是肚子痛，是累了。""不是累了，是肚子痛!"儿子一口咬定。父亲忍不住笑了起来。后来，麦克斯韦稍大一点，提的问题更有意思了，比如"树木为什么向天上长"，"蚂蚁会不会说话"。有一天，麦克斯韦的姨妈给他带来一篮苹果。小家伙缠住她问："苹果为什么是红的?"姨妈被这个突然的问题难住了，一时不知道怎样回答才好。为了摆脱窘境，她就叫麦克斯韦去吹肥皂泡玩，谁知道这个主意更糟了。肥皂泡在阳光下呈现出美丽的五颜六色，使得麦克斯韦又惊又喜，向她提出了更多的关于颜色的问题。父亲见儿子对自然感兴趣，非常高兴，后来就带他去听爱丁堡皇家学会的科学讲座，当时他的个头还没有讲台高。约翰·克拉克·麦克斯韦本人是皇家学会的活跃分子，儿子跟随他经常出入科学界，受到不少熏陶。

麦克斯韦童年的欢乐是短暂的。他 8 岁那年，母亲患肺结核不幸去世。

母亲去世以后，麦克斯韦的父亲挑起了抚养、教育儿子的全部担子。他既是父亲，又兼做母亲，操了不少心。幼年丧母本来是不幸的，麦克斯韦失去母爱，性情渐渐变得孤僻、内向。他最大的快乐，是形影不离地跟着父亲走，给父亲当个小小的帮手。父子两人朝夕相处，相依为命，关系非常亲密。

麦克斯韦 10 岁那年，进了爱丁堡中学。他是在学期中间插班的，第一天上课就受到全班的嘲笑。几个调皮学生看到这个新来的同伴怯生、腼腆，就直向他扮鬼脸。由于麦克斯韦童年一直在父亲乡下的庄园里生活，讲话有很重的乡土音。当老师点名叫他回答问题的时候，他刚一开口就引起哄堂大笑。从此老师就很少提问他了。他的衣服全是父亲做的，与众不同。没料到，这些"奇装异服"给麦克斯韦招来了许多屈辱。他在班上成了一只名副其实的"丑小鸭"，处处被排挤，受讥笑。每次放学回家，他不是紧身服被人扯破，就是腰带不翼而飞。父亲看到这种情景，痛惜地摇摇头，决定取消这不走运的“服装改革”，儿子尽管眼泪汪汪，却顽强地要坚持穿到底，因为他相信父亲的设计是无可非议的，他不愿向暴力屈服。

麦克斯韦照样穿着父亲做的衣服进出课堂。他为了保持服装的整洁，常常要用拳头自卫。同学们发现这个新生并不是可以随便欺侮的，就有意孤立他。麦克斯韦本来就怕羞，现在更不愿意和大家往来了。在班里，面对着同学们的冷嘲热讽，他沉默着，但是却从来没有低过头。在忍无可忍的时候，他就用尖刻、辛辣的话来进行回击。下课以后，他总爱独自坐在树下读歌谣，画一些只有他自己才看得懂的图画。要不，他就一个人躲在教室的角落里，专心致志地演算父亲给他出的数学题。同班同学都不理解他，老师也认为他是个古怪的孩子。

就这样，麦克斯韦在冷眼中度过了中学的最初时光。谁也没有想到，到了中年级的时候出现了奇迹。一次学校里举行数学和诗歌比赛，评选结果揭晓的时候，爆了个大冷门：两个科目的一等奖都由同一个人获得。这个出类拔萃的少年不是别人，而是一向不被人看在眼里的麦克斯韦！这不但使全班同学惊奇得睁大了眼睛，连老师也感到意外。他们这才发现，这只灰色的“丑小鸭”原来是一只白天鹅。

这次比赛改变了麦克斯韦在班里的地位。优等生总是受崇拜的，再也没有谁取笑他的服装和说话的声音了，同学们开始尊敬他，向他请教疑难问题。麦克斯韦成为全校拔尖的学生，获得了许多奖励。麦克斯韦对数学、物理学有浓厚的兴趣，尤其喜欢数学。他的数学天赋，最早是父亲在无意中发现的。在麦克斯韦还只有几岁的时候，有一天，父亲叫他画插满金菊的花瓶。麦克斯韦画完交卷的时候，父亲拿过他的画，边看边笑了起来。因为满纸涂的都是几何图形：花瓶是梯形，菊花成了大大小小一簇圆圈，还有一些奇奇怪怪的三角，大概是表示叶子的。从这以后，父亲就开始教他几何学，后来又教他代数。于是，他和数学结下了不解之缘。因此，他在数学竞赛中夺得了冠军，绝不是偶然的。

麦克斯韦的数学才华，使他很快突破了课本的限制。他还没满15岁时，就写了一篇数学论文，发表在《爱丁堡皇家学会学报》上。一个最高学术机构的学报刊登孩子的论文，是非常罕见的，麦克斯韦的父亲为这件事感到自豪。论文的题目是讨论二次曲线的几何作图。据说这个问题，当时只有大数学家笛卡尔（1596—1650）曾经研究过。麦克斯韦的方法同笛卡尔的方法不但不雷同，而且还要简便些。当审定论文的教授确证了这一点的时候，都感到非常吃惊。1846 年 4 月，这篇论文在皇家学会上宣读。通常宣读论文的都是作者本人，这一次却不是，因为考虑到麦克斯韦实在太年轻了，论文是由一位教授代读的。

麦克斯韦不但是个少年科学家，而且还是个小诗人。有趣的是，历史上不少著名的科学家都能做诗。罗蒙诺索夫就常常把写诗当作消遣，他的颂歌很受叶卡捷琳娜女皇青睐。因为这个缘故，罗蒙诺索夫几次幸免于政治迫害。化学大师戴维也是一位诗歌高手，只是因为他在科学方面的成就非常大，他的诗歌创作才华被掩盖了。麦克斯韦的诗歌，成就虽然不及罗蒙诺索夫，却也自成一格。他的诗常被同学传抄、朗诵。麦克斯韦一生都没有放弃过写诗的爱好，不过，他却从来没有想过要当一个诗人。他的诗多半是即兴的作品，他常常在亲友们欢聚的时候给他们朗读自己的诗。诗的内容，有不少是科学题材。

麦克斯韦在中学时代，还喜欢玩陀螺。它类似我国儿童玩的那种陀螺，玩的时候用绳子不断地抽打，陀螺就不停地在地上旋转。据说他一生都爱玩陀螺，还教他的许多朋友玩过。另外，对一种叫做活动画筒的玩具，他也有强烈的兴趣。麦克斯韦的这两种爱好，不单纯是为了娱乐，主要还是为了探索科学的道理。这两种玩具的原理，后来都被他应用到科学上了。

1847 年秋天，16 岁的麦克斯韦中学毕业以后，考进了苏格兰最高学府爱丁堡大学，专门攻读数学和物理学。他是班上年纪最小的学生，座位在最前排，站队总是在最后，书包里揣着陀螺和诗集。这个前额饱满、两眼炯炯有神的小伙子，很快就引起了全班的注意。他不但考试名列前茅，而且经常对老师的讲课提出问题。有一次，他指出一位讲师讲的公式有错误。那个讲师起初不相信，回答说：“如果你的对了，我就把它称作麦氏公式!”讲师晚上回家一验算，果然是自己讲错了。

到大学二年级的时候，麦克斯韦掌握的知识已相当广泛了。除了学习必修的功课，他还开始自己搞研究，选题范围涉及光学、电化学和分子物理学三个领域。这对锻炼他独立思考的能力起了很好的作用。不久，他在《爱丁堡皇家学会学报》上又发表了两篇论文。一位赏识他的物理教授，还特许他单独在实验室做实验。

爱丁堡大学给麦克斯韦留下了良好的回忆。在这里，他获得了登上科学舞台所必需的基本训练。但是，三年以后，对麦克斯韦说来，这个摇篮显得狭小了。为了进一步深造，1850 年他在征得父亲的同意以后，离开了爱丁堡，转到人才辈出的剑桥大学学习。

剑桥大学创立于1209年，是英国首屈一指的高等学府，有优良的科学传统。牛顿曾经在这里工作过30多年，达尔文也是在这里毕业的。19岁的麦克斯韦初到剑桥大学，一切都觉得新鲜，他几乎每天都和父亲通信，报告自己的见闻、感想和学习收获。第二年，他由于考试成绩优异，获得了奖学金。当时，大学生大多数都是自费，获得奖学金的总是最勤奋的学生。按照规定，获得奖学金的学生都在一起吃饭，因此，麦克斯韦结识了一群有为的年轻人，他逐渐克服了少年时代的孤僻，活跃起来。不久，他加入了一个叫做“使徒社”的学术团体。这个团体又叫做“精选论文俱乐部”，专门评选学生中最优秀的论文。有意思的是，“使徒社”的名称是由《圣经》得来的。因为耶稣只有12个门徒，“使徒社”也只能由12个成员组成，所以整个剑桥大学每届只能有12个学生属于这个团体。这个团体实际上是一个小小的“皇家学会”，必须是最出类拔萃的学生才有资格参加。

这个时期，麦克斯韦专攻数学，读了大量的专著。他的学习方法，不像法拉第那样循序渐进，井井有条。他读书不大讲究系统性，有时为了钻研一个问题，他可以接连几周不管其他任何东西；有时，他有可能碰到什么就读什么，漫无边际，像一个性急的猎手，在数学领域里纵马驰骋。

课后，“使徒社”的成员们常在一起讨论各种问题。他们很欣赏麦克斯韦即兴创作的诗，但是要和他对话却很困难，因为麦克斯韦说起话来，和他读书一样，常常是天马行空，前言不搭后语，一个题目还没有讲完，他又跳到另一个题目上去了。他的思维过于敏捷，让人难以捉摸。再加上他还保持着小时候的习惯，喜欢突然提出一些奇怪的问题，比如“死甲虫为什么不导电呢?”“活猫和活狗摩擦可以生电吗?”就更使人反应不过来了。有一次，一位朋友同他到郊外散步。整个傍晚，大约都在讨论某道难题的解法，麦克斯韦不停地说着，对方生怕不能领会，听得很仔细，但是最后还是一句都没有听懂。麦克斯韦这种机枪式的讲授法，给他后来当教授带来不少困难。他一生都不被人理解，中学时候他的服装不被同学理解；大学时候他的语言不被人理解；到后来，他的学说也是很长时间不被人理解。尽管“话不投机”，社友们还是把他看做他们中间独一无二的人。麦克斯韦惊人的想象能力、闪电般的思维能力、讥诮的诗句，把社友们征服了。

这是一个奇才，需要名师指点，才能放出异彩。幸运的是，有个偶然的机会，麦克斯韦果然遇上了伯乐，那就是剑桥大学的教授、著名数学家霍普金斯。一天，霍普金斯到图书馆借书，他要的一本数学专著恰被人先借去了。一般学生是不可能读懂那本书的，教授有些诧异，向管理员询问借书人的名字，管理员回答说："麦克斯韦"。数学家找到麦克斯韦，看见年轻人正埋头做摘抄，笔记上涂得乱七八糟，毫无秩序。霍普金斯不由得对这个青年产生了兴趣，诙谐地说："小伙子，如果没有秩序，你永远成不了优秀的数学物理学家!"霍普金斯所说的数学物理学家，是指善于运用数学方法解决理论问题的物理学家，通常也称作理论物理学家，这需要在数学和物理学上都有很高的造诣。从这以后，麦克斯韦成了霍普金斯的研究生。

霍普金斯学问渊博，培养出了不少人才。例如，有多方面成就的威廉·汤姆生（就是著名的开尔文勋爵）和数学家斯托克斯(1819—1903)，都是他的门下。麦克斯韦在导师的指导下，首先克服了杂乱无章的学习方法。霍普金斯对他的每一个选题，每一步运算都要求得很严格。那时，麦克斯韦还参加了剑桥大学的斯托克斯讲座。斯托克斯比他大 12 岁，在数学和流体力学上都有建树，他在数学上的重要发现在科学史上也曾经有记载。经过两位优秀数学家的指教，麦克斯韦进步很快，不出三年就掌握了当时所有先进的数学方法，成了有为的青年数学家。霍普金斯对他的评价是："在我教过的全部学生中，毫无疑问，这是最杰出的一个!"

尤其重要的是，麦克斯韦不是一个抽象的数学家。这一点也要归功于他的老师。历来的数学家有两派，一派以古希腊的毕达哥拉斯为鼻祖，认为世界的本原就是抽象的数，数学决定一切；另一派以 17 世纪的笛卡尔为代表，他指出数学是客观事物的定量反映，也是一种知识工具。这位解析几何的创始人，曾经针对那些纯粹的数学家说："没有什么比埋头到空洞的数学和抽象的图形中更无聊的了。"这两种对立的态度，导致人们对数学持有两种不同的看法。一种把数学看成纯粹的符号，为数学而数学；另一种却把生动的物理学概念同数学结合起来，把数学当成研究物理学的手段。霍普金斯和斯托克斯都属于笛卡尔派。

麦克斯韦受到他们的直接影响，也很重视数学的作用。他一开始就把数学和物理学结合起来。这一点对他以后完成电磁理论，是很重要的。

1854 年，23 岁的麦克斯韦参加了数学学位考试。主考人是斯托克斯，题目涉及曲面积分和线积分，难度很大。事后大家才知道，那是斯托克斯刚发现的一个定理。这个定理后来对麦克斯韦的电学研究大有帮助。考试结果出来了，麦克斯韦获得了甲等数学优等生第二名。也就是这一年，他对电磁学产生了浓厚的兴趣。法国浪漫主义作家乔治·桑（1804—1876）说过："在抽剑向敌以前，必须练好剑术。"麦克斯韦现在掌握了过硬的数学本领，他是利器在手，只等冲锋了。

麦克斯韦毕业以后留在学校工作。起初，他研究的课题是光学里的色彩论。不久，他读到了法拉第的《电学实验研究》，马上被书中新颖的实验和见解吸引住了。当时学术界对法拉第的学说看法不一致，存在不少非议。主要原因是"超距作用"的传统观念影响还很深，旧的大厦动摇了，但是并没有倒塌；同时，也因为法拉第的学说在理论上还不够严谨。作为实验大师，法拉第有许多过人的地方，唯独数学功夫不够，他的创见都是用直观形式表达的。一般的理论物理学家都不承认法拉第的学说，认为它不过是一些实验记录。有个天文学家就公开宣称："谁要是在精确的超距作用和模糊不清的力线观念之间有所迟疑，谁就是对牛顿的亵渎!"在剑桥大学，学者们也有分歧。其中最有见识的要算威廉·汤姆生了。这位青年教授对电学很有研究，曾经多次向法拉第请教。在麦克斯韦毕业前一年，汤姆生发表了一篇题目是《瞬变电流》的论文，指出莱顿瓶的放电有振荡性质。麦克斯韦见到论文后十分佩服，他特地写信给汤姆生，请求他告诉自己一些研究电学的方法。汤姆生比麦克斯韦大 7 岁，他后来没有能够把电磁研究坚持到底。但是，他对麦克斯韦却有不少帮助。麦克斯韦在给父亲的信里曾经高兴地谈到，汤姆生很乐意指教他。

麦克斯韦受这位先行者的启示，相信法拉第的学说中包含着真理。他在认真研究了法拉第的著作后，省悟出力线思想的宝贵价值，也看到了法拉第定性表述的弱点。这个初出茅庐的青年科学家决心用数学来弥补这一点。

一年以后，24 岁的麦克斯韦发表了《论法拉第的力线》，这是他第一篇关于电磁学的论文。在论文中，麦克斯韦通过数学方法，把电流周围存在力线这个现象，概括为一个高等数学里的矢量微分方程。根据这个方程，每一股电流都产生一条环状磁力线。这一年（1855），恰好法拉第结束了长达 30 多年的电学研究，他在科学笔记里写下了最后一个编号：5430。真是"芳林新叶催陈叶，流水前波让后波"，麦克斯韦接过了这位伟大先驱者的火炬，开始向电磁领域的纵深挺进。

《论法拉第的力线》这篇论文，虽然基本上只是对法拉第力线概念的数学"翻译"，但却是十分重要的一步。因为麦克斯韦一开始就使用了数学方法，而且选定了法拉第学说的精髓——力线思想，当做自己研究的起点。这表明麦克斯韦的科学洞察力确实不是一帆风顺的。他认准了主攻方向，就坚定不移地研究下去。他后来的一系列论文，步步深入，都是沿着这条正确道路走的。这一点，是他比汤姆生高明的地方。汤姆生已经走到真理的边缘，却迟疑不前；麦克斯韦抓住了真理，就锲而不舍。所以麦克斯韦尽管起步比较迟，却第一个登上了光辉的顶峰。

科学的道路总是不平坦的。正当麦克斯韦的研究很有希望的时候，一桩不幸的事情打断了他的计划。一天，他正在埋头研究几篇新近的电学资料，邮递员送来一封家信。他拿到信，一眼看出不是父亲的笔迹，心头不由一惊。他许久以来担心的事情终于发生了。父亲年老体弱，健康恶化，突然病倒在床。那封信是父亲请别人代写的。麦克斯韦读完信后，心里十分焦虑和难过。他对父亲的感情是非常深厚的。从幼年起，父亲就是他的良师益友，也是整个家庭的支柱。十几年来，他们朝夕相处，十分融洽。麦克斯韦离家求学以后，他们几乎每天通信，交换各种科学思想和对社会的见解，也畅谈有趣的日常生活。

为了照顾父亲，麦克斯韦只得离开剑桥大学，到离家比较近的阿伯丁工作。阿伯丁是英国北部的一个海港，那里的一所学院答应让麦克斯韦担任自然哲学讲师，可是需要等一段时间。麦克斯韦整夜守在父亲床前，尽力减轻老人的病痛。但是不论他怎样小心伺候，还是没有挡住死神的降临。1856 年春天快要到来的时候，父亲终于离开了人间。这在麦克斯韦生活中，无疑是不可弥补的损失。他悲痛的心情久久不能平息。

不久，阿伯丁的马锐斯凯尔学院正式聘请他当自然哲学教授，麦克斯韦在就职以前，回到剑桥大学办理一些事务，停留了好几个月。他当时的心情很矛盾。对于母校，他是留恋的，而且父亲已经去世，他留在阿伯丁的意义也不大了，更主要的是他的电磁研究刚刚开始，他不知道在阿伯丁有没有合适的研究条件。但是，马锐斯凯尔学院已经给他下了聘书，据说院长很赏识他，他不好推脱，只得上任了。这一去，他的电磁研究竟推迟了 4 年。

1860 年初夏，马锐斯凯尔学院的物理学讲座由于某种原因停办了。28 岁的麦克斯韦离开阿伯丁港，到伦敦皇家学院去任教，他的妻子也随同前往。这次工作调动，是麦克斯韦一生事业的转折点。

在这以前，还有一段小小的插曲。麦克斯韦最初的母校爱丁堡大学，也要聘请一个自然哲学教授。他开始是准备去那里的。

应选的一共有三个人，另外两个是他在剑桥大学的同学，其中一个还是中学的同学。三个人里究竟应该取谁，当局决定通过考试来决定。要是论学问，麦克斯韦稳拿第一，但是比口才，他吃亏了。考试结果，麦克斯韦名列最后，连主考人对他的讲课能力都表示怀疑。当时一家爱丁堡杂志评论这件事时，也很替他惋惜。俗话说："塞翁失马，焉知非福"，麦克斯韦没有被爱丁堡大学选中，自然是件憾事，但是他却转到了皇家学院，完成了一生中最重要的贡献。

麦克斯韦在阿伯丁的 4 年时间里，一直怀着一桩心事，就是想用数学工具表达法拉第的学说。他的这个愿望，在 1855 年只开了个头就搁下了。就是在研究土星的苦战中，只要见到有关电磁学方面的文章，也都会引起他密切的关注。他经常给法拉第写信，探索电磁的奥秘。他的案头一直摆着《电学实验研究》，每次打开这部辉煌的巨著，他的情绪就十分激动。法拉第——这位他当时还没有见过的伟人，给物理学描绘了一幅多么形象的图画啊！电、磁、光、力线、波动……在它们背后隐藏着什么规律呢？

麦克斯韦到伦敦以后特地拜访了法拉第。这是一次难忘的会面。青年物理学家递上名片，不一会儿，法拉第面带微笑地走了出来。这位实验大师已经年近七旬，两鬓斑白。他同麦克斯韦一见如故，亲切地交谈起来。

这两位伟人，他们不但在年龄上相差 40 岁，而且在性格、爱好、特长等方面也迥然不同，可是他们在对物质世界的看法上却产生了共鸣。这真是奇妙的结合：法拉第快活、和蔼，麦克斯韦严肃、机智；老师是一团温暖的火，学生像一把锋利的剑；麦克斯韦不善于辞令，法拉第演讲起来却是娓娓动听；一个不精通数学，另一个却对数学运用自如。两个人的科学方法也恰好相反：法拉第主要是实验探索，麦克斯韦却擅长理论概括。可以说，他们在许多方面是互相补充的。爱因斯坦曾经把他们称作一对，说他们就像伽利略和牛顿一样，相辅相成。麦克斯韦自己也谈到过这一点："因为人的心灵各有它不同的类型，科学的真理也就应该用种种不同的形式表现，不管它是用具有生动的物理学色彩的定性形式出现，还是用朴素无华的一种符号表示出现，它都应该被当做是同样科学的。"这话自然是对的，字里行间流露出对法拉第的尊敬。不过，运用不同的科学方法，发掘科学的深度常常不同。法拉第用直观而形象的方式表达的真理，麦克斯韦可以用惊人的数学把它总结出来，并且提到理论的高度，所以他的认识就更深刻，更透入事物的本质，因此更带有普遍性。

4 年以前，法拉第曾经称赞过《论法拉第的力线》这篇论文，他没有料到论文的作者竟这样年轻。当麦克斯韦征求他对论文的看法时，法拉第说：“我不认为自己的学说一定是真理，但是你是真正理解它的人。”

“先生能给我指出论文的缺点吗?”麦克斯韦谦虚地说。

“这是一篇出色的论文。”法拉第沉思地说，“但是，你不应该停留在用数学来解释我的观点，你应该突破它!”

法拉第的话像一盏明灯，照亮了青年物理学家麦克斯韦前进的道路。他马上用最大的热情投入新的战斗。

他设计了一个理论模型，试图对法拉第的力线观念作进一步探讨。这个模型完全建立在机械结构的类比上，有人称它是“以太模型”，现在看上去既枯燥又很不好懂。一位英国现代科学史家，用了整页篇幅也没有说清楚。事实上，麦克斯韦在晚期的著作里也舍弃了这个模型。奇怪的是，麦克斯韦竟把它当做跳板，成功地登上了真理的彼岸。

在讨论以太模型的时候，麦克斯韦对自己发现的一个重要事实引起了极大的注意。他分析了法拉第对电介质的研究以后，确认在电场变化着的电介质中，也存在电流，他把这称作“位移电流”。另外，他还计算出这种电流的速度。麦克斯韦惊奇地发现：位移电流的速度恰好等于光速！这是巧合吗？天下哪有这样的巧事。他兴奋得几天都没有睡好觉，妻子帮他仔细核对了好几遍，数据确实没有差错。这意味着他计算出了电磁波的传播速度同光速是相等的。这是个非常了不起的发现，尽管他当时还没有完全意识到这一点。几天后，他写信给法拉第报告了这个结果。他在信里说，他计算出的电磁波的传播速度是“每秒 310740 公里”，而“12 年以前菲索（1819—1896）用直接实验测定的光速，却是每秒 314858 公里!”信寄出的时间是 1861 年 10 月 19 日。法拉第有没有给他回信，史料上没有记载。但是毫无疑问，正是这个发现，促使麦克斯韦 4 年以后断定光就是电磁波。

1862 年，麦克斯韦在英国《哲学杂志》第 4 卷 23 期上，发表了第二篇电磁学论文《论物理学的力线》。文章一刊登，立刻引起了广泛的关注。英国著名物理学家、电子的发现人约瑟夫·汤姆逊后来回忆说：“我到现在还清晰地记得那篇论文。当时，我还是一个 18 岁的孩子，一读到它，我就兴奋极了！那是一篇非常长的文章，我竟把它全部抄下来了。”

这的确是一篇划时代的论文，它同 1855 年的《论法拉第的力线》相比，有了质的飞跃。论文不再是法拉第观点的单纯数学翻译，而是作了重大的引申和发展。其中具有决定意义的一步，是引进了“位移电流”的概念。这以前，包括法拉第在内，人们讨论电流产生磁场的时候，指的总是传导电流，也就是在导体中自由电子运动所形成的电流。麦克斯韦在研究中感到这个旧概念存在很大的矛盾。比如在连接交变电源的电容器中，电介质里并不存在自由电荷，也就是没有传导电流，但是磁场却同样存在。麦克斯韦经过反复思考和分析，毅然指出，这里的磁场是由另一种类型的电流形成的，这种电流在任何电场变化着的电介质中都存在，它和传导电流一起，形成了闭合的总电流。麦克斯韦通过严密的数学推导，求出了表示这种电流的方程式，并把它称作位移电流。

从理论上引出位移电流的概念，实在是电磁学上继法拉第电磁感应以后的一项重大突破。根据这个科学假设，麦克斯韦推导出两个高度抽象的微分方程式（方程式直到 1865 年才最后完善），这就是著名的麦克斯韦方程式。这组方程式从两方面发展了法拉第的成就：一是位移电流，它表明不但变化着的磁场产生电场，而且变化着的电场也产生磁场；二是方程式不但完满地解释了电磁感应现象，而且还在理论上进行了总结。即凡是有磁场变化的地方，它的周围不管是导体或者电介质，都有感应电场存在。经过麦克斯韦创造性的总结，电磁现象的规律，终于被他用不可动摇的数学形式揭示出来。电磁学到这时才开始成为一种科学的理论。

在自然科学史上，只有当某一种科学达到了高峰，才可能用数学表示成定律形式。这些定律不但能够解释已知的物理现象，而且还可以揭示出某些还没有发现的东西。正像牛顿的万有引力定律预见了海王星一样，麦克斯韦在《论物理学的力线》中，预见了电磁波的存在。他指出，既然交变的电场会产生交变的磁场，交变的磁场又会产生交变的电场，那么，这种交变的电磁场就会用波的形式向空间散布开去。当时，麦克斯韦才 31 岁，这是他一生中最辉煌的一年。

麦克斯韦继续向电磁学领域深度进军。1865 年，他发表了第三篇电磁学论文《电磁场动力学》。论文发表在《伦敦皇家学会学报》上。在这篇重要文献中，麦克斯韦方程的形式更完善了。他采用法国数学家、力学家拉格朗日（1736—1813）和爱尔兰数学家、物理学家哈密顿（1805—1865）创立的数学方法，由那组方程式直接推导出了电场和磁场的波动方程，电磁波的传播速度根据那个波动方程的系数计算，正好等于光速！这同麦克斯韦 4 年以前推算的那个比值完全一样。直到这个时候，电磁波的存在才被证明是确定无疑的了！因此，他大胆断定，光也是一种电磁波。法拉第当年关于光的电磁理论的朦胧猜想，就这样由麦克斯韦变成了科学的理论。法拉第和麦克斯韦的名字，从此联系在一起，就跟伽利略和牛顿的名字一样，在物理学上永放光彩。

麦克斯韦在伦敦皇家学院总共任教 5 年，这 5 年是他一生中的多产时期。除了建立电磁理论以外，他在分子物理学、气体动力学上也都有贡献。

1865 年，麦克斯韦正式宣布光的电磁学后不久，就辞去皇家学院的教席，回到他的家乡格伦莱庄园系统地总结研究成果，撰写电磁学专著。经过几年艰苦工作，他写的《电磁学通论》终于在 1873 年问世。这是一部电磁理论的经典著作，麦克斯韦系统地总结了 19 世纪中叶前后，库仑、安培、奥斯特、法拉第和他本人对电磁现象的研究成果，建立了完整的电磁理论。这部巨著的重大意义，完全可以同牛顿的《数学原理》（力学）和达尔文的《物种起源》（生物学、数学）相比较，它也是人类智慧的结晶。

电磁理论的宏伟大厦，经过几代人的努力，巍然矗立起来了！《电磁学通论》的出版成了当时物理学界的一件大事。当时麦克斯韦已经回到剑桥大学任教，他的朋友和学生对这部书已经期待很久了。人们争先恐后地到书店里去购买，第一版几天就卖完了。

《电磁学通论》虽然一抢而空，但是真正读懂的人却寥寥无几。不久，就听到有人批评它艰深难懂。当然，高度抽象的麦克斯韦微分方程，毕竟不像 2×2＝4 那么简单。单是两个公式、几个数学符号，就包罗了电荷、电流、电磁、光等自然界一切电磁现象的规律，这在一般人看来，确实是不可思议的。另外，还有一个更主要的原因，就是从麦克斯韦宣布他的理论以后，一直没有人发现电磁波。而能否证明电磁波的存在，是检验麦克斯韦理论的关键。因此许多物理学家都抱着怀疑的态度。就连从前热情鼓励麦克斯韦的威廉·汤姆生，也不敢肯定麦克斯韦的预言是否可靠。

麦克斯韦的电磁理论，在物理学上有划时代的意义。遗憾的是，麦克斯韦本人没有证实自己的理论（在一定程度上可以说是“没有去证实”）。这有客观原因，也有主观原因。由于环境和工作条件的限制，麦克斯韦一直没有更多的机会从事电磁实验。热力学和分子物理学的研究，耗去了他大部分时间和精力。再有，他主要是个理论物理学家。就像他的学生弗莱明（1849—1945）后来所说的那样，“他从理论上预言了电磁波的存在，但是好像从来没有想到过要用什么实验去证明它。”法拉第一辈子都没有离开过实验，可以说没有实验就没有法拉第。而麦克斯韦恰好相反，他只是在伦敦的5年里进行了一些有限的实验，而且多半是气体动力学方面的。他的寓所，靠近屋顶的地方有一间狭长的阁楼，那就是他的实验室。他的妻子常常给他当助手，生火炉，调节室内温度，那里条件相当简陋。后来在皇家学院实验室里，他做过一些电学实验，但也多只是测定标准电阻这一类工作。《电磁学通论》完成以后，麦克斯韦又忙着筹建卡文迪许实验室，整理卡文迪许（1731—1810）的遗著。

由于以上这些原因，电磁理论问世以后，在相当长的时间里没有得到承认。最初只有剑桥大学的一些青年物理学家支持它。许多人，包括一批有威望的科学家，对还没有被证明的新理论，都采取观望态度。劳厄（1879—1960）在《物理学史》中曾经这样评论说：“尽管麦克斯韦理论具有内在的完美性，并且和一切经验相符合，但是只能逐渐地被物理学家们接受。它的思想太不平常了，甚至像赫尔姆霍茨和波尔茨曼（1844—1906）这样有异常才能的人，为了理解它也花了几年的力气。”

几个春秋过去了，麦克斯韦把他的心血默默地献给了卡文迪许实验室。这座实验室在1872年破土，到1874年完工。修建经费是一位鼓励科学的公爵捐赠的。为了增添仪器，麦克斯韦也拿出了自己不多的积蓄。在整个筹建过程中，从设计、施工、仪器购置，直到大门上的题词，麦克斯韦都要亲自过问。它是实验室的创建人，也是第一任主任。后来相继接替他的是瑞利（1842—1919）和约瑟夫·汤姆逊，以及卢瑟福（1871—1937），他们都是世界第一流的物理学家。这座实验室开花结果的时期在20世纪。大批优秀的科学人才，尤其是原子能物理方面的人才，都是从这里培养出来的。

麦克斯韦最后几年的主要工作，是整理卡文迪许留下的大量资料。这项由公爵委托给他的任务，工作相当繁重。卡文迪许是18世纪一位性情怪僻的英国著名物理学家和化学家。他曾经发现氢气，确定了水的化学组成，第一个计算出地球的质量，同时在静电学上也很有研究。他终身未娶，为人腼腆，喜欢离群索居，死后留下20多扎没有发表的科学手稿，大多涉及数学和电学，其中不少很有价值的东西被埋没了几乎半个世纪。整理这些资料是一件非常细致而困难的工作，麦克斯韦为了完成这项工作，作出了很大的牺牲：他放弃了自己的研究，耗尽了精力。

除了卡文迪许实验室的日常事务以外，麦克斯韦每学期都要主讲一门课，内容是电磁学或者热力学。他在讲台上热情地宣传电磁理论，推广新学说，可惜听众不多。他本来就不善于讲演，更何况电磁理论是那样的高深，同传统的物理学大相径庭。1878年5月，他举行了一次有关电话的科普讲演。电话在当时还是新事物，刚刚破土而出。1875年贝尔发明电话，第二年取得专利，1877年爱迪生公布阻抗式送话器。这些人类电信史上的新发明，引起了麦克斯韦莫大的兴趣。可能，他当时已经预感到，他的理论总有一天会给这些发明插上双翅，传遍全球。

麦克斯韦后期的生活充满了烦恼。他的学说没有人理解，妻子又久病不愈。这双重的不幸，压得他筋疲力尽。妻子生病以后，整个家庭生活的秩序都乱了。麦克斯韦对妻子一向体贴入微，为了看护妻子，他曾经整整三个星期没有在床上睡过觉。尽管这样，他的讲演，他的实验室工作，却从来没有中断过。过分的焦虑和劳累，终于损害了他的健康。同事们注意到这位无私的科学家在渐渐地消瘦下去，面色也越来越苍白。但是，他还是那样顽强地工作。

1879年是麦克斯韦生命的最后一年。这一年的春天来得很晚，也格外冷。他的健康明显恶化，但是他仍然坚持不懈地宣传电磁理论。这时，他的讲座只有两个听众。一个是美国来的研究生，另一个就是后来发明电子管的弗莱明。这是一幕多么令人感叹的情景啊！空旷的阶梯教室里，只在头排坐着两个学生。麦克斯韦夹着讲义，照样步履坚定地走上讲台，他面孔消瘦，目光闪烁，表情严肃而庄重。仿佛他不是在向两个听众，而是在向全世界解释自己的理论。

1879年11月5日，麦克斯韦患癌症去世，终年只有49岁。物理学史上一颗可以同牛顿交相辉映的明星陨落了。他正当壮年就不幸夭折，这是非常可惜的。他的理论为近代科学技术开辟了一条崭新的道路，可是他的功绩，在他活着的时候却没有得到人们重视。麦克斯韦的一生，是叱咤风云的一生，也是自我牺牲的一生。这位科学巨匠生前的荣誉远远不及法拉第，直到他死后许多年，在赫兹证明了电磁波存在以后人们才意识到，并且公认他是“牛顿以后世界上最伟大的数学物理学家”。

第二十六位
诺贝尔
（1833—1896）

瑞典化学家、发明家、企业家

诺贝尔，曾拥有 Bofors 军工厂，主要生产军火；还曾拥有一座钢铁厂。在他的遗嘱中，他利用自己的巨大财富创立了诺贝尔奖，各种诺贝尔奖项均以他的名字命名。人造元素锘（Nobelium）就是以诺贝尔命名的。

1833 年 10 月 21 日诺贝尔出生于斯德哥尔摩。母亲是以发现淋巴管而成为著名的瑞典博物学家的鲁德贝克的后裔。诺贝尔从父亲伊曼纽尔·诺贝尔那里学习了工程学基础，也像父亲一样具有发明才能。诺贝尔一家于 1842 年离开斯德哥尔摩同当时正在圣彼得堡的父亲团聚。

诺贝尔的父亲伊曼纽尔·诺贝尔是位发明家，在俄国拥有大型机械工厂。1840—1859 年，其父在圣彼得堡从事大规模水雷生产，这些水雷及其他武器曾用于克里米亚战争。他发明了家用取暖的锅炉系统，设计了一种制造木轮的机器，设计制造了大锻锤，改造了工厂设备。1853 年 5 月，沙皇尼古拉一世为了表彰伊曼纽尔·诺贝尔的功绩，破例授予他勋章。在父亲永不停息的创造精神的影响和引导下，诺贝尔走上了光辉灿烂的科学发明道路。

诺贝尔从小主要受家庭教师的教育，16 岁就成为有能力的化学家，能流利地说英、法、德、俄、瑞典等国家语言。1850 年离开俄国赴巴黎学习化学，一年后又赴美国，在 J·埃里克森（铁甲舰“蒙尼陀”号的建造者）的指导下工作了 4 年。返回圣彼得堡后，他在父亲的工厂里工作，直到 1859 年该工厂破产为止。重返瑞典以后，诺贝尔开始制造液体炸药硝化甘油。在 1864 年，这种炸药投产后不久工厂发生爆炸，诺贝尔最小的弟弟埃米尔和另外 4 人被炸死。由于危险太大，瑞典政府禁止重建这座工厂，被认为是“科学疯子”的诺贝尔，只好在湖面的一只船上进行实验，寻求减小搬动硝化甘油时发生危险的方法。在一次偶然的机会，他发现：硝化甘油可以被干燥的硅藻土所吸附；这种混合物可以安全运输。上述发现使他得以改进黄色炸药和必要的雷管。黄色炸药在英国（1867年）和美国（1868年）取得专利之后，诺贝尔进而实验并研制成一种威力更大的同一类型的炸药爆炸胶，于1876年取得专利。大约10年后，又研制出最早的硝化甘油无烟火药弹道炸药。他曾要求弹道炸药的专利权要包括柯达炸药，但遭到法庭否决。诺贝尔在全世界都有炸药制造业的股份，加上他在俄国巴库油田的产权，其所拥有的财富是巨大的，他因此不得不在世界各地不停地奔波。诺贝尔本质上是一位和平主义者，希望自己发明的破坏性炸药有助于消灭战争，但他对人类和国家的看法是悲观主义的。

诺贝尔对文学有长期的爱好，在青年时代曾用英文写过一些诗。后人还在他的遗稿中发现他写的一部小说的开端。他对各种人道主义和科学的慈善事业捐款十分慷慨，把大部分财产都交付给了信托，设立了后来成为国际最高荣誉的奖项——诺贝尔奖，即和平、文学、物理学、化学、生理学或医学共5项诺贝尔奖（其中，诺贝尔经济学奖是瑞典国家银行在1968年提供资金增设的）。

诺贝尔一生未婚，没有子女。一生的大部分时间忍受着疾病的折磨。他生前有两句名言：“我更关心生者的肚皮，而不是以纪念碑的形式对死者的缅怀。”“我看不出我应得到任何荣誉，我对此也没有兴趣。”

1896年12月10日诺贝尔在意大利的桑利玛去世，终年63岁。诺贝尔的墓碑是一座高约3米的灰色尖顶石碑，看上去很普通。石碑正面刻有“nobel”几个金字和诺贝尔的生卒年月，墓碑两侧刻有诺贝尔4位亲人的名字和生卒。墓碑右侧的地上，插着编号牌：170/1678。周围是10棵一人多高的柏树。碑上没有诺贝尔的肖像（据说诺贝尔生前只有一张画像），没有浮华的雕饰，没有关于他在人类历史上写下的辉煌！每一个知道诺贝尔的人，站在他的墓前，都会感到这种朴素带给人的心灵震撼。

第二十七位 门捷列夫

（1834—1907）

俄罗斯著名化学家

1907年1月27日，俄国首都彼得堡寒风凛冽，太阳黯淡无光，寒暑表上的水银柱降到零下20多度，街上到处点着蒙有黑纱的灯笼，显出一派悲哀的气氛。几万人的送葬队伍在街上缓缓移动着，在队伍的最前头，既不是花圈，也不是遗像，而是由十几个青年学生扛着的一块大木牌，上面画着好多方格，方格里写着"C"、"O"、"Fe"、"Zn"等元素符号。

原来，死者是著名的俄国化学家门捷列夫，木牌上画着好多方格的表是化学元素周期表——门捷列夫对化学的主要贡献。

门捷列夫生于一位有17个子女的中学校长家庭，他排行十四。出生刚数月，父亲突然双目失明，接着又丢掉了校长的职务。微薄的退休金难以维持生计，全家搬进附近的一个村子里，因为舅舅在那里经营一个小型玻璃厂。工人们熔炼和加工玻璃的场景，对他以后从事与烧杯、烧瓶打交道的化学研究产生很大影响。1841年秋，不满7周岁的门捷列夫和十几岁的哥哥一起考进市中学，这在当地轰动一时。不幸总爱跟随贫苦人家，门捷列夫13岁时父亲去世，14岁时工厂遭火灾化为灰烬，母亲只好再次搬家，将成年的女儿们嫁出去，让两个儿子参加工作。1849年春，门捷列夫中学毕业，母亲变卖家产，一心想让小儿子上大学。在父亲的一位朋友的帮助下，门捷列夫进入彼得堡师范学院物理系。只用了一年，就成为优等生。紧张学习之余，还撰写科学简评，得到了少量稿费。这时他已经失去任何经济支持，舅舅和母亲相继去世。1854年，他大学毕业并荣获学院的金质奖章，23岁成为副教授，31岁成为教授。

使他获得最初声望的是《有机化学》，为了写这本书，他几乎

2个月没离开过书桌。年过七旬后，积劳成疾，竟双目半盲。每天从清晨工作到傍晚，晚饭后继续工作到深夜。他是在书桌前死去的，去世时手里还握着笔。1869年（门捷列夫时年35岁）元素周期律的发现使他名声大噪，好多外国科学院纷纷聘请他为名誉院士。一次，有个记者问他是怎样想出周期律的，门捷列夫听了大笑："这个问题我考虑了20年之久，而您却认为我坐着不动，5个戈比1行、5个戈比1行地排列着，突然就成功了？"

诚然，我们应该永远铭记门捷列夫的格言："什么是天才？终身努力，便成天才！"

攀登科学高峰的路，艰苦而又曲折。门捷列夫在这条路上，也是吃尽了苦头。当他担任化学副教授以后，负责讲授《化学基础》课。在理论化学里应该指出自然界到底有多少元素，元素之间有什么异同和存在什么内部联系，新的元素应该怎样去发现。但当时的化学界正处在探索阶段。几十年来，各国的化学家们，为了打开这秘密的大门，进行了顽强的努力。虽然有些化学家如德贝莱纳和纽兰兹在一定深度和不同角度客观地叙述了元素间的某些联系，但由于他们没有把所有元素作为整体来概括，所以没有找到元素的正确分类原则。年轻的学者门捷列夫也毫无畏惧地冲进了这个领域，开始了艰难的探索工作。

他不分昼夜地研究着，探求元素的化学特性和它们的原子特性，然后将每个元素记在一张纸卡片上。他试图在元素的复杂特性里捕捉元素的共同性。但是他的研究，一次又一次地失败了。可他不屈服，不灰心，坚持干下去。

为了彻底解决这个问题，他走出实验室，开始出外考察和收集整理资料。1859年，他去德国海德尔堡进行科学深造。两年中，他集中精力研究了物理化学，这使他探索元素间内在联系的基础更扎实。1862年，他对巴库油田进行了考察，对液体进行了深入研究，还重测了一些元素的原子量，从而对元素的特性有了深刻的了解。1867年，他借应邀参加在法国举行的世界工业展览俄罗斯陈列馆工作的机会，参观和考察了法国、德国、比利时的许多化工厂、实验室，大开了眼界，丰富了知识。这些实践活动，不仅增长了他认识自然的才干，而且对他发现元素周期律，奠定了雄厚的基础。

门捷列夫又返回实验室，继续研究他的纸卡片。他把重新测定过的原子量的元素，按照原子量的大小依次排列起来。他发现性质相似的元素，它们的原子量并不相近；相反，有些性质不同的元素，它们的原子量反而相近。他紧紧抓住元素的原子量与性质之间的相互关系，不停地研究着。他的脑子因过度紧张，而经常昏眩。但是，他的心血没有白费，1869 年 2 月 19 日，他终于发现了元素周期律。他的周期律说明：简单物体的性质，以及元素化合物的形式和性质，都和元素原子量的大小有周期性的依赖关系。门捷列夫在排列元素表的过程中，又大胆地指出当时一些公认的原子量是不准确的。如那时金的原子量公认为 169.2，按此在元素表中，金应排在锇、铂的前面，因为它们被公认的原子量分别为 198.6、196.7，而门捷列夫坚定地认为金应排列在这两种元素的后面，它们的原子量都应重新测定。大家重测的结果，锇为 190.9、铂为 195.2，而金是 197.2。实践证实了门捷列夫的论断，也证明了周期律的正确性。

在门捷列夫编制的周期表中，还留有很多空格，这些空格应由尚未发现的元素来填满。门捷列夫从理论上计算出这些尚未发现的元素的最重要性质，断定它们介于邻近元素的性质之间。例如，在锌与砷之间的两个空格中，他预言这两个未知元素的性质分别为类铝和类硅。就在他预言后的第 4 年，法国化学家布阿勃朗用光谱分析法，从门锌矿中发现了镓。实验证明，镓的性质非常像铝，也就是门捷列夫预言的类铝。镓的发现，具有重大的意义，它充分说明元素周期律是自然界的一条客观规律，为以后元素的研究，新元素的探索，新物资、新材料的寻找，提供了一个可遵循的规律。元素周期律像重炮一样，在世界上空轰响了，门捷列夫也因此闻名于世界。

第二十八位

伦　琴

（1845—1923）

德国物理学家，X 射线发现者

伦琴，为人类利用 X 射线诊断与治疗疾病开拓了新途径，开创了医疗影像技术的先河。

威尔姆·康拉德·伦琴 1845 年 3 月 27 日生于莱纳普（现属德国）。3 岁时全家迁居荷兰并入荷兰籍。1865 年迁居瑞士苏黎世，伦琴进入苏黎世联邦工业大学机械工程系学习，1868 年毕业。1869 年获苏黎世大学博士学位，并担任了物理学教授A·孔脱的助手；1870 年随同孔脱返回德国，1871 年随他到维尔茨堡大学，1872 年又随他到斯特拉斯堡大学工作。1894 年任维尔茨堡大学校长，1900 年任慕尼黑大学物理学教授和物理研究所主任。1923 年 2 月 10 日在慕尼黑逝世。

伦琴一生在物理学的许多领域中进行过实验研究工作，如对电介质在充电的电容器中运动时的磁效应、气体的比热容、晶体的导热性、热释电和压电现象，以及光的偏振面在气体中的旋转、光与电的关系、物质的弹性、毛细现象等方面的研究都作出了一定的贡献。但由于他发现 X 射线赢得了巨大的荣誉，以致其他的贡献大多不为人所注意。

1895 年 11 月 8 日，伦琴在进行阴极射线的实验时，第一次注意到放在射线管附近的氰亚铂酸钡小屏上发出了微光。经过几天废寝忘食的观察研究，他确定了荧光屏的发光是由于射线管中发出的某种射线所致。因为当时对于这种射线的本质和属性还了解得很少，所以称它为 X 射线，表示未知的意思。1895 年 12 月 28 日，伦琴以《一种新的射线——初步报告》为题，向维尔茨堡物理学医学协会作了报告，宣布他发现了 X 射线，阐述这种射线具有直线传播、穿透力强、不随磁场偏转等性质。这一发现立即引起了强烈的反响。1896 年 1 月 4 日，柏林物理学会成立 50 周年纪念展览会上展出X射线照片。1月5日维也纳《新闻报》抢先作了报道；1月6日伦敦《每日纪事》向全世界发布消息，宣告发现X射线。这些宣传，轰动了当时国际学术界，论文《初步报告》在3个月之内就印刷了5次，立即被译成英、法、意、俄等国文字。1月中旬，伦琴应召到柏林皇宫，当着威廉皇帝和王公、大臣们的面做了演示。X射线作为世纪之交的三大发现之一，引起了学术界极大的研究热情。报告结束时，他用X射线拍摄了维尔茨堡大学著名解剖学教授克利克尔的一只手的照片；克利克尔带头向伦琴欢呼三次，并建议将这种射线命名为伦琴射线。

当时有位企业家愿出50万购买这项专利，但伦琴淡然一笑，答道："哪怕是1000万！我的发现属于所有的人，但愿我的这一发现能被全世界的科学家所利用。这样，它就会更好地服务于全人类……"

伦琴射线是人类发现的第一种所谓"穿透性射线"，它能穿透普通光线所不能穿透的某些材料。在初次发现时，伦琴就用这种射线拍摄了他夫人的手的照片，显示出手骨的结构。这种发现实现了某些神话中的幻想（中国也有"秦王照胆镜"的传说），因而在社会上立即引起很大的轰动，为伦琴带来了巨大的荣誉。伦琴发现的X射线，为人类利用X射线诊断与治疗疾病开拓了新途径，开创了医疗影像技术的先河。1901年，诺贝尔奖第一次颁发，伦琴就由于这一发现非常荣幸地获得了首届诺贝尔物理学奖。

1900年，他成为慕尼黑实验物理研究所所长。1914年，他在著名的德国科学家表示与军国主义德国休戚相关的宣言上签了名，但后来他对此感到非常懊悔。1923年2月10日，伦琴在慕尼黑逝世，享年78岁。

伦琴一生献身科学，对物质利益十分淡薄，他不仅将自己的发现无私地奉献给了社会，也将自己所获得的诺贝尔奖金全部捐献给了维尔茨堡大学，以促进科学的发展。

他的一个终生好友鲍维利写道："他的突出性格是绝对的正直。我们大概可以这样说，无论从哪种意义上讲，他都是19世纪理想的化身：坚强、诚实而有魄力；献身科学，从不怀疑科学的价值；尽管他有自我批评精神并富有幽默感，但他也许被赋予了某种不自觉的同情心；他对人民，对记忆中的事物以及对理想具有一种少有的忠诚和牺牲精神……但在接受新思想上，他却胸襟宽大"。

第二十九位

爱迪生

（1847—1931）

美国发明家

爱迪生1847年2月11日出生于美国中西部的俄亥俄州的米兰小市镇。父亲是荷兰人的后裔，母亲曾当过小学教师，是苏格兰人的后裔。爱迪生7岁时，父亲经营屋瓦生意亏本，将全家搬到密歇根州休伦北郊的格拉蒂奥特堡定居下来。搬到这里不久，爱迪生患了猩红热，病了很长时间，这种疾病导致他听力障碍。爱迪生8岁上学，但仅仅读了3个月的书，就被老师斥为“愚钝糊涂”而勒令退学。从此以后，母亲就成了他的“家庭教师”，教儿子读书识字，并教育他要诚实、爱祖国、爱人类。由于母亲良好的教育方法，使得他对读书产生了浓厚的兴趣。他不仅博览群书，而且一目十行，过目成诵。8岁时，他读了英国文艺复兴时期最重要的剧作家莎士比亚、狄更斯的著作和许多重要的历史书籍。到9岁时，他就能迅速读懂难度较大的书，如帕克的《自然与实验哲学》。

爱迪生对于自然科学的最早兴趣是在化学方面，10岁时酷爱化学。他收集了200多个瓶子，并节省每个小钱去购买化学药品装入瓶中。为了赚钱购买化学药品和设备，他开始找工作。12岁的时候，他获得列车上售报的工作，辗转于休伦港和密歇根州的底特律之间。他一边卖报，一边兼做水果、蔬菜生意，只要有空他就到图书馆看书。

1861年美国爆发了南北战争，刚满14周岁的爱迪生买了一架旧印刷机，利用火车的便利条件，办了一份小报（周刊）——《先驱报》，来传递战况和沿途消息。第一期周刊就是在列车上印刷的。他一人兼任记者、编辑、排字、校对、印刷、发行的工作。小报受到了欢迎，他也从紧张的工作中增长了才干、知识和经验，还挣了不少钱，得以继续进行化学试验。他用所挣得的钱在行李车上建立了一个化学实验室。但不幸的是，一次他在火车上做实验时，列车突然颠簸，使一块磷落在木板上，引起燃烧。列车员赶来扑灭了火焰，但爱迪生连同他的设备也全被扔出了车外，他被赶下了火车，那时爱迪生才 15 岁。

1862 年 8 月，爱迪生救出了一个在火车轨道上的男孩。孩子的父亲因为无钱报答，愿意教他电报技术。从此，爱迪生便接触到这个神秘的电的新世界，踏上了科学的征途。

1863 年，爱迪生担任大干线铁路斯特拉福特枢纽站电信报务员。1864—1867 年，他在中西部各地担任报务员，过着类似流浪的生活。

1868 年，爱迪生以报务员的身份来到了波士顿。同年，他获得了第一项发明专利权。这是一台自动记录投票数的装置。爱迪生认为这台装置会加快国会的工作，它会受到欢迎的。然而，一位国会议员告诉他说，他们无意加快议程，有的时候慢慢地投票是出于政治上的需要。从此以后，爱迪生决定，再也不搞人们不需要的任何发明。

挫折并没有使爱迪生灰心，他又迷上了电报，经过反复钻研，在 1868 年他又发明了一台自动电力记录器。后来他又发明了两种新型的电报机。1877 年他发明了炭精电话送话器，使原有的电话声音更为清晰，此外他还发明了留声机。人们都称他为“魔术师”。

1878 年 9 月爱迪生 31 岁时开始研究电灯。那时煤气灯已代替了煤油灯，但火焰闪烁不定，而且在熄灭时会产生有害气体；弧光灯也已发明，并在公共场所使用，但由于燃烧时发出嘶嘶声而且光亮过于耀眼，不宜用于室内。当时许多欧美科学家已在探求制造一种新的稳定的发光体。

爱迪生中年时期

爱迪生研究了弧光灯后宣布他能发明一种使人满意的光，但需要钱。那时他已是一个有了 170 项发明专利权的人，他的发明给资本家带来了很大利润，因此一个财团愿意向他提供资助。经过几千次失败，1879 年 4 月他改进了前人的棒状、管状灯，做出了一个玻璃球状物。1879 年 10 月 21 日，他把一个经过碳处理的棉线固定在玻璃泡内，抽出了空气，封上口，通上电流，它发光了，一种新的照明物出现了。

1880—1882 年间，爱迪生设计了电灯插座、电钮、保险丝、电流切断器、电表、挂灯，还设计了主线和支线系统，又制成了当时世界上容量最大的发电机，并在纽约建立第一座发电厂，开辟了第一个民用照明系统。后来他又同乔治·伊斯曼一起发明了电影摄影机。

爱迪生除了电灯、电力系统、电影摄影机、留声机等发明以外，在矿业、建筑业、化工等领域也有不少著名的创造和真知灼见，成为著名的发明家，被誉为“发明大王”。爱迪生一生共有2000余项创造发明，为人类的文明和进步做出了巨大的贡献。

爱迪生同时也是一位伟大的企业家，1879年，爱迪生创办了“爱迪生电力照明公司”；1880年，白炽灯上市销售；1890年，爱迪生已经将其各种业务组建成为爱迪生通用电气公司。1891年，爱迪生的细灯丝、高真空白炽灯泡获得专利。1892年，汤姆·休斯敦公司与爱迪生电力照明公司合并成立了通用电气公司，开始了通用电气在电气领域长达一个世纪的统治地位。

1888年，一个充满神奇的人物尼古拉·特斯拉发明世界上第一台交流电发电机，严重打击了爱迪生的直流电行业，发明史上最著名的“电流大战”开始了。作为一个资本家，爱迪生开始诋毁特斯拉的交流电，他用交流电电死大象和电椅电死死囚的例子来证明交流电是危险的，不过随后特斯拉用实践证明了交流电在正常情况是安全的。这场无硝烟的战争在1893年到了戏剧化的顶点。这一年的哥伦比亚博览会在芝加哥举行，交流电完胜直流电。这场战争也已爱迪生的失败而告终。

爱迪生在纯科学上的第一个发现出现于1883年。试验电灯时，他观察到被他称之为爱迪生效应的现象：在点亮的灯泡内有电荷从热灯丝经过空间到达冷板。爱迪生在1884年申请了这项发现的专利，但并未进一步研究。而其他科学家利用爱迪生效应发展了电子工业，尤其是无线电和电视。

爱迪生又试图为眼睛做出留声机为耳朵做出的事，电影摄影机即产生于此。他使用一条乔治伊斯曼新发明的赛璐珞胶片，拍下一系列照片，将它们迅速地、连续地放映到幕布上，产生出运动的幻觉。他第一次在实验室里试验电影是在1889年，1891年申请了专利。1903年，他的公司摄制了第一部故事片“列车抢劫”。爱迪生为电影业的组建和标准化做了大量工作。

1929年10月21日，在电灯发明50周年的时候，人们为爱迪生举行了盛大的庆祝会，德国的阿尔伯特·爱因斯坦和法国的居里夫人等著名科学家纷纷向他祝贺。不幸的是，就在这次庆祝大会上，当爱迪生致答谢辞的时候，由于过分激动突然昏厥过去。1931年8月1日，爱迪生身感不适，经医生诊断，他同时患有多种病症：慢性肾炎、尿毒症和糖尿病。8月4日，《纽约时报》刊登的医疗公报称：爱迪生先生就像在危险丛生的海峡中航行的一条小船，也许能安全通过，也许会触礁。10 月 13 日爱迪生撞上了“暗礁”，并陷入昏迷。1931 年 10 月 18 日，爱迪生逝世，终年 84 岁。然而至今为止还没有人能打破他持有 1099 个发明专利权的记录，人们称他为“发明之王”。

爱迪生的文化程度极低，对人类的贡献却这么巨大，这里的“秘诀”是什么呢？他除了有一颗好奇的心，一种亲自试验的本能，就是他具有超乎常人的艰苦工作的无穷精力和果敢精神。当有人称爱迪生是个“天才”时，他却解释说：“天才就是 2％的灵感加上 98％的汗水。”他在“发明工厂”把许多不同专业的人组织起来，里面有科学家、工程师、技术人员、工人共 100 多人，爱迪生的许多重大发明就是靠这个集体的力量才获得成功的。他的成就主要归功于他的勤奋和创造性才能以及集体的力量，此外，他的妻子也曾起了相当重要的作用。

爱迪生一生只上过 3 个月的小学，他的学问是靠母亲的教导和自修得来的。他的成功，还应该归功于母亲自小对他的谅解与耐心的教导，正是因为母亲才使原来被人认为是低能儿的爱迪生，长大后成为举世闻名的“发明大王”。

伟大发明家爱迪生的一生告诉我们：巨大的成就，出于艰巨的劳动。爱迪生不会随着时光流逝而被人们遗忘，他的一生是光荣的，他的一切是为人类的。

爱迪生重要发明成就

1. 同步发报机

早期的电报机，一次只能传递一个讯息，而且不能同时交换信号，由于爱迪生本身是电报技师，便着手改良传统发报机，制造出二重发报机。1874 年又研发出四重发报机，也就是同步发报机。在无线电还没有发展的当时，同步发报机是一项重大的突破。

2. 改良电话机

我们都知道，现代电话是由贝尔发明的。事实上，电话能够清晰的接收与发话，要归功于爱迪生一次又一次的试验，他突破传统的窠臼，制造出碳粉送话器，一举提高了电话的灵敏度、音量和接收距离。

3. 留声机

1877 年 12 月的一个夜里，梦罗园实验室的工作人员微微颤抖着，不是因为寒冷，而是因为他们听到了，留声机第一次留下了声音。这项伟大的发明，不用多作介绍，大家都了解它的应用面有多广。法国政府还因此授予爱迪生爵士的头衔。后来，爱迪生又多次改良留声机，直到将滚筒式改成胶木唱盘式为止，这期间历经了几十年的不断改进。

4. 电灯

19 世纪初，人们开始使用煤气灯（瓦斯灯），但是煤气靠管道供给，一旦漏气或堵塞，非常容易出事，因此，人们对于照明的改革十分殷切。事实上，爱迪生为自己定了一个不可能的任务：除了改良照明之外，还要创造一套供电系统。

于是他和梦罗园的伙伴们，不眠不休地做了 1600 多次耐热材料和 600 多种植物纤维的实验，才制造出第一个碳丝灯泡，它可以一次燃烧 45 小时。在这基础上，他不断改良制造的方法，终于推出可以点燃 1200 小时的竹丝灯泡。

19 世纪 80 年代中期，爱迪生的电灯事业获得了成功，这一成功比以往任何成就给他带来的声誉都大。爱迪生最不值得称赞的行为之一就是他批评交流电，说它有副作用，可能造成死亡与损伤，但他未加具体说明。所以有人说，“像他这样一个自己搞出了许多发明创造的人竟然对别人的新发明大加攻击，这是很矛盾的事。”在这方面，反映出了爱迪生成为名人之后渐渐滋生的顽固守旧的缺点。

5. 复印机

起初，爱迪生发明的石蜡纸，只是普遍运用于食品、糖果的包装材料上，后来他尝试在蜡纸上刻出文字轮廓，形成一张石蜡刻字纸版，在纸版下垫上白纸，再用墨水的滚轮从刻字的石蜡纸上滚一滚，奇妙的事发生了，白纸上出现清楚的字迹。之后又经过多次的改良试验，1876 年，爱迪生开始生产他发明的复印机——蜡纸油印机。爱迪生的复印机大受欢迎，风行全球，这使得爱迪生深切体验到，应该发明人们普遍而且深切需要的东西。

第三十位

巴甫洛夫

（1849—1936）

俄国生理学家、心理学家

巴甫洛夫1849年9月27日（俄旧历九月十四日）出生于梁赞。1875年毕业于彼得堡大学，1879年毕业于军事医学研究院，1883年获医学博士学位。1884年起在军事医学研究院任副教授、教授等职，领导过实验医学研究所生理研究室工作。1901年为彼得堡科学院通讯院士，1907年为正式院士。1884—1886年在德国路德维希和海登海因实验室进行心血管和胃肠生理学的研究。1888—1890年在彼得堡包特实验室进行循环和消化生理学的研究。1890—1924年任军事医学院药理学教授，1891年起兼任实验医学研究所生理研究室主任。晚年他又领导了苏联科学院生理研究所（现巴甫洛夫生理研究所）的工作。十月革命后，在彼得格勒建立了专门研究条件反射的实验站。1936年2月27日卒于彼得格勒。

他在学生时代就开始从事心血管神经调节的研究，提出了心脏营养神经的概念。1891年开始研究消化生理，在“海登海因小胃”基础上，他制成了保留神经支配的“巴甫洛夫小胃”，并创造了一系列研究消化生理的慢性实验方法（如唾液瘘、食道瘘、胃瘘、胰腺瘘等），揭示了消化系统活动的一些基本规律，并总结发表在《主要消化腺讲义》一书中。为此他获得1904年诺贝尔生理学或医学奖。20世纪初，他的研究重点转到高级神经活动方面。他第一次用生理学中的“反射”概念来理解“心理性分泌”，建立了条件反射学说，其代表作是《大脑两半球活动讲义》（1927）和《动物高级神经活动客观性研究实验20年》（1923）。

1907年他当选为俄国科学院院士，后又被英、美、法、德等22个国家的科学院选为院士。他是28个国家（包括中国）生理学会的名誉会员和11个国家的名誉教授。

从1878年到1890年，巴甫洛夫重点研究血液循环中神经作用的问题。当时，神经系统对于许多器官的支配作用和调节作用还没有被人们清楚地认识。在极为恶劣的工作条件下，巴甫洛夫坚持研究。他发现了胰腺的分泌神经。不久，他又发现了温血动物的心脏有一种特殊的营养性神经，这种神经只能控制心跳的强弱，而不影响心跳的快慢，科学界人士把这种神经称为“巴甫洛夫神经”。巴甫洛夫自此开辟了生理学的一个新分支——神经营养学。

从1890年开始，巴甫洛夫进入他研究工作的第二个时期——消化系统的研究。他发明了新的实验方法，不用被麻醉的动物做急性实验（每次实验完了，动物也就死掉了）而采用健康的动物做慢性实验，从而能够长期观察动物的正常生理过程。他还创造了多种外科手术，把外科手术引向整个消化系统，彻底搞清了神经系统在调节整个消化过程中的主导作用。巴甫洛夫因在消化生理学方面的出色成果而荣获1904年诺贝尔生理学和医学奖，成为世界上第一个获得诺贝尔奖的生理学家。

1924年他任苏联科学院巴甫洛夫生理学研究所所长。巴甫洛夫的科研分属心脏生理、消化生理、高级神经活动生理三个领域。在高级神经活动生理领域的研究成果尤为丰硕。他证明了大脑和高级神经活动由无条件反射、条件反射双重反射形成；揭示了“精神活动”是大脑这一“物质肌肉”活动的产物，同样需要消耗能量；他提出：人除第一信号系统即对外界直接影响的反应外，还有第二信号系统即引起人高级神经活动发生重大变化的语言，正是这第二信号系统学说揭示了人类特有的思维生理基础。

他的科学贡献大致分为三个时期，属于三个领域，即心脏生理、消化生理和高级神经活动生理。他提出了两个信号系统学说。他的高级神经活动学说对于医学、心理学以至于哲学等方面都有影响。

巴甫洛夫在心理学界的盛名首先是由于他关于条件反射的研究，而这种研究却始于他的老本行——消化研究。正是狗的消化研究实验将他推向了心理学研究领域，虽然在这一过程中他的内心也充满了激烈的斗争，但严谨的治学态度终于还是使他冒着被同行责难的威胁，将生理学研究引向了当时并不那么光彩的心理学领域，而后来，该项研究的成果——条件反射理论又被行为主义学派所吸收，并成为制约行为主义的最根本原则之一。巴甫洛夫对心理学界的第二大贡献在于他对高级神经活动类型的划分，而这同样始于他对狗的研究。他发现，有些狗对条件反射任务的反应方式和其他狗不一样，因而他开始对狗进行分类，后来又按同样的规律将人划分为 4 种类型，并和古希腊人提出的人的 4 种气质类型对应起来，由此，他又向心理学领域迈进了一步。到老年的时候，巴甫洛夫对心理学的态度有了松动，他认为，只要心理学是为了探讨人的主观世界，自然就有理由存在下去，但这并不表明他愿意把自己当做一位心理学家。直到弥留之际，他都念念不忘声称自己不是心理学家。但尽管如此，鉴于他对心理学领域的重大贡献，人们还是违背了他的"遗愿"，将他归入了心理学家的行列，并由于他对行为主义学派的重大影响而视其为行为主义学派的先驱。

第三十一位

普朗克

（1858—1947）

德国物理学家

德国物理学家普朗克的伟大成就是创立了量子理论。这是物理学史上的一次巨大变革，从此结束了经典物理学一统天下的局面。

普朗克 1858 年 4 月 23 日生于基尔。其父是民法学教授，1867 年应慕尼黑大学聘请去该校任教，而举家迁往慕尼黑。普朗克在慕尼黑度过了少年时期，1874 年进入慕尼黑大学，1877—1878 年间去柏林大学听过数学家外尔斯特拉斯和物理学家亥姆霍兹与基尔霍夫的讲课。普朗克晚年回忆这段经历时说，这两位物理学家的人品和治学态度对他有深远影响，但他们的讲课却不能吸引他。在柏林期间，普朗克认真自学了克劳修斯的主要著作《力学的热理论》，使他立志去寻找像热力学定律那样具有普遍性的规律。1879 年普朗克在慕尼黑大学获得博士学位后，先后在慕尼黑大学和基尔大学任教。1888 年基尔霍夫逝世后，柏林大学任命他为基尔霍夫的继任人和理论物理学研究所主任。1900 年，他在黑体辐射研究中引入能量量子。由于这一发现对物理学的发展作出的贡献，他获得 1918 年诺贝尔物理学奖。

自 20 世纪 20 年代以来，普朗克成了德国科学界的中心人物，与当时德国以及国外的知名物理学家都有着密切联系。1926 年他被选为英国皇家学会最高级名誉会员、美国物理学会名誉会长，1930—1937 年他担任德国科学研究的最高机构威廉皇家促进科学协会会长。在那时期，柏林、哥廷根、慕尼黑、莱比锡等大学成为世界科学的中心，是同普朗克、能斯脱、索末菲等人的努力分不开的。在纳粹攫取德国政权后，普朗克并没有与纳粹同流合污。1947 年 10 月 3 日，普朗克在哥廷根病逝，终年 89 岁。德国政府为了纪念这位伟大的物理学家，把威廉皇家研究所改名为普朗克研究所。

普朗克一生酷爱散步和登山运动，其实这就是他对大自然这个万物之主的一种顶礼膜拜，他 84 岁那年还曾登上一座 3000 米高的山峰。他信守导师赫姆霍茨的一句名言："散步是自然科学家的神圣天职。"而他在科学上作出的贡献则是他献给上帝的最好祭品。

普朗克对宗教的信仰有极深的家庭渊源，他的祖父和曾祖父都是哥廷根大学的神学教授；父亲是基尔大学和慕尼黑大学的法学教授，但也笃信宗教；母亲出生于牧师家庭。这种浓郁的宗教气氛，带给普朗克童年的是一种被压抑了的快乐。他不能像许多小孩那样放肆地玩耍淘气，但他可以从书本、音乐、散步、思考等活动中得到快乐。正是在思考中，他迈出了走向物理学的第一步。

在他 7 岁那年的一天，正在看书的小普朗克突然听到窗户外有小孩的叫声和笑声。他跑到窗前打开窗户一看，原来有几个小孩在打雪仗。看到小朋友们那无拘无束的高兴劲儿，普朗克心里别提有多羡慕了。他关上窗户跑到父亲房中，看到父亲那一脸的严肃，到了嘴边的话又只好咽回去了。但重新坐下来看书的普朗克却怎么也看不进去了，他情不自禁地又来到窗前，但玻璃像被什么东西挡住了，外面的景物什么也看不到，他只得把视线收回来，落在眼前的窗户上。这时，他发现了一幅美丽的景象：窗玻璃上结满了冰花。它们有的像小草，有的像小树，有的像小狗……真是漂亮极了。可是它们是谁画的呢？小普朗克陷入了沉思。这个问题有点超出他的想象，他想了老半天，还是没有想明白。

晚饭时，父亲发现小普朗克一直没有专心吃饭，就问他怎么回事。小普朗克鼓起勇气说了自己的疑问，一向严肃的父亲听完了儿子的问题之后，脸上露出了少有的笑容。他耐心地给儿子解释冰花是一种常见的物理现象，饭后还给儿子找了一本物理学的入门书，并且告诉儿子：有不懂的地方可以随时问他。父亲的开恩使普朗克受宠若惊，他把这种恩宠化作了学习的动力。从此，他开始对物理学发生了兴趣。

对他来说，做一个科学家，比做一个艺术家更有价值。

普朗克对物理学的兴趣在上了中学以后有了新的发展。他的老师缪勒在讲到能量守恒原理的时候给他们讲述了一个辛辛苦苦把一块沉重的砖头扛上屋顶去的泥瓦匠的故事。缪勒说：泥瓦匠在他扛砖的时候所做的功并没有消失，而是原封不动地被储存起来，也许能储存很多年。一旦有这块砖头因为风化松动掉下来，砸在下面某个人的头上或东西上，能量又会被释放出来……缪勒讲得很生动，使能量守恒这一原理深深扎根在普朗克的脑中，它成了普朗克日后进行科学研究的基础。

1874 年，普朗克中学毕业了。但在选择今后的方向时却陷入了踌躇，因为除物理学之外，他还对音乐有着非同一般的兴趣。他在音乐方面的才能甚至比他对物理学的兴趣来得更早，他很小的时候就已经具有专业音乐家的钢琴和管风琴演奏水准了。他喜欢舒伯特的《摇篮曲》、《美丽的磨坊女郎》，勃拉姆斯的小提琴协奏曲，还有巴赫的《马太受难曲》等。对于家教甚严、办事循规蹈矩、一丝不苟的普朗克来说，音乐是他唯一能放纵自己的感情、使自己的思想不受任何约束的领地。德意志民族是一个外表严谨但追求内心自由和思想解放的民族。普朗克是一个典型的德国人，他渴望在音乐的殿堂里纵横驰骋。但经过激烈的思想斗争，他还是选择了物理学。至于音乐，可以作为业余爱好。因为他认为做一个科学家应该比做一个艺术家更有价值。

上大学以后，普朗克渐渐将他在物理学上的兴趣锁定在纯理论的领域，也就是理论物理学。他的物理学老师约里对此十分不解，因为他认为物理学已经是一门高度发展的、几乎尽善尽美的科学，也许在某个角落还有一粒尘屑或一个小气泡，可以去进行研究和分类。但是，作为一个完整的体系，已经建立得足够牢固了，经典理论物理学也已接近于十分完善的程度。约里的观点代表了当时科学界对物理学普遍的错误看法，但普朗克却不是那种轻易改变主意的人，走物理学乃至走理论物理学的道路是他认真考虑的结果，什么都不能阻挡他前进的脚步。

因仰慕赫姆霍茨和基尔霍夫这两位物理学家的大名，普朗克在大学最后一年转到柏林大学学习。但两位老师的讲课却没有引起普朗克的兴趣。不过他没有泄气，而是靠自学来满足自己的求知欲望。他不仅自习两位老师的课程，也自修了克劳修斯的《热力学》，正是从克劳修斯的热力学理论出发，他开始了热辐射问题的研究。

在研究中，柏林大学维恩教授 1894 年提出的“维恩公式”和英国物理学家瑞利 1900 年提出的“瑞利公式”这两个完全相反的公式引起了他的注意。他尝试了经典物理学的所有理论和方法，试图提出一个新的公式来代替这两个互相矛盾的公式，但没有成功。为了寻求科学真理，他决定采取孤注一掷的行动——跳出经典物理学，从新的角度来考虑这个问题。1900 年 10 月 19 日，普朗克在德国物理学会的一次会议上提出了他的新公式，这就是后来著名的“普朗克公式”。1900 年 12 月 14 日，他在物理学会的另一次会议上提出了这个公式的理论基础，即著名的“能量子假说”。在这个假说中，普朗克放弃了传统的物质运动绝对连续的观念，提出辐射过程不是连续的，而是以最小份一小“包”一小“包”地放射或吸收，这一小包不能再分成更小的包，就像卖水果糖，最少只能一块一块地卖，而不能半块半块或分成更小的块卖，这个最小的能量单位就叫“能量子”。这一天，后来被人们认为是量子论的“生日”。由于量子概念随后成了理解原子壳层和原子核一切性能的关键，这一天也被看做是原子物理学的“生日”和自然科学新纪元的开端。当然，提出能量子假说的普朗克也被人们尊称为“量子论的奠基人”。

成名之后的普朗克在谈到自己是如何成为一个科学家的时候，曾说了这么一句话：“你必须要有信仰。”普朗克所说的信仰实际上就是对科学、对研究事业执著的爱和对寻求科学真理坚定不移的精神。

值得一提的是，信仰使人成功，但信仰一旦变成固执的行动也会妨碍一个人前进的脚步。普朗克本质上根深蒂固的保守意识曾使他在提出石破天惊的理论并得到了其他人的发展以后，却固执地要将跳出经典物理学旧框提出的新理论重新纳回经典物理学的旧框中去。

普朗克的墓在格庭根市公墓内，其标志是一块简单的矩形石碑，上面只刻着他的名字，下角写着：尔格·秒。他的墓志铭就是一行字：$h=6.63\times10^{-34}$ J·s，这也是对他毕生最大贡献：提出光量子假说的肯定。

普朗克最大的贡献是在 1900 年提出了光量子假说。

光量子假说的主要内容：1900 年，普朗克在研究物体热辐射的规律时发现，只有认为电磁波的吸收和发射不是连续的，而是一份一份地进行的，理论计算结果才能跟实验事实相符，这样的一份能量叫做能量子。普朗克还认为，每一份能量等于 hv，其中 v 是辐射电磁波的频率，h 是一个常量，等于 6.63×10^{-34} J·s。后人为纪念普朗克，就将这一常量称为普朗克常数。

受他的启发，爱因斯坦于 1905 年提出，在空间传播的光也不是连续的，而是一份一份的，每一份叫一个光量子，简称光子，光子的能量 E 跟光的频率 v 成正比，即 $E=hv$。这个学说以后就叫光量子假说。

光量子假说还认为，每一个光子的能量只决定于光子的频率，例如蓝光的频率比红光高，所以蓝光光子的能量比红光光子的能量大。同样颜色的光，强弱的不同则反映了单位时间内射到单位面积的光子数的多少。

第三十二位 居里夫人

（1867—1934）

法国物理学家、化学家、世界著名科学家

玛丽·居里出生于波兰，因当时波兰被占领，转入法国国籍，是法国的物理学家、化学家，也是世界著名科学家。她研究放射性现象，发现镭和钋两种天然放射性元素，被人称为“镭的母亲”，一生两度获诺贝尔奖（第一次获得诺贝尔物理学奖，第二次获得诺贝尔化学奖）。在研究镭的过程中，她和她的丈夫用了三年零九个月才从成吨的矿渣中提炼出了0.1g镭。作为杰出科学家，居里夫人有一般科学家所没有的社会影响。尤其是作为成功女性的先驱，她激励了很多人。很多人在儿童时代就听到她的故事，但得到的多是一个简化和不完整的印象。世人对居里夫人的认识，很大程度上受其次女在1937年出版的传记《居里夫人》的影响。这本书美化了居里夫人的生活，把她一生所遇到的曲折都平淡地处理了。

玛丽·居里是家中5个子女中最小的，也是最聪明的一个。她的父亲是一名收入十分有限的中学数理教师，妈妈是中学教员。玛丽的童年是不幸的，她的妈妈得了严重的传染病，是大姐照顾她长大的。后来，妈妈和大姐在她不满10岁时就相继病逝，她的生活充满了艰难。这样的生活环境培养了她独立生活的能力，也磨炼出她非常坚强的性格。

玛丽从小学习就非常勤奋刻苦，对学习有着强烈的兴趣和特殊的爱好，从不轻易放过任何学习机会，处处表现出一种顽强的进取精神。从上小学开始，她每门功课都考第一。15岁时，就以获得金奖章的优异成绩从中学毕业。她的父亲早先曾在圣彼得堡大学攻读过物理学，父亲对科学知识如饥似渴的精神和强烈的事业心，也深深地熏陶着小玛丽。她从小就十分喜爱父亲实验室中的各种仪器，长大后她又读了许多自然科学方面的书籍，更使她充满幻想，她急切地渴望到科学世界去探索。但是当时的家境不允许她去读大学。19 岁那年，她开始做长期的家庭教师，同时还自修了各门功课，为将来的学业作准备。这样，直到 24 岁时，她终于来到巴黎大学理学院学习。她带着强烈的求知欲望，全神贯注地听每一堂课。艰苦的学习使她身体变得越来越不好，但是她的学习成绩却一直名列前茅，这不仅使同学们羡慕，也使教授们惊异，入学两年后，她充满信心地参加了物理学学士学位考试，在 32 名应试者中，她考了第一名。第二年，她又以第二名的优异成绩，考取了数学学士学位。

1894 年初，玛丽接受了法兰西共和国国家实业促进委员会提出的关于各种钢铁的磁性科研项目。在完成这个科研项目的过程中，她结识了理化学校教师皮埃尔·居里，他是一位很有成就的青年科学家。用科学为人类造福的共同意愿使他们结合了。玛丽结婚后，人们都尊敬地称呼她为居里夫人。1896 年，居里夫人以第一名的成绩，完成了大学毕业生的任职考试。第二年，她又完成了关于各种钢铁的磁性研究。但是，她不满足已取得的成绩，决心考博士，并确定了自己的研究方向。她又站到了一条新的起跑线上。

1896 年，法兰西共和国物理学家贝克勒尔发表了一篇工作报告，详细地介绍了他通过多次实验发现的铀元素。铀及其化合物具有一种特殊的本领，能自动、连续地放出一种肉眼看不见的射线，这种射线和一般光线不同，能透过黑纸使照相底片感光；它同伦琴发现的伦琴射线也不同，在没有高真空气体放电和外加高电压的条件下，却能从铀和铀盐中自动发生。铀及其化合物不断地放出射线，向外辐射能量。这使居里夫人发生了极大的兴趣。这些能量来自于什么地方？这种与众不同的射线的性质又是什么？居里夫人决心揭开它的秘密。1897 年，居里夫人选定了自己的研究课题——对放射性物质的研究。这个研究课题，把她带进了科学世界的新天地。她辛勤地开垦了一片处女地，最终完成了近代科学史上最重要的发现之一，发现了放射性元素镭，并奠定了现代放射化学的基础，为人类做出了伟大的贡献。

由于居里夫妇的惊人发现，1903 年 12 月，他们和贝克勒尔一起获得了诺贝尔物理学奖。他们夫妇的科学功勋盖世，然而他们却不计名利，最厌烦那些无聊的应酬。他们把自己的一切都献给了科学事业，而不捞取任何个人私利。在镭提炼成功以后，有人劝他们向政府申请专利权，垄断镭的制造以此发大财。居里夫人却说：“那是违背科学精神的，科学家的研究成果应该公开发表，别人要研制，不应受到任何限制”。“何况镭是对病人有好处的，我们不应当借此来谋利”。居里夫妇还把得到的诺贝尔奖金，大量地赠送给别人。

1906年，居里先生不幸因车祸而去世，居里夫人承受着巨大的痛苦，决心加倍努力，完成两个人共同的科学志愿。巴黎大学决定由居里夫人接替居里先生讲授物理课。居里夫人成为著名的巴黎大学有史以来的第一位女教授。在他们夫妇分离出第一批镭盐的时候，就开始了对放射线各种性质的研究。仅1889—1904年间，他们就先后发表了32篇学术报告，记录了他们在放射科学上探索的足迹。1910年，居里夫人又完成了《放射性专论》一书。她还与别人合作，成功地制取了金属镭。1911年，居里夫人又获得诺贝尔化学奖。一位女科学家，在不到10年的时间里，两次在两个不同的科学领域里获得世界科学的最高奖，这在世界科学史上是独一无二的事情！

1914年，巴黎建成了镭学研究院，居里夫人负责学院的研究指导。此后她继续在大学里授课，并从事放射性元素的研究工作。她毫不吝啬地把科学知识传播给一切想要学习的人。她从16岁开始，成年累月地学习、工作，整整50年，但仍不改变她那严格的生活方式。她从小就有高度的自我牺牲精神，早年为了供姐姐上学，甘愿去做家教。在巴黎求学期间，为了节约灯油和取暖开支，她每天晚上都在图书馆读书，一直到图书馆关门才走。提取纯镭所需要的沥青铀矿，在当时是很昂贵的，他们从自己的生活费中一点一滴地节省，先后买了八九吨。在居里先生去世后，居里夫人把千辛万苦提炼出来的、价值高达100万法郎以上的镭，无偿地赠送给了研究治癌的实验室。

1932年，65岁的居里夫人回到祖国，参加“华沙镭研究所”的开幕典礼。居里夫人从青年时代起就远离祖国，到法兰西共和国求学，但时刻没有忘记自己的祖国。小时候，她的祖国波兰被沙俄侵占，她就非常痛恨侵略者。当他们夫妇从矿物中分离出新元素以后，她把新元素命名为钋。这是因为钋的词根与波兰国名的词根一样。她以此表示对惨遭沙俄奴役的祖国的深切怀念。

几十年来，居里夫人由于长期从事放射性物质的研究工作，加上恶劣的实验环境和对身体保护的不够严格，时常受到放射性元素的侵袭，这使她的血液渐渐受到破坏，患上了白血病。此外，她还患有肺病、眼病、胆病、肾病，甚至患过神经错乱症。在居里夫人看来，科学研究要比她本身的健康更重要。她曾为了能参加世界物理学大会，请求医生延期施行肾脏手术；她曾带病回国参加镭研究所的开幕典礼；她曾忍受着眼睛失明的恐惧，顽强地进行科学研究。直到她生命的最后一息，由于恶性贫血高烧不退，躺在床上的时候，她仍然要求女儿向她报告实验室里的工作情况，替她校对她写的《放射性》著作。居里夫人1934年7月4日不治而亡。她一生创造、发展了放射科学，长期无畏地研究强烈放射性物质，直至最后把生命也贡献给了这门科学。

居里夫人天下闻名，但她既不求名也不求利。她一生中，共得过包括诺贝尔奖等在内的10次著名奖金，得到国际高级学术机构颁发的奖章16枚；世界各国政府和科研机构授予的各种头衔多达107多个。但是她一如既往地谦虚谨慎。伟大的科学家阿尔伯特·爱因斯坦评价她说："在所有的著名人物里面，玛丽·居里是唯一没有被盛名宠坏的人！"居里夫人是女性的代表。

居里夫人有两个女儿。"把握智力发展的年龄优势"是居里夫人开发孩子智力的重要"诀窍"。早在女儿不足周岁的时候，居里夫人就引导孩子进行幼儿智力体操训练，引导孩子广泛接触陌生人，去动物园观赏动物，让孩子学游泳，欣赏大自然的美景。孩子稍大一些，她就教她们做一种带艺术色彩的智力体操，教她们唱儿歌、说童话。再大一些，就让孩子进行智力训练，教她们识字、弹琴、搞手工制作等，还教她们开车、骑马。

在居里夫人的鼓动下，发起了一个教育合作计划——由一些有大才大智的学者把他们的儿女聚在一起，实施新教育方法。居里夫人对人类教育界的极大贡献在于她联合一大批科学家（许多是诺贝尔科学奖获得者）组成科学讲师团，向孩子们开放他们的实验室，亲自对他们的孩子进行科学启蒙教育，激发孩子们的科学兴趣，破除孩子们对科学的神秘感，培养孩子们的科学兴趣，鼓励孩子们树立远大的科学理想，坚定孩子们的科学意志，传授孩子们科学方法、科学思维、实验诀窍，使他们在少年时代形成极高的智力潜力，使他们天生的遗传智力得以开发。居里夫人和朋友们用这种方法培养出了10多位诺贝尔科学奖获得者。

居里夫人和皮埃尔·居里生活很简朴。1895年他们结婚时，新房里只有两把椅子，正好每人一把。皮埃尔·居里觉得椅子太少，建议多添几把，以免客人来了没地方坐，居里夫人却说："有椅子是好的，可是客人坐下来就不走啦。为了多一点时间搞研究，还是算了吧！"

居里夫人的年薪增至4万法郎时，仍然"不大方"。她每次从国外回来，总要带回一些宴会上的菜单。因为这些菜单都是很厚很好的纸片，在背面写字很方便。难怪有人说居里夫人一直到死都“像一个匆忙的贫穷妇人”。

有一次，一位美国记者寻访居里夫人，他走到村子里一座渔家房舍门前，向赤足坐在门口石板上的一位妇女打听居里夫人的住处。当这位妇女抬起头时，记者大吃一惊：原来她就是居里夫人。

居里夫人非常重视对孩子的品德教育，注重培养她们节俭、朴实、轻财的品德。她对女儿的爱，表现为一种有节制的爱，一种有理智的爱。她对女儿生活上严加管束，要求她们“俭以养志”。她教育女儿说：“贫困固然不方便，但过富也不一定是好事。必须依靠自己的力量，谋求生活。”注重培养她们不空想、重实际的作风。她告诫两个女儿：“我们不应该虚度一生。”注重培养她们勇敢、坚强、乐观、克服困难的品格。她常与子女共勉：“我们必须有恒心，尤其要有自信心。”教育她们必须热爱祖国。除了教她们波兰语，居里夫人还以自己致力于帮助祖国科学发展和波兰留学生的行动感染伊伦娜和艾芙，以使她们念念不忘自己的祖国。

第三十三位
莱特兄弟

兄:维尔伯·莱特(1867—1912)
弟:奥维尔·莱特(1871—1948)

美国飞机发明家

威尔伯·莱特生于1867年4月16日，他的弟弟奥维尔·莱特生于1871年8月19日，他们从小就对机械装配和飞行怀有浓厚的兴趣，从事自行车修理和制造行业。莱特兄弟原以修理自行车为生，兄弟俩聪明好学，从1896年开始，就一直热心于飞行研究。通过多次研究和实验，他们很快得出一个结论：要解决飞机操纵这个悬而未决的关键问题，必须装上某种能使空气动力学发挥作用的机械装置。他们按照这一想法，在基蒂霍克沙丘上空对载人滑翔机进行了几度寒暑的试验之后，他们的梦想终于变成了现实。

奥托·李林塔尔试飞滑翔机成功的消息使他们立志飞行。1896年李林塔尔试飞失事，促使他们把注意力集中在了飞机的平衡操纵上面。他们特别研究了鸟的飞行，并深入钻研了当时几乎所有关于航空理论方面的书籍。这个时期，航空事业连连受挫，飞行技师皮尔机毁人亡，重机枪发明人马克沁试飞失败，航空学家兰利连飞机带人摔入水中等，这使大多数人认为飞机依靠自身动力的飞行完全不可能实现。

莱特兄弟却没有放弃自己的努力。从1900—1902年期间，他们除了进行1000多次滑翔试飞之外，还自制了200多个不同的机翼进行了上千次风洞实验，修正了李林塔尔一些错误的飞行数据，设计出了较大升力的机翼截面形状。滑翔机的留空时间毕竟有限，但假如给飞机加装动力并带上足够的燃料，那么它就可以自由地飞翔、起降。于是，兄弟俩又开始了动力飞机的研制。莱特兄弟废寝忘食地工作着，不久，他们便设计出了一种性能优良的发动机和高效率的螺旋桨，然后成功地把各个部件组装成了世界上第一架动力飞机。他们在1903年制造出了第一架依靠自身动力进行载人飞行的“飞行者”1号。这架飞机的翼展为13.2米，升降舵在前，方向舵在后，它的两个推进式螺旋桨分别安装在驾驶员位置的两侧，由单台发动机链式传动。着陆装置为滑橇式，装有一台70千克重，功率为8.8千瓦的四缸发动机。这架航空史上著名的飞机，现在陈列在美国华盛顿航空航天博物馆内。

1903年12月14日至17日，“飞行者”1号进行了4次试飞，地点在美国北卡罗来纳州小鹰镇基蒂霍克的一片沙丘上。第一次试飞由奥维尔·莱特驾驶，共飞行了36米，留空12秒。第四次由威尔伯·莱特驾驶，共飞行了260米，留空59秒。1906年，他们的飞机在美国获得专利发明权。

1904年，莱特兄弟制造了装配有新型发动机的第二架“飞行者”，在代顿附近的霍夫曼草原进行试飞，最长的持续飞行时间超过了5分钟，飞行距离达4.4千米；1905年又试验了第三架“飞行者”，由威尔伯驾驶，持续飞行38分钟，飞行38.6千米。

莱特兄弟飞行的成功，最初并没有得到美国政府和公众的重视与承认，直到1907年还被人们所怀疑。1908年法国首先给他们的成就以正确的评价，从此掀起了席卷世界的航空热潮。他们也因此终于在1909年获得美国国会荣誉奖。同年，他们创办了“莱特飞机公司”。威尔伯·莱特于1912年5月29日逝世，年仅45岁。此后，奥维尔·莱特奋斗30年，使莱特飞机公司成为世界著名飞机制造商，资金高达百亿美元。奥维尔·莱特于1948年1月3日逝世。

一、发现气压中心侧转的现象

在反复进行滑翔试验中，莱特兄弟发现气压中心侧转的现象——弯曲的翼面气压中心并不总是像平翼面承受的气压中心一样往一个方向移动。这一重大发现与许多科技书籍的论点相违背——科学家们已经获得的关于大气对机翼压力的数据竟然有许多是不正确的！莱特兄弟于是在1901年下半年制造了世界上第一个能对模型机翼进行准确试验的风洞，用两个多月时间使用风洞进行了200多次各种类型的翼面试验，取得了一整套科学数据，并根据这些数据设计出飞机。

二、创办莱特兄弟奖章

创办时间：1924年

主办单位：美国自动工程师协会航空工程分会

奖项介绍：莱特兄弟奖章由美国自动工程师协会航空工程分

会于1924年设立，用来奖励航空工程领域最佳论文的作者，授奖范围包括空气动力学，结构理论，飞机或航天器的研究、制造及驾驶等方面。参选论文必须是上一年间在航空工程分会或下属机构的会议上提交的论文，如果切合上述授奖主题的参选论文都不符合评选条件，这一奖章也可授予航空航天其他主题范围的最佳论文，评选论文的主要标准是它在学术上的创新性。所有在航空工程分会会议召开之前提交的论文都作为参选论文进行评选，获奖者获得一次之后要经过三年才有资格重新获奖。

莱特兄弟奖章以维尔伯·莱特和奥维尔·莱特两兄弟的姓氏命名，是为了纪念他们对航空事业作出的巨大贡献。莱特兄弟是美国飞机发明家，他们从小就怀有翱翔天空的理想，为了实现这一理想，他们一方面学习理论，一方面努力实践，进行了多次小型风洞试验和近千次飞行试验，终于在1903年设计、制成用内燃机作动力、木料作骨架、帆布作机翼的有人驾驶双翼飞机。同年12月17日，莱特兄弟驾驶自己制作的飞机试飞成功，虽然飞行时间不过59秒，距离只有255米，但作为世界上第一架动力飞机在航空史上留下了不可磨灭的一页。莱特兄弟也因此被誉为“飞机之父”。

以莱特兄弟命名的奖还有美国航空航天学会设立的“莱特兄弟航空学讲座”和英国皇家航空学会设立的“莱特兄弟纪念演讲”，这两个奖项都是让获奖人发表航空学方面的演讲，通过这种方式对获奖人授予荣誉，同时也让与会者分享他的技术成果。莱特兄弟航空学讲座还颁发一枚奖章和一份奖状。

第三十四位
马可尼

（1874—1937）

意大利电气工程师和发明家，无线电技术的发明人

1894 年，25 岁的伽利尔摩·马可尼了解到海因利希·赫兹几年前所做的实验，这些实验清楚地表明了不可见的电磁波是存在的，这种电磁波以光速在空中传播。

马可尼很快就想到可以利用这种波向远距离发送信号而又不需要线路，这就使电报完成不了的许多通信有了完成的可能，如利用这种手段可以把信息传送给海上航行的船只。

无线电技术就是利用无线电波传输信息的通信方式，能传输声音、文字、数据和图像等。与有线电通信相比，不需要架设传输线路，不受通信距离限制，机动性好，建立迅速；但传输质量不稳定，信号易受干扰或易被截获，保密性差。

人类发明了电报和电话后，信息传播的速度比以往快了很多倍。电报、电话的出现缩短了各大陆、各国人民之间的距离感。但是，当初的电报、电话都是靠电流在导线内传输信号的，这使得通信受到很大的局限。譬如，要通信首先要有线路，而架设线路受到客观条件的限制。高山、大河、海洋均给线路的建造和维护带来很大的困难。而且海上的船舶和天上的飞机，由于是移动性的交通工具，所以无法用有线方式与地面上的人们联络。19 世纪发明的无线电通讯技术，使通信摆脱了依赖导线的方式，这是通信技术上的一次飞跃，也是人类科技史上的一个重要成就。

1894 年，即赫兹去世的那年，伽利尔摩·马可尼刚满 20 岁，他在电气杂志上读到了赫兹的实验和洛奇的报告。从小就喜欢摆弄线圈、电铃的他，便一头钻进了电磁波的研究中。他想，既然赫兹能在几米外测出电磁波，那么只要有足够灵敏的检波器，也一定能在更远的地方测出电磁波。经过多次实验，他终于迈出了可喜的第一步。他在家中的楼上安装了发射电波的装置，楼下放置了检波器，检波器与电铃相接。他在楼上一接通电源，楼下的电铃就响了起来。晚上，当父亲看到了这个新奇的装置，把以前憋在肚子里的火气和不满都抛到九霄云外，再也不叫他“不切实际的空想家”了，并开始给儿子经济资助，让他一心搞实验。马可尼初次告捷后，信心增强了。他大量收集资料和文章，不管这些文章的作者是否有名气，只要对他有用、有所启发的文章，他都耐心阅读、仔细分析。他把各家的缺点分析清楚，把各人的长处集合起来，改进自己的机器。

1895 年夏天，马可尼又完成了一次非常成功的实验。到了秋天，实验又获得了很大的进步。他把一只煤油桶展开，变成一块大铁板，作为发射的天线。把接收机的天线高挂在一棵大树上，用以增加接收的灵敏度。他还改进了洛奇的金属粉末检波器，在玻璃管中加入少量的银粉，与镍粉混合，再把玻璃管中的空气排除掉。这样一来，发射方增大了功率，接收方也增加了灵敏度。他把发射机放在一座山岗的一侧，接收机安放在山岗另一侧的家中。当给他当助手的同伴发送信号时，他守候着的接收机接收到了信号，带动电铃发出了清脆的响声。这响声对他来说比动人的交响乐更悦耳动听。这次实验的距离达到 2.7 公里。

马可尼经过一年的努力，于 1895 年成功地发明了一种工作装置。1896 年他在英国做了该装置的演示试验，首次获得了这项发明的专利权。马可尼立即成立了一个公司，1898 年第一次发射了无线电。翌年他发送的无线电信号穿过了英吉利海峡。虽然马可尼最重要的专利权是在 1900 年授予的，但是他不断地改进自己的发明，从中获得了许多专利权。1901 年他发射的无线电信息成功地穿越大西洋，从英格兰传到加拿大的纽芬兰省，使无线电达到实用阶段。

这项发明的重要性在一次事故中戏剧性地显示出来了。那是 1909 年，共和国号汽船由于碰撞遭到毁坏而沉入海底，这时无线电信息起了作用，除 6 个人外其余人员都得救。同年，马可尼因其发明而获得诺贝尔奖。翌年，他发射的无线电信息成功地穿越了 6000 英里的距离，从爱尔兰传到阿根廷。

1937 年，马可尼与世长辞，在意大利罗马有近万人为他送葬，同时英国所有无线电报和无线电话，以及大不列颠广播协会的广播电台停止工作 2 分钟，向这位无线电领域的伟大人物致哀。

马可尼以及其他为无线电通信领域作出贡献的科学家虽然离开了人间，可是他们发明的无线电通信留给了后人，并将造福于子孙后代。无线电通信在现代世界中具有极其重要的作用。它可以用于新闻、消遣、军事、科研、警察及其他领域。虽然从某些用途来说，电报（比无线电早发明半个世纪）也可以起到同样作用，但是对许许多多用途来说无线电不可能被取而代之，它可以与地上的汽车、海上的轮船、天上的飞机，甚至航天飞机相互通信。显然无线电的发明比电报的发明更为重要，因为电报发送的信息可以用无线电来发送，而无线电信息可以传到电报传不到的地方。

马可尼在“历史上最有影响的100人”中的名次比亚历山大·格雷厄尔·贝尔排得高些，是因为无线电通讯比电报的发明更为重要。把爱迪生排得比马可尼略高些，是因为爱迪生做出了很多项发明，尽管其中没有一项有无线电那样重要。既然无线电和电视只是迈克尔·法拉第和詹姆斯·克拉克·麦克斯韦学说实际应用的一小部分，马可尼的名次落在这两位人物之后似乎不无道理。只有极少数最重要的政治人物对世界的影响可以与马可尼相提并论，这一点似乎也是不言而喻的。因此，马可尼在“历史上最有影响的100人”中的名次排在第41位。

第三十五位

爱因斯坦

（1879—1955）

德裔美国物理学家、思想家及哲学家

阿尔伯特·爱因斯坦，德裔美国物理学家、思想家及哲学家，相对论创立者，现代物理学的开创者和奠基人。1999 年 12 月 26 日，爱因斯坦被美国《时代周刊》评选为“世纪伟人”。

爱因斯坦青年时期

爱因斯坦于 1979 年 3 月 14 日出生在德国北部的乌尔姆城，父亲是电气工程师。在家庭的熏陶下，他爱上了科学，不仅善于思考，而且喜欢文体活动。15 岁时，全家离开德国来到意大利。

19 世纪末是物理学的大变革时期，爱因斯坦从实验事实出发，重新考查了物理学的基本概念，在理论上作出了根本性的突破。他的一些成就大大推动了天文学的发展。他的量子理论对天体物理学，特别是对理论天体物理学有很大的影响。理论天体物理学的第一个成熟的方面——恒星大气理论，就是在量子理论和辐射理论的基础上建立起来的。爱因斯坦的狭义相对论成功地揭示了能量与质量之间的关系，坚守着“上帝不掷骰子”的量子论诠释（微粒子振动与平动的矢量和）的决定论阵地，解决了长期存在的恒星能源来源的难题。近年来发现的越来越多的高能物理现象，狭义相对论已成为解释这种现象的一种最基本的理论工具。其广义相对论也解决了一个天文学上多年的不解之谜，并推断出后来被验证的光线弯曲现象，还成为后来许多天文概念的理论基础。

2009 年 10 月 4 日，诺贝尔基金会评选“1921 年物理学奖得主爱因斯坦”为诺贝尔奖百余年历史上最受尊崇的 3 位获奖者之一（其他两位是 1964 年和平奖得主马丁路德金和 1979 年和平奖得主德兰修女）。

爱因斯坦 16 岁时报考瑞士苏黎世的联邦工业大学工程系，可是入学考试却告以失败。看过他的数学和物理考卷的该校物理学家韦伯先生却慧眼识英才，称赞他："你是个很聪明的孩子，爱因斯坦，一个非常聪明的孩子，但是你有一个很大的缺点：就是你不想表现自己。"

韦伯先生讲对了，爱因斯坦在数学方面是有"天才"的。他在12岁到16岁时就已经自学了解析几何和微积分。而对于不想表现自己这个"缺点"，他也是"死不悔改"。他晚年写给朋友的信中说："我年轻时对生活的需要和期望是能在一个角落安静地做我的研究，公众可以不会对我完全注意，可是现在却不能了。"

爱因斯坦中年时期

1948年5月14日，以色列国诞生，但不久以色列与周围阿拉伯国家的战争便爆发了。已经定居在美国10多年的爱因斯坦立即向媒体宣称："现在，以色列人再不能后退了，我们应该战斗。犹太人只有依靠自己，才能在一个对他们存有敌对情绪的世界上生存下去。"1952年11月9日，爱因斯坦的老朋友以色列首任总统魏茨曼逝世。在此前一天，就有以色列驻美国大使向爱因斯坦转达了以色列总理本·古里安的信，正式提请爱因斯坦为以色列共和国总统候选人。爱因斯坦委婉拒绝并在报上发表声明，正式谢绝出任以色列总统。在爱因斯坦看来，"当总统可不是一件容易的事。"同时，他还再次引用他自己的话："方程对我更重要些，因为政治是为当前，而方程却是一种永恒的东西。"

一、爱因斯坦与中国

早在1919年，爱因斯坦的相对论就开始介绍到中国，特别是通过1920年英国哲学家罗素来华讲学，给中国学术界留下了深刻的印象。爱因斯坦本人的目光也曾一次次地投射到古老而陌生的中国。1922年冬天，他应邀到日本讲学，往返途中两次经过上海，一共停留了3天，亲眼看到了处于苦难中的中国并寄予深切的同情。他在旅行日记中记下"悲惨的图像"和他的感慨："在外表上，中国人受人注意的是他们的勤劳，是他们对生活方式和儿童福利要求的低微。他们要比印度人更乐观，更天真。但他们大多数是负担沉重的：男男女女为每日五分钱的工资天天在敲石子。他们似乎愚钝得不理解他们命运的可怕。""爱因斯坦看到这个在劳动着，呻吟着，却是一个顽强的民族，他的社会同情心再度被唤醒。他认为，这是地球上最贫困的民族，他们被残酷地虐待着，他们所受的待遇比牛马还不如。"（许良英等编译《爱因斯坦文集》，商务印书馆，1979年版，第20、21页）十几年后（1936年），爱因斯坦在美国普林斯顿大学与前来年进修的周培源进行第一次交谈时就说："中国人民是苦难的人民。"他的同情是真挚的、

爱因斯坦老年时期

爱因斯坦搞怪的一面

发自内心的，不是挂在嘴上而是付诸行动的。

1931年“九一八”事变发生，日本从东北作为突破口侵略中国的狼子野心已昭然若揭，当时的国际社会却表现出无奈和无能。当年11月17日，爱因斯坦公开谴责日本侵略东三省的行径，呼吁各国联合起来对日本进行经济制裁，可惜回音空荡。1932年10月，“五四运动的总司令”（毛泽东语）、中国共产党的创始人陈独秀（当时已被开除党籍）在上海被捕，他和罗素、杜威等具有国际声望的知识分子联名致电蒋介石要求释放。1937年3月，主张抗日的沈钧儒、章乃器、王造时、史良等“七君子”锒铛入狱后，他又联合杜威、孟禄等著名知识分子通电援救，向当时的中国当局施加道义的压力。1938年6月，为了帮助中国的抗日战争，他还和罗斯福总统的长子一同发起“援助中国委员会”，在美国2000个城镇开展援华募捐活动。

爱因斯坦是真正的世界公民，他的爱是没有国界的，他对中国的感情没有任何功利色彩，完全建立在人类的同情心和强烈的人道主义情怀之上。他的思想也对中国产生深刻而久远的影响，“九一八”事变后不久，还在读初二的少年许良英就是他的热情崇拜者，希望长大了做一个像他那样的科学家。1934年，爱因斯坦的文集《我的世界观》在欧洲出版，几年后（1937年抗战前夕）就有了中译本，是留学法国的物理学教授叶蕴理根据法文译本转译的，由于国难当头，这本书并没有引起多少反响，但青年许良英在1938年上大学前有幸买到了一本并认真精读了一遍，深受启发，开始严肃地思考人生的意义、人与国家的关系等问题，爱因斯坦的许多至理名言令他终生难忘，爱因斯坦的影响在他未来的人生道路上始终占有重要地位。1955年，爱因斯坦去世后，许良英和周培源都曾发表长篇悼念文章。不幸的是1968年到1976年的8年间，爱因斯坦在中国竟成了“本世纪以来自然科学领域中最大的资产阶级反动学术权威”，“四人帮”掀起了一场荒诞的批评爱因斯坦的运动，好在多数科学家不予理睬，实际上进行了抵制。1979年，北京还隆重举行了爱因斯坦100周年诞辰纪念大会。

二、相对论的创立

1. 狭义相对论的创立

爱因斯坦16岁时就从书本上了解到光是以很快速度前进的电磁波，他产生了一个想法，如果一个人以光的速度运动，他将看到一幅什么样的世界景象呢？他将看不到前进的光，只能看到在空间里振荡着却停滞不前的电磁场。这种事可能发生吗?

与此相联系，他非常想探讨与光波有关的所谓以太的问题。以太这个名词源于希腊，用以代表组成天上物体的基本元素。17世纪，笛卡尔首次将它引入科学，作为传播光的媒质。其后，惠更斯进一步发展了以太学说，认为荷载光波的媒介物是以太，它应该充满包括真空在内的全部空间并能渗透到通常的物质中。与惠更斯的看法不同，牛顿提出了光的微粒说。牛顿认为，发光体发射出的是以直线运动的微粒粒子流，粒子流冲击视网膜就引起视觉。18世纪牛顿的微粒说占了上风，然而到了19世纪，却是波动说占了绝对优势，以太的学说也因此大大发展。当时的看法是，波的传播要依赖于媒质，因为光可以在真空中传播，传播光波的媒质是充满整个空间的以太，也叫光以太。与此同时，电磁学得到了蓬勃发展，经过麦克斯韦、赫兹等人的努力，形成了成熟的电磁现象的动力学理论——电动力学，并从理论与实践上将光和电磁现象统一起来，认为光就是一定频率范围内的电磁波，从而将光的波动理论与电磁理论统一起来。以太不仅是光波的载体，也成了电磁场的载体。直到19世纪末，人们企图寻找以太，然而从未在实验中发现以太。

但是，电动力学遇到了一个重大的问题，这与牛顿力学所遵从的相对性原理不一致。关于相对性原理的思想，早在伽利略和牛顿时期就已经有了。电磁学的发展最初也是纳入牛顿力学的框架，但在解释运动物体的电磁过程时却遇到了困难。按照麦克斯韦理论，真空中电磁波的速度，也就是光的速度是一个恒量，然而按照牛顿力学的速度加法原理，不同惯性系的光速不同，这就出现了一个问题：适用于力学的相对性原理是否适用于电磁学?例如，有两辆汽车，一辆向你驶近，一辆驶离。你看到前一辆车的灯光向你靠近，后一辆车的灯光远离。按照麦克斯韦的理论，这两种光的速度相同，汽车的速度在其中不起作用。但根据伽利略的理论，这两项的测量结果不同。向你驶来的车将发出的光加速，即前车的光速＝光速＋车速；而驶离车的光速较慢，因为后车的光速＝光速－车速。麦克斯韦与伽利略关于速度的说法明显相悖。我们如何解决这一分歧呢?

19世纪理论物理学达到了巅峰状态，但其中也隐含着巨大的危机。海王星的发现显示出牛顿力学无比强大的理论威力，电磁学与力学的统一使物理学显示出一种形式上的完整，并被誉为“一座庄严雄伟的建筑体系和动人心弦的美丽庙堂”。在人们的心目中，古典物理学已经达到了近乎完美的程度。德国著名的物理学家普朗克年轻时曾向他的老师表示要献身于理论物理学，老师劝他说："年轻人，物理学是一门已经完成了的科学，不会再有多大的发展了，将一生献给这门学科，太可惜了。"

爱因斯坦似乎就是那个将构建崭新的物理学大厦的人。在伯尔尼专利局的日子里，爱因斯坦广泛关注物理学界的前沿动态，在许多问题上深入思考，并形成了自己独特的见解。在10年的探索过程中，爱因斯坦认真研究了麦克斯韦电磁理论，特别是经过赫兹和洛伦兹发展和阐述的电动力学。爱因斯坦坚信电磁理论是完全正确的，但是有一个问题使他不安，这就是绝对参照系以太的存在。他阅读了许多著作发现，所有试图证明以太存在的试验都是失败的。经过研究爱因斯坦发现，除了作为绝对参照系和电磁场的荷载物外，以太在洛伦兹理论中已经没有实际意义。于是他想到：以太绝对参照系是必要的吗？电磁场一定要有荷载物吗？

爱因斯坦喜欢阅读哲学著作，并从哲学中吸收思想营养，他相信世界的统一性和逻辑的一致性。相对性原理已经在力学中被广泛证明，但在电动力学中却无法成立，对于物理学这两个理论体系在逻辑上的不一致，爱因斯坦提出了怀疑。他认为，相对论原理应该普遍成立，因此，电磁理论对于各个惯性系应该具有同样的形式，但在这里出现了光速的问题。光速是不变的量还是可变的量，成为相对性原理是否普遍成立的首要问题。当时的物理学家一般都相信以太，也就是相信存在着绝对参照系，这是受到牛顿的绝对空间概念的影响。19世纪末，马赫在所著的《发展中的力学》中，批判了牛顿的绝对时空观，这给爱因斯坦留下了深刻的印象。1905年5月的一天，爱因斯坦与朋友贝索讨论这个已探索了10年的问题，贝索按照马赫主义的观点阐述了自己的看法，俩人讨论了很久。突然，爱因斯坦领悟到了什么，回到家经过反复思考，终于想明白了问题。第二天，他又来到贝索家，说："谢谢你，我的问题解决了。"原来爱因斯坦想清楚了一件事：时间没有绝对的定义，时间与光信号的速度有一种不可分割的联系。他找到了开锁的钥匙，经过5个星期的努力工作，爱因斯坦把狭义相对论呈现在人们面前。

1905年6月30日，德国《物理学年鉴》接受了爱因斯坦的论文《论动体的电动力学》，同年9月发表在该刊上。这篇论文是关于狭义相对论的第一篇文章，它包含了狭义相对论的基本思想和基本内容。狭义相对论所根据的是两条原理：相对性原理和光速不变原理。爱因斯坦解决问题的出发点，是他坚信相对性原理。伽利略最早阐述过相对性原理的思想，但他没有对时间和空间给出过明确的定义。牛顿建立力学体系时也讲了相对性思想，但又定义了绝对空间、绝对时间和绝对运动，在这个问题上他是矛盾的。而爱因斯坦大大发展了相对性原理，在他看来，根本不存在绝对静止的空间，同样也不存在绝对同一的时间，所有时间和空间都是和运动的物体联系在一起的。任何一个参照系和坐标系，都只有属于这个参照系和坐标系的空间和时间。对于一切惯性系，运用该参照系的空间和时间所表达的物理规律，它们的形式都是相同的，这就是相对性原理，严格地说是狭义的相对性原理。在这篇文章中，爱因斯坦没有多讨论将光速不变作为基本原理的根据，他提出光速不变是一个大胆的假设，是从电磁理论和相对性原理的要求而提出来的。这篇文章是爱因斯坦多年来思考以太与电动力学问题的结果，他从同时的相对性这一点作为突破口，建立了全新的时间和空间理论，并在新的时空理论基础上给动体的电动力学以完整的形式，以太不再是必要的，以太漂流是不存在的。

什么是同时性的相对性？不同地方的两个事件我们何以知道它是同时发生的呢？一般来说，我们会通过信号来确认。为了得知异地事件的同时性我们就得知道信号的传递速度，但如何测出这一速度呢？我们必须测出两地的空间距离以及信号传递所需的时间，空间距离的测量很简单，麻烦在于测量时间，我们必须假定两地各有一只已经对好了的钟，从两个钟的读数可以知道信号传播的时间。但我们如何知道异地的钟对好了呢？答案是还需要一种信号。这个信号能否将钟对好？如果按照先前的思路，它又需要一种新信号，这样无穷后退，异地的同时性实际上无法确认。不过有一点是明确的，同时性必与一种信号相联系，否则我们说这两件事同时发生是无意义的。

光信号可能是用来对时钟最合适的信号，但光速非无限大，这样就产生一个新奇的结论，对于静止的观察者来说是同时的两件事，对于运动的观察者就不是同时的了。我们设想一个高速运行的列车，它的速度接近光速。列车通过站台时，甲站在站台上，有两道闪电在甲眼前闪过，一道在火车前端，一道在后端，并在火车两端及平台的相应部位留下痕迹，通过测量，甲与列车两端的间距相等，得出的结论是，甲是同时看到两道闪电的。因此，对甲来说，收到的两个光信号在同一时间间隔内传播同样的距离，并同时到达他所在位置，这两起事件必然在同一时间发生，它们是同时的。但对于在列车内部正中央的乙，情况就不同了，因为乙与高速运行的列车一同运动，因此，他会先截取向着他传播的前端信号，然后收到从后端传来的光信号。对乙来说，这两起事件是不同时的。也就是说，同时性不是绝对的，而取决于观察者的运动状态。这一结论否定了牛顿力学中引以为基础的绝对时间和绝对空间框架。

相对论认为，光速在所有惯性参考系中不变，它是物体运动的最大速度。由于相对论效应，运动物体的长度会变短，运动物体的时间膨胀。但由于日常生活中所遇到的问题，运动速度都是很低的（与光速相比），看不出相对论效应。

爱因斯坦在时空观的彻底变革的基础上建立了相对论力学，指出质量随着速度的增加而增加，当速度接近光速时，质量趋于无穷大。他还给出了著名的质能关系式：$E=mc^2$。质能关系式对后来的原子能事业起到了指导作用。

2. 广义相对论的建立

1905 年，爱因斯坦发表了关于狭义相对论的第一篇文章后，并没有立即引起很大的反响。但是德国物理学的权威人士普朗克注意到了他的文章，认为爱因斯坦的工作可以与哥白尼相媲美，正是由于普朗克的推动，相对论很快成为人们研究和讨论的课题，爱因斯坦也受到了学术界的注意。

1907 年，爱因斯坦听从友人的建议，提交了那篇著名的论文申请联邦工业大学的编外讲师职位，但得到的答复是论文无法理解。虽然在德国物理学界爱因斯坦已经很有名气，但在瑞士，他却得不到一个大学的教职，许多有名望的人开始为他鸣不平。1908 年，爱因斯坦终于得到了编外讲师的职位，并在第二年当上了副教授。1912 年，爱因斯坦当上了教授。1913 年，应普朗克之邀担任新成立的威廉皇帝物理研究所所长和柏林大学教授。

在此期间，爱因斯坦在考虑怎样将已经建立的相对论推广，对于他来说，有两个问题使他不安。第一个是引力问题，狭义相对论对于力学、热力学和电动力学的物理规律来说是正确的，但是它不能解释引力问题。牛顿的引力理论是超距的，两个物体之间的引力作用在瞬间传递，即以无穷大的速度传递，这与相对论依据的场的观点和极限的光速冲突。第二个是非惯性系问题，狭义相对论与以前的物理学规律一样，都只适用于惯性系。但事实上却很难找到真正的惯性系。从逻辑上说，一切自然规律不应该局限于惯性系，必须考虑非惯性系。狭义相对论很难解释所谓的双生子佯谬，该佯谬说的是：有一对孪生兄弟，哥哥在宇宙飞船上以接近光速的速度做宇宙航行，根据相对论效应，高速运动的时钟变慢，等哥哥回来，弟弟已经变得很老了，因为地球上已经经历了几十年。而按照相对性原理，飞船相对于地球高速运动，地球相对于飞船也高速运动，弟弟看哥哥变年轻了，哥哥看弟弟也应该年轻了。这个问题简直没法回答。实际上，狭义相对论只处理匀速直线运动，而哥哥要回来必须经过一个变速运动过程，这是相对论无法处理的。正在人们忙于理解相对狭义相对论时，爱因斯坦接受完成广义相对论。

1907年，爱因斯坦撰写了关于狭义相对论的长篇文章《关于相对性原理和由此得出的结论》，在这篇文章中爱因斯坦第一次提到了等效原理。此后，爱因斯坦关于等效原理的思想又不断发展。他以惯性质量和引力质量成正比的自然规律作为等效原理的根据，提出在无限小的体积中均匀的引力场完全可以代替加速运动的参照系。爱因斯坦还提出了封闭箱的说法：在一封闭箱中的观察者，不管用什么方法也无法确定他究竟是静止于一个引力场中，还是处在没有引力场却在作加速运动的空间中，这是解释等效原理最常用的说法，而惯性质量与引力质量相等是等效原理一个自然的推论。

1915年11月，爱因斯坦先后向普鲁士科学院提交了4篇论文。在这4篇论文中，他提出了新的看法，证明了水星近日点的进动，并给出了正确的引力场方程。至此，广义相对论的基本问题都解决了，广义相对论诞生了。1916年，爱因斯坦完成了长篇论文《广义相对论的基础》，在这篇文章中，爱因斯坦首先将以前适用于惯性系的相对论称为狭义相对论，将只对于惯性系物理规律成立的原理称为狭义相对性原理，并进一步表述了广义相对性原理：物理学的定律必须对于无论哪种方式运动着的参照系都成立。

爱因斯坦的广义相对论认为，由于有物质的存在，空间和时间会发生弯曲，而引力场实际上是一个弯曲的时空。爱因斯坦用太阳引力使空间弯曲的理论，很好地解释了水星近日点进动中一直无法解释的43秒。广义相对论的第二大预言是引力红移，即在强引力场中光谱向红端移动，20世纪20年代，天文学家在天文观测中证实了这一点。广义相对论的第三大预言是引力场使光线偏转。最靠近地球的大引力场是太阳引力场，爱因斯坦预言，遥远的星光如果掠过太阳表面将会发生1.7秒的偏转。1919年，在英国天文学家爱丁顿的倡导下，英国派出了两支远征队分赴两地观察日全食，经过认真的研究得出最后的结论是：星光在太阳附近的确发生了1.7秒的偏转。英国皇家学会和皇家天文学会正式宣读了观测报告，确认广义相对论的结论是正确的。会上，著名物理学家、皇家学会会长汤姆孙说："这是自从牛顿时代以来所取得的关于万有引力理论的最重大的成果"，"爱因斯坦的相对论是人类思想最伟大的成果之一"。爱因斯坦成了新闻人物，他在1916年写了一本介绍相对论的通俗书籍《狭义与广义相对论浅说》，到1922年已经再版了40次，还被译成了十几种文字，广为流传。

三、相对论的意义

狭义相对论和广义相对论的建立，已经过去了很长时间，它经受住了实践和历史的考验，是人们普遍承认的真理。相对论对于现代物理学和现代人类思想的发展都有巨大的影响。相对论从逻辑思想上统一了经典物理学，使经典物理学成为一个完美的科学体系。狭义相对论在狭义相对性原理的基础上统一了牛顿力学和麦克斯韦电动力学两个体系，指出它们都服从狭义相对性原理，都是对洛伦兹变换协变的，牛顿力学只不过是物体在低速运动下很好的近似规律。广义相对论又在广义协变的基础上，通过等效原理，建立了局域惯性长与普遍参照系数之间的关系，得到了所有物理规律的广义协变形式，并建立了广义协变的引力理论，而牛顿引力理论只是它的一级近似。这就从根本上解决了以前物理学只限于惯性系数的问题，从逻辑上得到了合理的安排。相对论严格地考察了时间、空间、物质和运动这些物理学的基本概念，给出了科学而系统的时空观和物质观，从而使物理学在逻辑上成为完美的科学体系。

狭义相对论给出了物体在高速运动下的运动规律，并提示了质量与能量相当，给出了质能关系式。这两项成果对低速运动的宏观物体并不明显，但在研究微观粒子时却显示了极端的重要性。因为微观粒子的运动速度一般都比较快，有的接近甚至达到光速，所以粒子的物理学离不开相对论。质能关系式不仅为量子理论的建立和发展创造了必要的条件，而且为原子核物理学的发展和应用提供了根据。

对于爱因斯坦引入的这些全新的概念，当时世界上大部分物理学家，其中包括相对论变换关系的奠基人洛仑兹，都觉得难以接受。甚至有人说"当时全世界只有两个半人懂相对论"。旧的思想方法的障碍，使这一新的物理理论直到一代人之后才为广大物理学家所熟悉。就连瑞典皇家科学院，1922年把诺贝尔物理学奖授予爱因斯坦时，也只是说"由于他对理论物理学的贡献，更由于他发现了光电效应的定律。"对爱因斯坦的诺贝尔物理学奖颁奖辞中竟然对于爱因斯坦的相对论只字未提。

物质不灭定律，说的是物质的质量不灭；能量守恒定律，说的是物质的能量守恒。

虽然这两条伟大的定律相继被人们发现了，但是人们以为这是两个风马牛不相关的定律，各自说明了不同的自然规律。甚至有人以为，物质不灭定律是一条化学定律，能量守恒定律是一条物理定律，它们分属于不同的科学范畴。

爱因斯坦认为，物质的质量是惯性的量度，能量是运动的量度；能量与质量并不是彼此孤立的，而是互相联系，不可分割的。物体质量的改变，会使能量发生相应的改变；而物体能量的改变，也会使质量发生相应的改变。

在狭义相对论中，爱因斯坦提出了著名的质能公式：

$E=mc^2$（这里的 E 代表物体的能量，m 代表物体的质量，c 代表光的速度，即每秒 30 万公里）。

爱因斯坦的理论，最初受到许多人的反对，就连当时一些著名物理学家也对这位年轻人的论文表示怀疑。然而，随着科学的发展，大量的科学实验证明了爱因斯坦的理论是正确的，爱因斯坦才成为世界著名的科学家，成为 20 世纪最伟大的科学家。

爱因斯坦从更新的高度，阐明了物质不灭定律和能量守恒定律的实质，指出了两条定律之间的密切关系，使人类对大自然的认识又深了一步。

光照射到某些物质上，引起物质的电性质发生变化。这类光致电变的现象被人们统称为光电效应（Photoelectric effect）。

光电效应分为光电子发射、光电导效应和光生伏特效应。前一种现象发生在物体表面，又称外光电效应。后两种现象发生在物体内部，称为内光电效应。

赫兹于 1887 年发现光电效应，爱因斯坦第一个成功地解释了光电效应。金属表面在光辐照作用下发射电子的效应，发射出来的电子叫做光电子。光的波长小于某一临界值时方能发射电子，即极限波长，对应的光的频率叫做极限频率。临界值取决于金属材料，而发射电子的能量取决于光的波长而与光的强度无关，这一点无法用光的波动性解释。还有一点与光的波动性相矛盾，即光电效应的瞬时性，按波动性理论，如果入射光较弱，照射的时间要长一些，金属中的电子才能积累足够的能量，飞出金属表面。可事实是，只要光的频率高于金属的极限频率，光的亮度无论强弱，光子的产生都几乎是瞬时的，不超过 10^{-9} 秒。正确的解释是：光必定是由与波长有关的严格规定的能量单位（即光子或光量子）

所组成。

光电效应里，电子的射出方向不是完全定向的，只是大部分都垂直于金属表面射出，与光照方向无关。光是电磁波，但光是高频震荡的正交电磁场，振幅很小，不会对电子射出方向产生影响。

爱因斯坦是量子力学的催生者之一，但他不满意量子力学的后续发展，认为“量子力学（以玻恩为首的哥本哈根诠释：“基本上，量子系统的描述是概率的。一个事件的概率是波函数的绝对值平方。”）不完整”，但苦于没有好的解说样板，也就有了著名的“上帝不掷骰子”的否定式呐喊！其实，爱因斯坦的直觉是对的，决定论的量子诠释才是“量子论诠释”的本真、根源。他到过逝前都没有承认量子力学是一个完备的理论。他还有另一个名言：“月亮是否只在你看着他的时候才存在?”

四、爱因斯坦和宇宙常数

爱因斯坦在提出相对论的时候，曾将宇宙常数（为了解释物质密度不为零的静态宇宙的存在，他在引力场方程中引进一个与度规张量成比例的项，用符号 Λ 表示。该比例常数很小，在银河系尺度范围内可忽略不计。只在宇宙尺度下，Λ 才可能有意义，所以叫做宇宙常数，即所谓的反引力的固定数值。）代入他的方程。他认为，有一种反引力，能与引力平衡，促使宇宙有限而静态。当哈勃得意洋洋地用天文望远镜展示给爱因斯坦看时，爱因斯坦惭愧极了，他说：“这是我一生所犯下的最大错误。”宇宙是膨胀着的！哈勃等认为，反引力是不存在的，由于星系间的引力，促使膨胀速度越来越慢。

那么，爱因斯坦就完全错了吗？不。星系间有一种扭旋的力，促使宇宙不断膨胀，即暗能量。70 亿年前，它们“战胜”了暗物质，成为宇宙的主宰。最新研究表明，按质量成分（只算实质量，不算虚物质）计算，暗物质和暗能量约占宇宙的 96%。看来，宇宙将不断加速膨胀，直至解体死亡（目前也有其他说法，争议不休）。宇宙常数虽存在，但反引力的值远超过引力。也难怪这位倔强的物理学家与波尔在量子力学上的争论：“上帝是不掷骰子的(即不要指挥上帝如何决定宇宙的命运)!”

林德饶有风趣地说：“现在，我终于明白，为什么他（爱因斯坦）这么喜欢这个理论，多年后依然研究宇宙常数，宇宙常数依然是当今物理学最大的疑问之一。”

五、“老年运动家”爱因斯坦

爱因斯坦是一位成就辉煌的科学家。但他从小喜欢运动，一生坚持不懈，直到老年，人们尊称他为“老年运动家”。

有人认为科学家都是成天坐在试验室，摆弄机器，计算数据，生活单调，性格孤僻。其实，不少科学家把生活安排得非常丰富多彩，充满生气，爱因斯坦就是一个典型例子。他在学习或工作十分紧张的情况下，仍抽空参加多种文体活动，尤其喜欢爬山、骑车、赛艇、散步等体育活动。有人形容他工作时的劲头“简直像个疯子，似乎有使不完的精力。”一位伟人说过：“不会休息的人，就不会工作。”爱因斯坦这种充沛的精力，正是来自他的合理休息和经常锻炼的结果。

他常对人说：“学习时间是个常数，它的效率却是个变数，单独追求学习时间是不明智的，最重要的是提高学习效率。”他认为必须通过文体活动，才能获得充沛的精力，保持清醒的头脑。爱因斯坦还根据自己的亲身体会，总结出一个公式，即 $X=A+B+C$，X 代表成就，A 代表劳动，B 代表休息和活动，C 代表少说废话。他把这个公式的内容概括成两句话：工作和休息是走向成功之路的阶梯，珍惜时间是有所建树的重要条件。

1900 年毕业于苏黎世联邦理工学院，加入瑞士国籍。1905 年获苏黎世大学哲学博士学位，曾在伯尔尼专利局任职。1913 年返回德国，任柏林威廉皇帝物理研究所所长和柏林大学教授，并当选为普鲁士科学院院士。1933 年因受纳粹政权迫害，迁居美国，任普林斯顿高级研究所教授，从事理论物理研究。1940 年入美国国籍。他有一句熟悉的格言是：“任何事都是相对的。”但爱因斯坦的理论可不是这一哲学式陈词滥调的重复，它是一种精确的用数学表述的方法。在此方法中，科学的度量是相对的。对于时间和空间的主观感受依赖于观测者本身。

爱因斯坦在物理学上取得伟大成就以后，在世界上获得了很高的荣誉，但是他从来不图虚名，生活一直艰苦朴素。进入中年以后，才华横溢，成就越来越大，不少国家请他去访问和讲学。有一次，他去比利时访问，国王和王后特地成立了一个接待委员会。那一天，火车站上张灯结彩，鼓乐齐鸣，许多官员身穿笔直的礼服，准备隆重地欢迎这位杰出的科学家。火车到站以后，旅客纷纷走下车来，却不见爱因斯坦的影子，他到哪里去了呢？原来，他避开了那些前来欢迎的人，一手提着皮箱，一手拿着小提琴，由小车站步行走向王宫。负责招待的人没有迎来贵宾，正在焦急地向王后报告，爱因斯坦风尘仆仆地来到了。王后问他："为什么不乘我派去的车子，偏偏徒步而行呢?"他却笑着回答说："王后，请不要见怪，我平生喜欢步行，运动带给了我无穷的乐趣。"

爱因斯坦晚年时，还坚持劳动、坚持锻炼，他经常从事一些家务劳动和栽花、浇水、剪枝，还经常邀请朋友去爬山，有意识地磨炼意志，锻炼身体。有一次爱因斯坦和居里夫人及其两个女儿，兴致勃勃地攀登瑞士东部的安加丁冰川。他们按照登山运动员的要求，身背干粮袋，手持木拐杖，顺着山径往上爬。在旅途中，爱因斯坦谈笑风生，十分活跃，好像年轻人一样。从此，人们赠给他一个光荣的称号："老年运动家"。

六、爱因斯坦逝世

1955 年 4 月 18 日，科学巨人爱因斯坦病逝。他生前立有遗嘱，要求把他的骨灰撒在不为人知的地方，不发讣告，不建坟墓，不立纪念碑。火化时免除所有公共集会，免除所有宗教仪式，免除所有花卉布置及所有音乐典礼。根据他的遗嘱，火化时在场的人只有：大儿子汉斯·爱因斯坦，遗嘱执行人、经济学家纳坦，爱因斯坦最忠实的合作者杜卡斯，助手诺伊施泰因，图书管理员范托娃，以及他的妻子等 12 人。没有奏乐，没有花卉，小教堂里一片寂静。只有遗嘱执行者纳坦在结束仪式时，念了歌德悼念席勒的诗，表达自己的哀思：

我们全都获益匪浅，
全世界都感谢他的教诲；
那专属他个人的东西，
早已传遍广大人群。
他像行将陨灭的彗星，光华四射，
把无限的光芒同他的光芒永相结合。

七、爱因斯坦给我们的 10 个宝贵建议

阿尔伯特·爱因斯坦是 20 世纪最伟大的物理学家。他提出了很多的普遍定理和方程式，使他一直超越其他科学家。同时，爱因斯坦教授也是一位哲学家，他清楚地懂得什么是成功法则，他能像解释他的方程式那样解释这些法则。以下是从他无数极精彩的话语中提取出来的生活之中的 10 条宝贵建议：

1. 不曾犯错的人从来不曾尝试新事物。
2. 教育是一个人在学校学到的唯一不被遗忘的东西。

3. 我已经受够了作为一个能自由地控制想象力的大师。想象力比知识更重要。因为知识是有限的，而想象力却能畅游整个世界。

4. 创意的奥秘是知道如何隐藏你的创意来源。

5. 一个人的价值，在于他贡献什么，而不是他能取得什么。不要渴望成为一个成功的人，而是应该努力做一个有价值的人。

6. 天下只有两种生活方式：人生不存在奇迹；人生处处孕育着奇迹。

7. 在我审视自己和我的思考方式时，我的结论是：在吸收有益的知识方面，对我而言奇思玄想的天赋，比我的才干更重要。

8. 要成为羊群中优秀的一员，你就必须先成为一只羊。

9. 你必须去学习游戏规则。然后，你还要比别人玩得更好。

10. 最重要的是不要停止问问题。好奇心的存在，自有它的道理。

第三十六位

弗莱明

（1881—1955）

英国细菌学家，青霉素发明者

青霉素（也叫盘尼西林）的发现者亚历山大·弗莱明于1881年出生在苏格兰的洛克菲尔德。弗莱明从伦敦圣马利亚医院医科学校毕业后，从事免疫学研究；后来在第一次世界大战中作为一名军医，研究伤口感染。他注意到许多防腐剂对人体细胞的伤害甚于对细菌的伤害，他认识到需要某种有害于细菌而无害于人体细胞的药品。

战后弗莱明返回圣马利亚医院。1922年他在做实验时，发现了一种被他称之为溶菌酶的物质。溶菌酶产生在体内黏液和眼泪中，对人体细胞无害。它能够消灭某些细菌，但不幸的是在那些对人类特别有害的细菌面前却无能为力。因此，这项发现虽然独特，却不具有十分重要的价值。

1928年9月15日，亚历山大·弗莱明发现了青霉素，这使他在全世界赢得了25个名誉学位、15个城市的荣誉市民称号以及其他140多项荣誉，其中包括1945年的诺贝尔医学奖。

每个小学生都读过弗莱明的传奇故事——他在皮氏培养皿中发现青霉素真菌；攻克一道道技术难关；同众多持怀疑态度的人展开长期不懈的斗争，最终取得了胜利。青霉素的发明成为20世纪医学界最伟大的创举。

弗莱明从一个穷苦农民的儿子成长为卓有学识的细菌学家，在伦敦圣玛丽医院从事细菌学研究几乎就是他事业的全部。

弗莱明两次在实验室里获得意外发现的故事已广为人知。第一次是1922年，患了感冒的弗莱明无意中对着培养细菌的器皿打了个喷嚏，后来他注意到，在这个培养皿中，凡沾有喷嚏黏液的地方没有一个细菌生成。随着进一步的研究，弗莱明发现了溶菌酶——在体液和身体组织中找到的一种可溶解细菌的物质，他以为这可能就是获得有效天然抗菌剂的关键。试验表明，这种溶菌酶只对无害的微生物起作用。

1928 年，幸运之神再次降临。在弗莱明外出休假的两个星期里，一只未经刷洗的废弃的培养皿中长出了一种神奇的真菌。他又一次观察到这种真菌的抗菌作用——细菌覆盖了器皿中没有沾染这种真菌的所有部位。不过，这一次感染的细菌是葡萄球菌，这是一种严重的、有时会致命的感染源。经证实，这种真菌液还能够阻碍其他多种病毒性细菌的生长。青霉素（弗莱明在确认这种真菌是一种青真菌之后选定了这个名字）是否就是他长期以来一直在寻找的天然抗生素？它是可敷在伤口上的有效杀菌剂吗？进一步的试验表明，这种抗生素作用缓慢，且很难大量生产，他的热情也随之降了下来。在他转向其他研究项目之前，他在 1929 年发表的一篇论文中介绍了自己的上述发现，但当时这篇论文并未引起人们的重视。

弗莱明在论文中提到青霉素可能是一种抗生素，仅此而已。他没有开展观察青霉素治疗效果的系统试验。他给健康的兔子和老鼠都注射过细菌培养液的过滤液——进行青霉素的毒性试验，但从未给患病的动物注射过。如果当时他做了这方面的试验，这种“神奇药物”很可能会提早 10 年问世。

在英美两国媒体的共同努力下，关于弗莱明为创造一项医学奇迹而坚持不懈奋斗的传奇故事很快就诞生了。媒体在科学史上几乎很少犯下如此愚蠢的错误——它们把弗莱明描述成发现青霉素的天才，而对牛津大学的研究小组要么只字不提，要么仅用几句话一带而过。但在弗莱明本人的演讲中，他总是把青霉素的诞生归功于弗洛里、钱恩和他的同事所做的研究。

诺贝尔奖评奖委员会并没有受舆论的蒙蔽而将 1945 年的诺贝尔医学奖授予弗莱明一人。作为弗莱明的合作者，弗洛里和钱恩与他共同获得了诺贝尔医学奖。

亚历山大·弗莱明 1955 年逝世，终年 74 岁。持修正观点的传记作家和历史学家们及时写出了关于青霉素发明过程的真实故事。

第三十七位

贝尔德

（1888—1946）

电视发明家

1888 年，贝尔德生于英国苏格兰，少年时他就读于皇家技术学校，在那里听到了有关电视实验的情况。毕业后，他曾经营过肥皂业，但是他的兴趣不在这，他迷恋上了电视研究。1906 年，年仅 18 岁的贝尔德从故乡苏格兰移居英格兰西南部的黑斯迁斯，在那里建立了一个实验室，着手对电视的研究。贝尔德没有实验经费，只好从旧货摊、废物堆里觅来种种代用品，装配了一整套用胶水、细绳、火漆及密密麻麻的电线黏结和串联起来的实验装置。贝尔德用这套装置夜以继日地进行实验，耐心地装了又拆，拆了又装，不断加以改进。失败一次又一次的接踵而来，贝尔德从一个稚嫩的小伙子变成了满脸胡子的中年人，长期的饥饿与劳累使得他的健康状况变得极坏。他贫病交加，不名一文，不知道怎样维持这难熬的日子，只知道一心扑在电视实验上。功夫不负有心人，1924 年春天，他终于成功地发射了一朵十字花，那图像还只是一个忽隐忽现的轮廓，发射距离只有 3 米。然而，他立即变成伦敦报界的新闻人物。但这不是由于他实验的成功，而是由于一次几乎使他送命的意外事故。原来，为了得到 2000 伏电压，他把几百只手电筒连接起来。一不小心，他触及了一根连接线，电流立即把他击倒在地，身体蜷成一团，一只手烧伤，不省人事。事故发生的次日早晨，《每日快报》用大字标题报道“发明家触电倒地，把那个疯子赶紧打发走”。1925 年的一天，伦敦一家最大的百货商店的老板找上门来，向贝尔德提出一个诱人的合同：每周给他 25 英镑，并免费提供一切必要材料，条件是贝尔德每周三次在该百货商店电器部进行新发明公开表演。这位发明家虽然知道这套设备对广大公众公开表演还为时过早，但为了解决研究经费，只得同意签订和约。于是塞尔弗里奇百货商店腾出电器部的一角供他使用，一面贴出告示招徕顾客。自此，百货商店每天顾客盈门，一批又一批的人赶来观看贝尔德发明的东西。可是，面对发射机和接收机，几乎没人真正明白它的意义。观众所看到的只是看不清的影子和闪烁不定的轮廓，大多数人对贝尔德的“非凡发明”只是耸耸肩膀或会之一笑。贝尔德对这种把戏似的表演也厌烦透了，他向塞尔弗里奇百货商店提出终止合同的要求，他把实验设备装车搬回家里。这时，他再一次陷入困境。晚饭有一顿没一顿，省下一点可怜的饭钱来添置设备，身体变得更加糟糕。因为没有钱付房租，房东扬言要叫人把他赶出去。他为了寻找经济资助人，拖着疲惫的步子，走遍了伦敦的大街小巷。他报馆，想通过报纸的宣传引起人们的关注，但记者们都已经看到贝尔德在商店的表演，几乎都回答说：“你能传送一张脸给大家看，这就是我们的新闻啦！”好几次，他一到报馆门口就被门卫拒之门外，因为门卫早被吩咐，把那个疯子赶紧打发走！电视的诞生几乎到了山穷水尽的地步，无奈之下，贝尔德走出了他最不愿走的一着，向苏格兰老家要钱。对于家里能否寄钱，他实在不抱多大希望。苏格兰人是讲究节俭的，哪里肯把花花绿绿的钞票花在他那毫无把握的实验上呢？然而，奇迹发生了，苏格兰寄来了500英镑。这是两个堂兄弟汇给他作为入股资金的。这真是雪中送炭，绝处逢生。一家小规模的电视有限公司宣告成立。原先卖掉换取粮食的实验部件，贝尔德又迫不及待地买了回来。他开足马力，实验一件又一件的装置。他的唯一助手，是一个木偶头像，他为它取名为“比尔”，他要通过发射机把比尔的脸传送到邻室的接收机上。1925年10月2日是贝尔德一生中最为激动的一天。这天他在室内安上了一台能使光线转化为电信号的新装置，希望能用它把比尔的脸显现得更逼真些。然后，他按动了机上的按钮，一下子比尔的图像清晰逼真地显现出来，他简直不敢相信自己的眼睛，他揉了揉眼睛仔细再看，那不正是比尔的脸吗？那脸上光线浓淡层次分明，细微之处清晰可辨，那嘴巴、鼻子，那眼睛、睫毛，那耳朵和头发，无不一清二楚。贝尔德兴奋得一跃而起，此时浮现在他脑际的只有一个念头赶紧找一个活的比尔来，传送一张活生生的人脸出去。贝尔德楼下是一家影片出租商店，这天下午，店内正在营业，突然间楼上搞发明的家伙闯了进来，碰上第一个人便抓住不放。那个被抓的人便是年仅15岁的店堂伙计威廉·台英顿。几分钟之后，贝尔德在“魔镜”里便看到了威廉·台英顿的脸——那是通过电视播送的第一张人的脸。接着，威廉得到许可也去朝那接收机内张望，看见了贝尔德自己的脸映现在屏幕上。

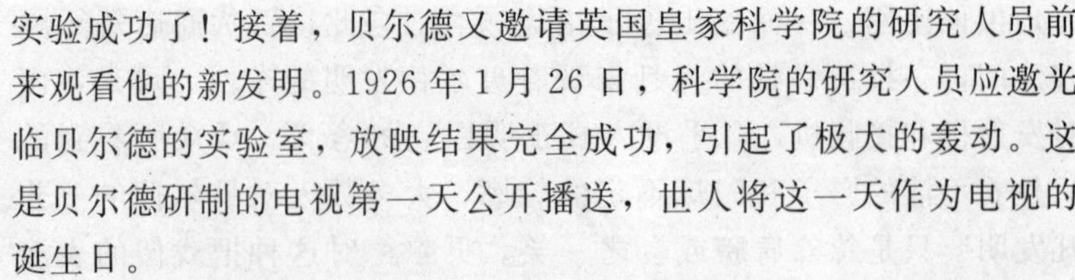

实验成功了！接着，贝尔德又邀请英国皇家科学院的研究人员前来观看他的新发明。1926 年 1 月 26 日，科学院的研究人员应邀光临贝尔德的实验室，放映结果完全成功，引起了极大的轰动。这是贝尔德研制的电视第一天公开播送，世人将这一天作为电视的诞生日。

经过长时间的艰苦奋斗和无数次失败之后，贝尔德终于用电信号将人的形象搬上了屏幕。1929 年，英国广播公司允许贝尔德公司开展公共电视广播业务。

贝尔德和他的机械电视

1928 年，贝尔德将影片从英国伦敦用无线电波传送到美国纽约，举世为之惊喜。电视事业被各国广播公司纳为主要开发目标。贝氏已有英国政府及英国广播公司（BBC）资助，在更进一步全心尽力研发下，1929 年底，电视台播送了他的新发明“有声电视”。1930 年，他语出惊人，提出了“彩色电视系统”构图；为此理想，百折不挠顽强奋斗，终于于 1941 年 12 月测试成功。谁知道第二天，第二次世界大战纳粹德国轰炸伦敦，他的实验室沦为灰烬，前功尽弃。但他毫不气馁，仍然在战乱恶劣情况下抱病重新开始研究。1946 年 6 月 8 日，贝氏公演他已发明的彩色电视机，英国电视广播公司播出“第二次世界大战胜利大游行”彩色电视节目。在参会人士都对有色电视影像赞不绝口、感念贝尔德对电视开创出伟大的事迹时，他已病重在床未能参会。第六天，年仅 56 岁的贝尔德与世长辞了，他以坚韧不拔的科学家精神进行电视研发，人们将永远怀念他。

恩利克·费米1901年生于意大利罗马，1922年获比萨大学博士学位，1923年前往德国，在玻恩的指导下从事研究工作。1924年在哥廷根大学学习一学期，随后到荷兰莱顿大学和保尔·厄任费斯脱共同工作。1925年至1926年秋季在佛罗伦萨大学工作，开始研究费米-狄拉克统计问题。1926年任罗马大学理论物理学教授。1929年任意大利皇家科学院院士。1934年用中子轰击原子核产生人工放射现象，开始中子物理学研究，被誉为“中子物理学之父”。1936年出版的热力学讲义，成为后人教学用书的著名蓝本。1938年，由于通过中子照射展示新的放射性元素的存在，以及通过慢中子核反应新发现获得诺贝尔物理学奖。但就在这时他却在意大利遇到了麻烦：一是因为他的妻子是犹太人，意大利法西斯政府颁布出一套粗暴的反对犹太人的法律；二是因为费米强烈反对法西斯主义——墨索里尼独裁统治下的一种危险的态度。

1938年12月他前往斯德哥尔摩接受诺贝尔奖，此后就没有返回意大利，而是去了纽约。哥伦比亚大学主动为他提供职位，并为自己的师资队伍中增添了一位世界上最伟大的科学家而感到自豪和骄傲。1944年费米加入美国籍。

在1939年初，据李泽梅特纳、奥特哈尔姆和弗里茨斯特拉斯曼报道，中子被吸收后有时会引起铀原子裂变。这项报道发表后，和其他几位主要的物理学家一样，费米立即认识到一个裂变的铀原子可以释放出足够的中子来引起一项链式反应，而且还和另外几位物理学家一样，费米马上就预见到这样的链式反应可用于军事目的的潜在性。

1939年3月，费米与美国海军界接触，希望引起他们对发展原子武器的兴趣。但是直到几个月后阿尔伯特·爱因斯坦就此课题给罗斯福总统写了一封信，美国政府才对原子能给予重视。

那时候，同盟国的科学家虽然已经在讨论原子弹的可能，但是还没有正式开始进行制造的工作。后来由于同盟国在战事中一再失利，德国又开始禁止由他们占领捷克铀矿区的铀矿出口，使得同盟国意识到，德国可能已经在认真进行原子弹计划了。

不久，一位德国科学家傅吉出人意料地在德文科学期刊上，公开发表了一些德国核分裂研究的新近成果。这位科学家本来是故意突破当时德国尚未完全开始的信息封锁，让同盟国得知德国研究近况，但是同盟国科学家反倒因而误认为，如果德国能够发布这么多资料，那么他们真正的发展情况，恐怕还要更加先进，这就更加促使美国原子弹计划开始酝酿。

匈裔科学家齐拉于是决定采取一些行动。首先他认为需要能控制刚果的铀矿，于是请求和比利时皇家熟识的爱因斯坦帮忙，爱因斯坦欣然同意。接着他和银行家沙克斯共同具名拟就一信，准备敦促罗斯福总统在美国进行原子弹计划。为了增加这封信的分量，他们也要求爱因斯坦共同具名，爱因斯坦同意了。这一封有爱因斯坦共同具名的信函，确实是促成原子弹计划的一个关键因素，而这件事在战后曾引起爱因斯坦的后悔。

美国政府一有了兴趣，建立一个模式原子反应堆就成了科学家的首要任务，以探明一直保持的链式反应是否确实可行。由于恩利克·费米是世界上主要的中子权威，且集理论与实验天才于一身，所以被选为世界第一台核反应堆攻关小组组长。他最初在哥伦比亚大学工作，随后又到芝加哥大学工作。

费米

1941 年底，费米在哥伦比亚大学主持建造了世界上第一座原子反应堆，实现了自持式链式反应，为制造原子弹迈出了决定性的一步。

1942 年 12 月 2 日，在芝加哥，在费米指导下设计和制造出来的核反应堆首次运转成功。这是原子时代的真正开端，因为这是人类第一次成功地进行了一次核链式反应。随着这项实验的成功，即刻做出了全速开展哈曼顿工程的计划。费米在这项工程中作为一位主要的科学顾问，继续发挥着重要的作用。费米的主要贡献在于他在发明核反应堆中所起的重要作用。显然，这项发明的主要功劳应归于费米。他最先对有关方面的基础理论做出了重大的贡献，随后又亲自指挥第一座核反应堆的设计和建造。战后，费米在芝加哥大学任教授。

1953 年费米被选为美国物理学会主席，还被德国海森堡大学、荷兰乌特勒支大学、美国华盛顿大学、哥伦比亚大学、耶鲁大学、哈佛大学、罗切斯特大学和拉克福德大学授予荣誉博士。

1954 年，为纪念费米对核物理学的贡献，美国原子能委员会建立了“费米奖”，以表彰为和平利用核能作出贡献的各国科学家。

1955 年 8 月，在瑞士日内瓦召开的和平利用原子能国际科学技术会议中，根据人工合成这个新元素的科学家建议，将 100 号元素命名为 fermium 镄，以纪念 20 世纪中期在原子和原子核科学中作出卓越贡献的著名物理学家费米。100 号元素符号定为 Fm。

费米之所以成为重要人物，是因为他是无可争议的 20 世纪最伟大的科学家，而且是为数不多的兼具杰出的理论家和杰出的试验家天才的人。他一生中写了 250 多篇科学论文。费米在发明原子爆破方面是一个非常重要的人物，尽管别人在推动这项事业的发展上也起了同样重要的作用。

从 1945 年以来，原子武器从未用于战争。出于和平目的，大量的核反应堆建成后用来产生能源。在未来，反应堆将成为更重要的能源来源。此外，一些反应堆被用来生产有用的放射性同位素，用在医学和科学研究上。反应堆还是钚的一个来源，这是制造原子武器的一种材料。人们对核反应堆可能对人类产生的危害存有害怕心理，但没人抱怨它是个无意义的发明。不管是好还是坏，费米的工作对未来世界产生了巨大的影响。

20 世纪 30 年代初，中子被发现以后，科学家就利用它去轰击各种元素，研究核反应。以意大利皇家科学院院士费米为首的一批青年人，干得最起劲。他们按照元素周期表的顺序，从头到尾地轰击已知的各种元素，看看会发生什么情况。

1934 年，元素周期表上最后一个元素是 92 号铀。当用中子轰击时，他们发现铀被强烈地激活了，并产生好些种元素。他们认为，在这些铀的衰变产物中，有一种原子序数为 93 的新元素。这是由于中子打进铀原子核里，使铀的原子量增加而转变成的新元素。

费米等人关于 93 号新元素的实验报告发表后，世界各国的报纸立即进行了轰动性的报道。

关于 93 号元素问题，在各国科学家中引起了一场激烈而持续的争论。有不少人肯定，也有不少人持怀疑态度。这场争论迟迟没有定论的原因是当时缺乏一种有效的手段，可以对铀元素受到中子轰击后的产物进行精确的分离和分析。

1934 年 10 月，费米研究小组未解决这个谜团，却意外地取得另一项重大发现：中子在到达被辐射物质之前，和含氢物质中的氢原子核碰撞，速度大大降低。这种降低了速度的“慢中子”，更容易引起被辐射物质的核反应。这正如速度太快的篮球容易从框上弹出去，速度慢的较容易进篮一样，使用慢中子轰击原子核很快被各国科学家采用。

1938 年 11 月 10 日，也就是“93 号元素”发现 4 年多以后，费米接到来自斯德哥尔摩的电话，瑞典科学院宣布费米获得诺贝尔物理学奖的奖状：“奖金授予罗马大学恩里科·费米教授，以表彰他认证了由中子轰击所产生的新的放射性元素，以及他在这一研究中发现由慢中子引起的反应。”费米带着全家去斯德哥尔摩领奖后，没有返回意大利，而是乘上了去美国的轮船。

就在这一年，德国威廉皇家化学研究所的两位化学家哈恩和斯特拉斯曼，与女物理学家梅特涅合作，试验用慢中子轰击铀元素，而且用化学方法分离和检验核反应的产物，获得了令人难以置信的结果：铀核在中子的轰击下，分裂成大致相等的两半，它们不是 93 号新元素，而是 56 号元素钡！原子核的这一种变化现象过去还从未发现过。1938 年 11 月 22 日，也就是在诺贝尔奖颁发后的 12 天，哈恩把分裂原子的报告寄往柏林《自然科学》杂志，该杂志在 1939 年 1 月便登出了哈恩的论文，推翻了费米的实验结果。因此，诺贝尔奖搞错了。

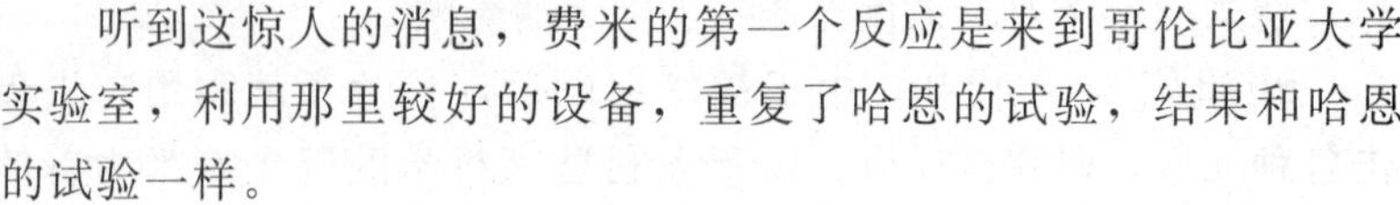

听到这惊人的消息，费米的第一个反应是来到哥伦比亚大学实验室，利用那里较好的设备，重复了哈恩的试验，结果和哈恩的试验一样。

费米

这一事实，对费米来说无疑是难堪的。然而和人们的想象相反，费米坦率地检讨和总结了自己的错误判断，表现出一个科学家服从真理的高尚品质。

此时此刻，费米考虑的不是个人的名誉得失，他在别人成就的基础上继续向前迈进。在裂变理论的基础上，费米很快提出一种假说：当铀核裂变时，会放射出中子。这些中子又会击中其他铀核，于是就会发生一连串的反应，直到全部原子被分裂。这就是著名的链式反应理论。根据这一理论，当裂变一直进行下去时，巨大的能量就将爆发。如果制成炸弹，它理论上的爆炸力是 TNT 炸药的 2000 万倍！

第三十九位
图　灵

（1912—1954）

英国科学家、数学家、逻辑学家，被称为计算机之父、人工智能之父

图灵 1912 年 6 月 23 日出生于英国伦敦。其祖父曾获得剑桥大学数学荣誉学位，但他父亲的数学才能平平。因此，图灵的家庭教育，对他以后在数学及计算机方面的成就并没有多少帮助。小时候的图灵生性活泼好动，很早就表现出对科学的探索精神。据他母亲回忆，3 岁时，小图灵就进行了他的首次实验，尝试把一个玩具木头人的小胳膊、小腿掰下来栽到花园里，等待长出更多的木头人。到了 8 岁，他便开始尝试写一部科学著作，题目为《关于一种显微镜》。在这部很短的书中，天才儿童图灵拼错了很多单词，句法也有些问题，但写得还能让人看懂，很像那么一回事儿。在书的开头和结尾，他都用同一句话“首先你必须知道光是直的”作前后呼应，但中间的内容却很短，短得破了科学著作的记录。图灵曾说：“我似乎总想从最普通的东西中弄出些名堂”。就连和小朋友们玩足球，他也能放弃当前锋进球这样出风头的事，只喜欢在场外巡边，因为这样能有机会去计算球飞出边界的角度。他的老师认为：“图灵的头脑思维可以像袋鼠一样进行跳跃”。图灵是个天才，他 16 岁就开始研究爱因斯坦的相对论。1931 年，图灵考入剑桥大学国王学院，开始他的数学生涯，研究量子力学、概率论和逻辑学。在校期间，图灵还是现代语言哲学大师维特根斯坦班上最出色的学生。他对由剑桥大学的罗素和怀特海创立的数理逻辑很感兴趣。数理逻辑的创建，主要源于古希腊克里特岛上一个叫爱皮梅尼特的“智者”，他说：“所有的克里特岛人都说谎”。我们可以把它简化为：我说的这句话是假话。这就出现一种两面都无法自圆的怪圈：如果他没有说谎，那他这句话是错的，他是在说谎；如果他真的在说谎，那他说自己在说谎是对的，所以他又没有说谎。罗素和怀特海把它从逻辑、集合论以及数论中驱逐出去，最后又想尽办法归入《数学原理》之中。

在1931年，著名的“哥德尔定理”出现后（该定理认为，没有一种公理系统可以导出数论中所有的真实命题，除非这种系统本身就有悖论），天才的图灵在数理逻辑大本营的剑桥大学提出一个设想：能否有这样一台机器，通过某种一般的机械步骤，能在原则上一个接一个地解决所有的数学问题。大学毕业后，图灵去美国普林斯顿大学攻读博士学位，还顺手发明过一个解码器。在那里，他遇见了冯·诺依曼，他对图灵的论文十分赞赏，并由此提出了“存储程序”概念。图灵学成后又回到他的母校任教。在短短的时间里，图灵就发表了几篇很有分量的数学论文，为他赢得了很大的声誉。

在剑桥，图灵可称得上是一个怪才，一举一动常常出人意料。他是个单身汉和长跑运动员。在他的同事和学生中间，这位衣着随便、不打领带的著名教授，不善言辞，有些木讷、害羞，常咬指甲，但他更多地以自己杰出的才智赢得了人们的敬意。图灵每天骑自行车上班，因为患过敏性鼻炎，一遇到花粉，就会鼻涕不止，大打喷嚏。于是，他就常常在上班途中戴防毒面具，招摇过市，这早已成为剑桥的一大奇观。图灵的自行车经常半路掉链子，但他就是不肯去车铺修理。每次骑车时，他总是嘴里念念有词，在心里细细计算，这链条也怪，总是转到第12圈就滑落了，而图灵竟然能够做到在链条转到第12圈时向后转一圈，让旁观者佩服不已，以为图灵在玩杂技。后来，图灵居然在脚踏车旁装了一个小巧的机械计数器，到圈数时就自动倒一圈，再重新运动起来。

1936年，图灵向伦敦权威的数学杂志投了一篇论文，题为《论数字计算在决断难题中的应用》。在这篇开创性的论文中，图灵给“可计算性”下了一个严格的数学定义，并提出著名的“图灵机”（Turing Machine）的设想。“图灵机”不是一种具体的机器，而是一种思想模型，即可制造一种十分简单但运算能力极强的计算机装置，用来计算所有能想象得到的可计算函数。装置由一个控制器和一根假设两端无界的工作带（起存储器的作用）组成。工作带被划分为大小相同的方格，每一格上可书写一个给定字母表上的符号。控制器可以在带上左右移动，读写出一个让人期待的结果。外行人看了如坠雾里，而内行人则称它是“阐明现代电脑原理的开山之作”，并冠以“理想计算机”的名称。这篇论文在纸上创造出了一个“图灵机”来。但现代通用电脑确实是用相应的程序来完成所有设定好的任务。这一理论奠定了整个现代计算机的理论基础。“图灵机”更在电脑史上与“冯·诺依曼机”

齐名，被永远载入计算机的发展史中。

图灵机理论不仅解决了纯数学基础理论问题，一个巨大的意外收获则是，理论上证明了研制通用数字计算机的可行性。虽然早在100多年前的1834年，巴贝奇（1792—1871）就设计制造了“分析机”以说明具体的数字计算，但他的失败之处是没能证明“必然可行”。图灵机理论不仅证明了研制“分析机”的可行性，而且比世界上第一台由德国人朱斯于1941年制造的通用程序控制计算机Z-3整整早5年。这不得不使人惊叹这一理论的深刻意义。

正当图灵的理论研究工作进一步深入时，战争爆发了。他被派往布雷契莱庄园承担“超级机密”研究。当时的布雷契莱庄园是一所“政府密码学校”，即战时的英国情报破译中心。在这座幽静的维多利亚式建筑里，表面上鸟语花香、人迹罕见，其实每天都有12000多名志愿者在这里夜以继日地工作，截获、整理、破译德国的军事情报，有些结果甚至直达丘吉尔首相本人手中。在这里，图灵被人们称为“教授”，没有人知道他的真名。当时德国有一个名为“Enigma”的通信密码机，破译高手们绞尽脑汁也难以破解。这个难题交到了图灵手中，他率领着200多名精干人员进行密码分析，其中甚至还包括象棋冠军亚历山大。分析和计算工作非常复杂，26个字母在“Enigma”机中能替代8万亿个谜文字母。如果改动接线，变化会超过2.5千万亿亿。最后多亏波兰同行们提供了一台真正的“Enigma”，图灵才凭借着他的天才设想设计出一种破译机。这台机器主要由继电器构成，有80个电子管，由光电阅读器直接读入密码，每秒可读字符2000个，运行起来咔嚓咔嚓直响。它被图灵戏称为“罗宾逊”，至今没人能搞懂图灵究竟如何指挥它工作。但“罗宾逊”的确神通广大，在它的密报下，德国飞机一再落入圈套，死无葬身之地。

1946年，在纽曼博士的提议下，皇家学会成立电脑实验室。纽曼博士是皇家学会会员，又是当年破译小组的成员，正是他对“赫斯·鲁宾逊”的制造起了关键作用。皇家学会的这一新实验室不在伦敦，而是设在曼彻斯特大学，由纽曼博士牵头负责。1946年7月，研制基金到位，纽曼博士开始招募人选。阿兰·图灵也在次年9月加盟电脑实验室。一时间，曼彻斯特大学群英荟萃。实验室设在一幢维多利亚时代的老房子里，十分简陋，但因图灵他们的到来，也算是蓬荜生辉了。在1948年6月，这里造出了一台小的模型机，大家都爱叫它“婴儿”（Baby）。这台模型机用阴极射线管来解决存储问题，能存储32个字，每一字有32位字长。

这是第一台能完全执行存储程序的电子计算机模型。

到了1949年10月，各项改进工作都已展开，夹在两层存储器之间的自动控制系统已正常运转，并能在程序的控制下，实现磁鼓和阴极射线管存储单元间的信息交互。图灵设计出一些协同电路来做输入和输出的外设。有关电动打字设备也是图灵通过老关系从他战时供职的外交部通信部门弄过来的，其中甚至包括一个战后从德国人那里收缴来的穿孔纸带键盘。这样，整个模型机已大功告成。在整个试验阶段，大家忙上忙下。1949年底，模型机交付给曼彻斯特当地的一家叫弗兰尼蒂的电子公司，开始正式建造。1951年2月完工，通称"迈可1型"。它有4000个电子管，72000个电阻器，2500个电容器，能在0.1秒内完成开平方根、求对数和三角函数的运算。比起先前的模型机，"迈可1型"功能更为齐全，静电存储器的内存容量已翻倍，能存256个40位字长字，分别存在8个阴极射线管中，而磁鼓的容量能扩容到16384个字，真是一项了不起的工程。

与冯·诺依曼同时代的富兰克尔在回忆中说："冯·诺依曼没有说过'存储程序'型计算机的概念是他的发明，却不止一次地说过，图灵是现代计算机设计思想的创始人。当有人将'电子计算机之父'的头衔戴在冯·诺依曼头上时，他谦逊地说，真正的计算机之父应该是图灵。"当然，冯·诺依曼问之无愧，而图灵也有"人工智能之父"的桂冠。他俩是计算机历史浩瀚星空中相互映照的两颗巨星。

早在1945年，图灵就提出"仿真系统"的思想，并有一份详细的报告，想建造一台没有固定指令系统的电脑。它能够模拟其他不同指令系统的电脑功能，但这份报告直到1972年才公布。这说明图灵在二战结束后就开始了后来被称为"人工智能"领域的探索，他开始关注人的神经网络和电脑计算之间的关联。

1950年，图灵又来到曼彻斯特大学任教，同时还担任该大学自动计算机项目的负责人。就在这一年的十月，他又发表了另一篇题为《机器能思考吗?》的论文，成为划时代之作。也正是这篇文章，为图灵赢得了一顶桂冠——"人工智能之父"。在这篇论文里，图灵第一次提出"机器思维"的概念。他逐条反驳了机器不能思维的论调，做出了肯定的回答。他还对智能问题从行为主义的角度给出了定义，由此提出一假想：即一个人在不接触对方的情况下，通过一种特殊的方式，和对方进行一系列的回答，如果在相当长时间内，他无法根据这些问题判断对方是人还是计算机，那么，就可以认为这个计算机具有同人相当的智力，即这台计算机是能思考的。这就是著名的“图灵测试”（Turing Testing）。当时全世界只有几台电脑，根本无法通过这一测试。但图灵预言，在本世纪末，一定会有电脑通过“图灵测试”。终于，他的预言在IBM的“深蓝”身上得到彻底实现。当然，卡斯帕罗夫和“深蓝”之间不是猜谜式的泛泛而谈，而是你输我赢的彼此较量。

1951年，图灵以他杰出的贡献当选为英国皇家学会会员。就在他事业步入辉煌之际，灾难降临了。1952年，图灵遭到警方拘捕，原因是他是一个同性恋者。与其他一些智慧超群的人物一样，图灵在个人生活方式上也“与众不同”。当时，人们对同性恋还没有像现在这样宽容，而是把这种行为当做一桩伤风败俗的罪孽。事情的败露是这样的，当时有一位叫琼·克拉克的姑娘爱上了图灵，图灵也对对方很有好感，并向对方求婚，琼欣然接受。但不久，图灵自己退缩了，告诉琼，他是同性恋者。在1948年，图灵就由于同性恋倾向，离开了当时属于高度保密的英国国家物理实验室（NPL）。但也有人说，图灵是被英国军事情报部门“开除”出去的，对于这位天才的离去，许多人怅惜不已。

1952年3月31日，图灵更因为和曼彻斯特当地一位青年有染，被警方逮捕。在法庭上，图灵既不否认，也不为自己辩解。在庄严的法庭上，他郑重其事地告诉人们：他的行为没有错，结果被判有罪。在入狱和治疗两者中间，图灵选择了注射激素，来治疗所谓的“性欲倒错”。此后图灵开始研究生物学、化学，还和一位心理医生有很深的交往。那时，他的脾气已变得躁怒不安，性格更为阴沉怪僻。1953年3月，他因为接待过一位被英国警方注意的挪威客人，成为警方的目标，甚至去希腊度假时也被跟踪。

1954年6月8日，图灵42岁，正逢进入他生命中最辉煌的创造顶峰。一天早晨，女管家走进他的卧室，发现台灯还亮着，床头上还有个苹果，只咬了一小半，图灵沉睡在床上，一切都和往常一样。但这一次，图灵是永远地睡着了，不会再醒来……经过解剖，法医断定是剧毒氰化物致死，那个苹果是在氰化物溶液中浸泡过的。图灵的母亲则说他是在做化学实验时，不小心沾上的，她的“艾伦”从小就有咬指甲的习惯。但外界的说法是服毒自杀，一代天才就这样走完了人生。

今天，苹果电脑公司以那个咬了一口的苹果作为其商标图案，就是为纪念这位伟大的人工智能领域的先驱者——图灵。

图灵的过早去世，对当时的世界计算机科学领域来说，是一个难以估量的巨大损失。图灵的诞辰和去世纪念日都在6月。然而，从某种意义上来说，他的去世纪念日更显得特别。图灵的诞辰，只是像其他无数普通人那样，来到这个世界上。而图灵的过早离世，却是当年愚昧落后的社会观念导致的。对同性恋者的无知和偏见，正是杀害图灵的幕后凶手。如今的英国以及世界上其他很多地方，已经改变半个多世纪前的落后观念和政策，走向了尊重、平等和反对歧视的现代社会。今天，人们在纪念图灵的同时，除了敬仰和感叹图灵为计算机科学做出的杰出贡献之外，更应该懂得尊重和珍视每一个不同的人。正是每一个各自不同的善良的人，在以不同的方式让我们的世界更加美好。假如图灵能够快乐地在世上多活 10 年、20 年或者更久，凭着他的才华智慧和探索精神，说不定，我们当今世界的计算机科学以及所有被直接或间接影响到的方方面面，都会更加向前推进。歧视和偏见，只会阻碍社会的文明进步；尊重和包容，才能带来社会的繁荣美好。这方面的思考，正是我们纪念图灵的意义所在。

作为个人，图灵是一个同性恋者。不论你在个人观念上是理解或不理解同性恋，有一点是无法否认的：图灵是一个有深邃思想和敏锐智慧的人；是一个勤奋工作和勇于探索的人；是一个广受世人尊敬的人，图灵为我们的社会做出了不可磨灭的贡献。我们应该对所有为人类做出伟大贡献的人表达敬意，包括阿兰·图灵。

为了纪念，图灵的事迹已被拍成影视剧，写成小说、诗歌等，以他名字命名的“图灵奖”也已成为计算机界的诺贝尔奖。牛津大学著名数学家安德鲁·哈吉斯在为图灵写的一部脍炙人口的传记《谜一样的图灵》（Alan Turing：The Enigma）中这样描述到：“图灵似乎是上天派来的一个使者，匆匆而来，匆匆而去，为人间留下了智慧，留下了深邃的思想，后人必须为之思索几十年、上百年甚至永远。”

图灵奖对获奖者的要求极高，评奖程序也极严，一般每年只奖励一名计算机科学家，只有极少数年度有两名以上在同一方向上做出贡献的科学家同时获奖。目前图灵奖由英特尔公司赞助，奖金为 100000 美元。

每年，美国计算机协会将要求提名人推荐本年度的图灵奖候选人，并附加一份 200 字到 500 字的文章，说明被提名者为什么应获此奖，任何人都可成为提名人。美国计算机协会将组成评选委员会对被提名者进行严格的评审，并最终确定当年的获奖者。

截至 2005 年，获此殊荣的华人仅有一位，他就是 2000 年图灵奖得主姚期智。

英国首相戈登·布朗 2009 年 9 月 15 日代表英国政府正式向

图灵道歉。这次为图灵平反的活动由计算机科学家 John Graham·Cumming 发起，签名者超过了 3 万人。

布朗发布的声明如下：

2009 年是一个深思年——一个我们英国作为一个作家来缅怀我们欠先人的债务的机会。一系列的纪念活动以及事件让我们的荣耀感和感激之情澎湃——它们标志了英国的过往。今年年初，我和萨科奇、奥巴马总统一起，共同缅怀了 65 年前诺曼底登陆的英雄们所作出的牺牲。上周，我们纪念了英国政府宣布对抗法西斯、宣布二战开始的 70 周年。正是由于许许多多的科学家、历史学家以及性别越界者的活动，我们今天才能够有机会去纪念并且庆祝英国反抗法西斯的另一个贡献：密码破译者阿兰·图灵的工作。

数千人集合在一起要求对阿兰·图灵给予公正的对待，并且认识到他所受到的非人的折磨。图灵是在当时的法律下受到折磨的，我们无法让时间倒流。但是他所受到的对待是绝对不公平的，而且我很高兴今天能够有机会来表达我们所有人对发生在他身上的事情有多么的抱歉。阿兰和许多其他的同性恋者在当时的《同性恋法》下面遭受的折磨极为可怕。多年以来，数以百万计的人还活在被判罪的害怕之中。

我很自豪地说，这些都已经成为过去。在过去的 12 年里，英国政府在让生命更加公平、让性别越界者们得到更加公平的对待方面做出了许多努力。我们承认阿兰·图灵是英国由于对同性恋憎恶而受到伤害的最著名人物之一，这本身也是向着公平迈进的一步——这也是一份迟来的承认。

但事情不仅仅是这些，阿兰应该由于他对人类的贡献而得到承认。对于我们这些 1945 年以后出生在团结、民主、和平的欧洲的人来说，要想象这里曾经是人类历史最黑暗时刻的舞台是非常困难的。很难相信在我们许多人活生生的记忆中，我们能够被对反犹太主义、憎恶同性恋以及排外的愤恨所吞没，我们能够认为毒气室、火葬场就像画廊、大学以及音乐厅这些标志欧洲数百年文明的东西一样理所当然地存在。正是由于那些全心全意地对抗法西斯的人们，那些像阿兰·图灵那样的人们，对大屠杀和全面战争的恐惧才能够变成我们的历史，而不是欧洲的现在。

所以，谨代表英国政府以及由于阿兰·图灵的工作而自由生活的人们，我非常自豪地说：我们非常对不起您，您应该得到比这好得多的对待。

第四十位
索尔克
（1914—1995）

美国科学家，脊髓灰质炎疫苗（又称小儿麻痹疫苗）的发明者

索尔克1914年出生于美国纽约。1939年从纽约大学获得医学博士学位。1944—1947年，他服务于密歇根州大学公共卫生学院的医学系。1947—1963年，他在匹兹堡大学的医学院。1963年，他成为索尔克生物学研究协会的会长和会员。这个研究中心以他的名字命名，坐落于加利福尼亚圣地亚哥的拉霍亚地区。

脊髓灰质炎疫苗的发展历程

作为一种在人类历史上已经流行了数千年的传染病，脊髓灰质炎（小儿麻痹症）正处于灭亡的最后阶段。

脊髓灰质炎和天花具有一些相似性：它们都是严重的传染病，都是由病毒引起的，可能同样非常古老。人们发现，3000多年以前的埃及法老可能就患过天花。而一块前1500—前1300年的埃及浮雕，则可能提供了关于脊髓灰质炎的最早记录——在浮雕上的那个年轻祭司的一条腿萎缩了，这一特征与脊髓灰质炎发病后的症状很相似。

然而，直到18世纪，人们才意识到作为一种特定疾病存在的脊髓灰质炎。1789年，英国的医生伍德胡德做出了世界上第一例脊髓灰质炎的临床描述。1840年，德国的医生海涅系统地研究了脊髓灰质炎，认为它很可能牵扯到脊髓。但是，由于当时条件的限制，海涅无法进一步了解这种传染病的本质是什么。

今天我们知道，脊髓灰质炎是由脊髓灰质炎病毒——一种RNA病毒引起的。一共有三种脊髓灰质炎病毒的类型。脊髓灰质炎病毒主要感染5岁以下的儿童，发病后，病人出现发烧、颈部僵硬、呕吐等症状。大约有1/200的病人最终肢体残疾，严重的会因为呼吸肌肉麻痹而死亡。

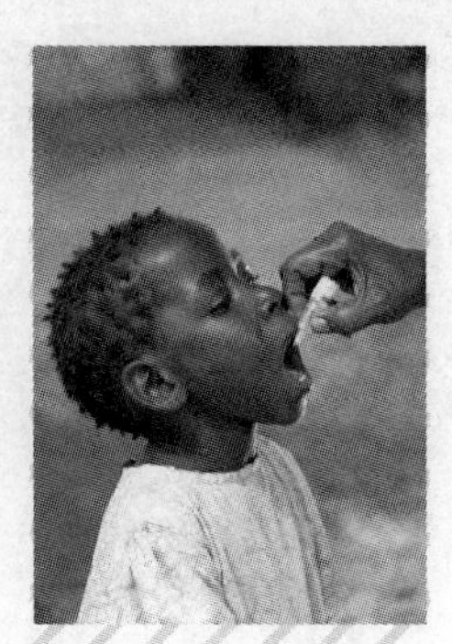

1909年，奥地利裔医生兰茨泰纳和波普尔分离并确认了脊髓灰质炎病毒是导致脊髓灰质炎的病原体。然而，针对脊髓灰质炎的疫苗却迟迟没有发明出来。1916年，脊髓灰质炎在纽约爆发，这次著名的事件最终导致了数千人死亡。在20世纪早期，为了治疗患有脊髓灰质炎的病人，一种叫做“铁肺”的呼吸辅助装置应运而生。这种对于今天的年轻人而言非常陌生的设备在当时北美的医院随处可见。

历史上最著名的一位脊髓灰质炎病人莫过于富兰克林·罗斯福。1921年的夏天，他在一次游泳之后染上了脊髓灰质炎，最终造成了下肢瘫痪。

1938年，这位领导美国人与法西斯作战的总统发现了脊髓灰质炎在美国的流行趋势开始恶化，于是他建立了小儿麻痹症全国基金会，用于救治脊髓灰质炎患者，并促进疫苗的研制。此前，罗斯福一直致力于帮助和他有着相似痛苦的病人。

为了给基金会募捐，罗斯福请求他的一位朋友——喜剧演员康托尔的帮助。康托尔通过广播电台向美国人发出募捐的请求——只要为小儿麻痹症全国基金会寄去几个硬币就可以。集腋成裘，依靠成千上万寄往白宫的硬币，这个基金会对后来脊髓灰质炎疫苗的发明起到了重要的作用。

第一个成功的脊髓灰质炎疫苗出现在1953年。在小儿麻痹症全国基金会的支持下，索尔克医生（Dr. Jonas Salk）在实验室里成功地培育出了三种脊髓灰质炎毒株。索尔克把病毒杀死制成疫苗，并于1952年在患脊髓灰质炎康复的儿童身上进行了实验，结果被实验者血液中脊髓灰质炎抗体增加了。接着，索尔克在自己妻子和孩子身上进行了接种实验，结果他们体内出现了相应的抗体，并且没有患上脊髓灰质炎。

1953年，索尔克把他的研究成果公布出来。当有记者向他询问谁拥有脊髓灰质炎疫苗专利的时候，索尔克回答说：“没有什么专利。你能够为太阳申请专利吗?”即使在今天这个对科学研究成果的专利存在争议的时代，索尔克的观点仍然是感人的。

1954年，美国有200万儿童接受了索尔克的疫苗实验，结果表明这种疫苗保护儿童免受脊髓灰质炎侵害的有效率在80%到90%左右。随后，这种所谓的灭活脊髓灰质炎疫苗（IPV）成为对脊髓灰质炎的标准预防手段。

索尔克的疫苗效果很好，但还不是足够好，它还不能有效阻断病毒的传播。1950年代，辛辛那提大学的萨宾（Albert Sabin）同样也在小儿麻痹症全国基金会的支持下进行疫苗的研究。与索尔克的疫苗不同，萨宾把脊髓灰质炎病毒在猴子的肾脏细胞中一代又一代的培养，直到筛选出不能致病的毒株。得到的疫苗称为口服（减毒）脊髓灰质炎疫苗（OPV）。

1960 年代，萨宾的疫苗得到了许可证。这种疫苗采用口服滴剂的形式，比索尔克的疫苗的针剂注射方式简单，并且能够有效阻断病毒在人群中的传播，它很快取代了索尔克的疫苗，成为预防脊髓灰质炎的主要手段。

索尔克挽救了成千上万人的生命和肢体残疾。更加令人敬佩的是，为了全人类的健康，索尔克拒绝申请专利。

第四十一位

霍　金

（1942—2009）

英国物理学家、数学家、宇宙学家

霍金 1942 年 1 月 8 日出生于英国牛津，这天正是意大利物理学家伽利略逝世 300 周年。父亲法兰克是毕业于牛津大学的热带病专家，母亲伊莎贝尔 1930 年在牛津研究哲学、政治和经济。

霍金童年时学业成绩并不突出，但喜欢设计复杂的玩具。1959 年，17 岁的霍金入读牛津大学攻读自然科学，只用了很少时间便得到一等荣誉学位。随后转读剑桥大学研究宇宙学，并获剑桥大学哲学博士学位。

在大学学习后期的 1963 年，霍金患上“肌肉萎缩性脊髓侧索硬化症”（运动神经元疾病，简称 ALS），半身不遂。1985 年又丧失了语言能力。他只能靠右眼的肌肉移动特制眼镜的按钮，依靠对话机和语言合成器与他人交流。

霍金是剑桥大学的“卢卡斯数学教授”，这是剑桥大学最有名的职务，发现万有引力的牛顿也曾担任过该职务。

霍金被誉为继爱因斯坦之后最杰出的科学家之一。20 世纪 70 年代，他和物理学家彭罗斯证明了著名的奇性定理。他还证明黑洞面积不会随时间减少。80 年代，他开始研究量子宇宙理论。1988 年出版的《时间简史》使霍金被大众所熟知。这本书解释了宇宙、黑洞和大爆炸等天文物理学理论，被译成 40 余种文字，出版逾 1000 万册。但因书中内容极其艰涩，很多人看不懂。

霍金一直是人类探索外层空间的坚决支持者，甚至希望自己能够飞向太空。2007 年，他乘坐飞机进行了长达 4 分钟的“失重体验”，成为首名体验零重力飞行的残疾人士。英国富翁布兰森当年曾表示，将赞助霍金遨游太空。但布兰森的太空旅行项目始终没有着落，霍金这一心愿未能实现。

2009 年 4 月 24 日凌晨（北京时间），科学巨人霍金突然病情加重，经抢救无效，在剑桥大学阿登布鲁克医院病逝。

主要参考文献

[1] 杨禾．影响世界历史的100位科学家．武汉:武汉出版社,2009.

[2] (英)约翰·范顿等著,金欣译．世界上最伟大的科学家．哈尔滨:黑龙江科学技术出版社,2008.

[3] 崔钟雷．感动一生的名人成功故事．哈尔滨:哈尔滨出版社,2009.

[4] 林成滔．科学的发展史．西安:陕西师范大学出版社,2009.

[5] 谈庆胜．当代科技(第二版)．合肥:中国科技大学出版社,2010.

[6] 张密生．科学技术史(第二版)．武汉:武汉大学出版社,2009.

[7] (英)史蒂芬·霍金著,杜欣欣,吴忠超译．霍金讲演录——黑洞、婴儿宇宙及其他．长沙:湖南科学技术出版社,2001.